कश्मीर का सांस्कृतिक अवबोध
और
समकालीन विमर्श

कश्मीर का सांस्कृतिक अवबोध और समकालीन विमर्श

संपादक

प्रो. कृपाशंकर चौबे

सह संपादक

डॉ. अमित कुमार विश्वास

प्रभात पेपरबैक्स
www.prabhatbooks.com

ज्ञान शांति मैत्री
महात्मा गांधी अंतरराष्ट्रीय हिंदी विश्वविद्यालय, वर्धा

प्रकाशक

प्रभात पेपरबैक्स

प्रभात प्रकाशन प्रा. लि. का उपक्रम

4/19 आसफ अली रोड, नई दिल्ली-110002

फोन : 23289777 • हेल्पलाइन नं. : 7827007777

इ-मेल : prabhatbooks@gmail.com ❖ वेब ठिकाना : www.prabhatbooks.com

संस्करण

प्रथम, 2022

मूल्य

तीन सौ रुपए

मुद्रक

आर-टेक ऑफसेट प्रिंटर्स, दिल्ली

आवरण चित्र

कश्मीर की अधिष्ठात्री कश्मीरा देवी : श्री वीरजी सुंबली,

आवरण पृष्ठ : राजेश आगरकर

★

KASHMIR KA SANSKRITIK AVABODH
AUR SAMKALEEN VIMARSH

Ed. Prof. Kripashankar Chaubey

Co-Ed. Dr. Amit Kumar Bishwas

Published by **PRABHAT PAPERBACKS**

An imprint of Prabhat Prakashan Pvt. Ltd.

4/19 Asaf Ali Road, New Delhi-110002

ISBN 978-93-5521-257-3

₹ 300.00

पुरोवाक्

स्वतंत्रता के बाद के 75 वर्षों में कुछ प्रत्यय अर्थात् गहन चर्चा के, गंभीर विमर्श के विषय बने रहे हैं। उनमें कश्मीरियत सबसे प्रमुख प्रत्यय है। कश्मीरियत अर्थात् कश्मीर की पहचान। कश्मीर के लोगों का वैशिष्ट्य। पर इस विमर्श में सर्वदा दो हिस्से दिखाई देते रहे। एक वह जो कश्मीरियत को भारत से असंपृक्त, विभक्त और एकांतिक रूप में देखता रहा है तो दूसरी ओर वह जो कश्मीरियत को भारतीयता के उत्सबिंदु के रूप में देखता है। पर देखने की ये दोनों दृष्टियां सांस्कृतिक कम, राजनीतिक अधिक हैं। दोनों ही प्रकार के विमर्श कश्मीर के होने, न होने ऐसे होने या वैसे होने, इधर होने या उधर होने को 1947 पर केंद्रित मानते हैं। 1947 और उसके बाद की परिस्थितियों के प्रभावित विमर्श 5 अगस्त 2019 को समाप्त हो गए जब भारत की संसद ने जम्मू-कश्मीर की विशेष स्थिति के प्रावधानों का लोप करते हुए भारत के लिए विशिष्ट कश्मीर और भारत के साथ एकात्म कश्मीर को संवैधानिक मान्यता प्रदान कर दी। उसके साथ ही सभ्यता विमर्श और राजनीतिक विमर्श के स्थान पर कश्मीर के सांस्कृतिक अवबोध का विमर्श प्रारंभ होता है। यह नए कश्मीर और पुराने कश्मीर की बहस का भी खात्मा है, अपितु चिर पुरातन और नित नूतन जो कश्मीरियत है जो भारतीयता के साथ संपृक्त और एकात्म है, उसके अवबोध का मार्ग प्रशस्त करती है। यह कश्मीरियत केवल झेलम, चिनाब के किनारे नहीं है, सप्तसिंधु का विशाल क्षेत्र इसकी प्रस्फुरित भूमि है और हिमालय की चोटी से लेकर कन्याकुमारी तक विस्तीर्ण है जो प्राचीन भारत में ज्ञान की भूमि के रूप में, वैश्विक पहचान रखती है, मध्यकाल में फिरदौस जमीं पर स्वर्ग के रूप में विख्यात है और आधुनिक भारत में कला, सौंदर्य और केशर के रंगों की भूमि के रूप में मान्य है। उस कश्मीर को जानने-पहचानने और मानने का प्रश्न महत्त्वपूर्ण है। कश्मीर की संस्कृति भारत की संस्कृति है और कश्मीर भारत का मुखमंडल है। भारत के भूमंडल पर चैन हो, दीप्ति हो, यह दीप्तिमान कश्मीर से ही संभव है। दीप्तिवान कश्मीर बनाने के लिए कश्मीर की

संस्कृति पर नव विमर्श आवश्यक है। इसलिए कि संस्कृतियां गढ़ी नहीं जातीं, उगती हैं। संस्कृति चेतन और प्राणवान होती है तथा सांस्कृतिक बोध चेतना की निर्मिति करता है। इसलिए इसको यांत्रिक रूप से गढ़ा नहीं जा सकता। इसे उगाना पड़ता है जैसे खेतों में फसल उगती है। सांस्कृतिक अवबोध के लिए अपसंस्कृति के खर-पतवार की निराई-गुड़ाई भी करनी पड़ती है। धरती पर बनी रहे। खेत परती नहीं छोड़े जाते। हल चलाने पड़ते हैं। बीज छोड़ा वैसे ही संस्कृति जड़ न हो, चिन्मय बनी रहे, इसके लिए भावना और विवेक सम्मत विमर्श का यत्न करना ही पड़ता है। आचार्य नरेंद्र देव ने कहा था कि संस्कृति चित्त की खेती है। चित्त में नागफनी न उगे, इसके लिए उसकी भी निराई-गुड़ाई जरूरी है। भारतीय चैतन्य के आलोक में कश्मीरियत की पहचान और उस पहचान की सनातनता का निर्धारण कश्मीरियत के सांस्कृतिक अवबोध और सत् विमर्श के लिए जरूरी है। यह पुस्तक निश्चित ही इसी दिशा में एक यत्न है, जिसमें कश्मीर के स्वभाव, स्वरूप और वैशिष्ट्य को भारत की सनातनता, निरंतरता के आलोक में प्राचीनतम अद्यतन तक की निरंतरता की धारा में समीक्षित करने का यत्न किया गया है और जो कुछ ढंक गया है, धूल और गर्द से, उसको फिर स्वच्छ और दर्शनीय रूप में प्रस्तुत करने की यह कोशिश की गई है। कश्मीर और भारतीयता की जो एकतानता है, उसमें जो ठहराव था, उसको हटाते हुए निरंतरता में सांस्कृतिक प्रवाह को गतिशील करने की कोशिश की गई है। यह पुस्तक कश्मीर को नए तरीके से नहीं बल्कि यत्न है कश्मीर को सम्यक् तरीके से देखना या समग्रता में देखना। पार होकर देखना और पारावार में देखना। पौराणिकता में देखना तो आधुनिकता में देखना। दोनों या पौराणिकता और आधुनिकता के बीच निरंतरता में देखने से ही सुरभि होती है। ठहराव सड़न और दुर्गंध पैदा करती है। ठहराव खत्म हुआ है तो निरंतरता आएगी। इस विश्वास के साथ इस पुस्तक में सांस्कृतिक अवबोध और समकालीन विमर्श को काल के सातत्य में रखने की कोशिश की गई है।

स्थान : वर्धा
दिनांक : 20.12.2021

–प्रो. रजनीश कुमार शुक्ल
कुलपति
महात्मा गांधी अंतरराष्ट्रीय हिंदी विश्वविद्यालय, वर्धा

भूमिका

इस पुस्तक में कश्मीर के आख्यान, इतिहास, लोककथाएं, गीत व मिथकीय प्रतीकों के संवेदनात्मक आशयों, आयामों, स्मृतियों, परंपराओं और यात्राओं के साक्ष्य मिलेंगे। पुस्तक में संकलित लेखों में कश्मीर के जन्म की कथा से लेकर उसके वर्तमान तक के परिदृश्य को समेटने का यत्न किया गया है। नीलमत पुराण में यह आख्यान मिलता है कि कश्मीर की घाटी कभी बहुत बड़ी झील हुआ करती थी। सतीसर की उस अपार जलराशि को निकालकर कश्यप ऋषि ने उसे मनोरम प्राकृतिक स्थल में परिवर्तित कर दिया। हजारों साल पहले सम्राट अशोक द्वारा कश्मीर में बौद्ध धर्म का प्रचार करने, कनिष्क द्वारा उसकी जड़ें और गहरी करने, कश्मीर पर हूणों के अधिकार, घाटी पर उज्जैन साम्राज्य के नियंत्रण, विक्रमादित्य राजवंश के पतन के बाद स्थानीय शासकों का राज कायम होने, हिंदू और बौद्ध संस्कृतियों का मिश्रित रूप विकसित होने, ललितादित्य के रूप में अत्यंत प्रतापी राजा के होने और राज्य विस्तार करने तथा तेरहवीं और चौदहवीं शताब्दी में कश्मीर में इस्लाम के आगमन, तातारों के हमले के बाद हिंदू राजा सिंहदेव के भाग जाने और जैनुल आब्दीन के कश्मीर में सत्ता में आने, चक शासकों द्वारा जैनुल आब्दीन के पुत्र हैदरशाह की सेना को खदेड़ दिए जाने, मुगल शासन, फिर मुगल शासन से निकलकर अफगानिस्तान के अहमद शाह अब्दाली के हाथों में कश्मीर के जाने, पंजाब की संवेदना से कश्मीर के जुड़ने, कृपाराम, गुरु तेगबहादुर के साहचर्य, महाराजा रणजीत सिंह के प्रसंग से लेकर 19 जनवरी, 1990 के जिनोसाइड तक की कथा का विवेचन इस पुस्तक में मिलेगा।

विमर्श खंड में कुलदीप चंद अग्निहोत्री के लेख 'संस्कृति के संहार की वेदना', आशुतोष भटनागर के लेख 'निर्वासन की अंतहीन पीड़ा', विजय कुमार कौल के लेख 'जड़ों से उजड़ने की त्रसदी' और रसाल सिंह के 'जम्मू-कश्मीर में नव-निर्माण और नवजागरण की वेला' साहित्य का केंद्रीय विमर्श बनाने में सहायक होंगे, ऐसी आशा है। लोगों का निर्वासन, उनका बहुविध नरसंहार अथवा जेनोसाइड एक भयावह वस्तु सत्य है। निर्वासन साहित्य रचनेवाले कई लेखकों ने अपने

समुदाय के लाखों लोगों के साथ दशकों से अपने ही देश में धर्माधारित जलावतनी का अभिशप्त जीवन जिया है और हिंदी साहित्य को इस निर्वासन चेतना की विपुल रचनाएं दी हैं।

कश्मीर के अधिष्ठाता देवता शिव हैं और अधिष्ठात्री देवी शक्ति। अतः कश्मीर के जनमानस में शिव तथा शक्ति की चेतना का होना स्वाभाविक है। इस चेतना की अभिव्यक्ति कश्मीर की कला में भी नाना रूपों में हुई। वितस्ता नदी को सती का अवतार माना जाता है। कहा जाता है कि जो उमा हैं, वही कश्मीरा। कश्मीर शैव दर्शन ने कला को विषय की समृद्धि दी। कश्मीर के सांस्कृतिक और आध्यात्मिक वैभव की एक कड़ी वेदांत, शैव, बौद्ध दर्शनों में निष्णात कश्मीरी की आदि कवयित्री लल्लेश्वरी से जुड़ती है तो दूसरी कश्मीर के दार्शनिक कवि आचार्य जयंत भट्ट से। कश्मीर में बौद्ध धर्म, दर्शन एवं साधना का प्रचार आनंद के शिष्य तथा वाराणसी के भिक्षु मज्झंतिक ने शुरू किया था। कश्मीर के प्रतापी राजा ललितादित्य ने न सिर्फ कला का सर्वांगीण विकास सुनिश्चित किया, अपितु अपने साम्राज्य का विस्तार भी किया।

कला वैभव की तरह कश्मीर के संगीत तथा रंगमंच का वैभव भी निखरकर सामने आया। इस पुस्तक में संकलित आचार्य रजनीश कुमार शुक्ल के लेख 'जम्मू-कश्मीर का सांस्कृतिक अवबोध', जवाहर लाल कौल के 'कश्मीरियत का सांस्कृतिक संदर्भ', रतनलाल 'शांत' के 'कश्मीरी की आदि कवयित्री लल्लेश्वरी', महेश कौल के 'कश्मीर की त्रिक परंपरा', जयंत उपाध्याय के 'आचार्य जयंत भट्ट : कश्मीर का दार्शनिक कवि', प्रमोद कुमार सिंह के 'कश्मीर में बौद्ध धर्म दर्शन', ज्योति शुक्ला के 'स्थापत्य का वैभव', अवतार मोटा के 'कला वैशिष्ट्य', अप्रमेय मिश्र के 'सांगीतिक वैभव' और शशिशेखर तोषखानी के 'कश्मीरी नाटकों का इतिहास : एक विहंगम दृष्टि' शीर्षक लेख जम्मू-कश्मीर के सांस्कृतिक वैभव को रेखांकित करते हैं।

—कृपाशंकर चौबे

अनुक्रम

पुरोवाक् *05*

भूमिका *07*

जम्मू-कश्मीर का सांस्कृतिक अवबोध/रजनीश कुमार शुक्ल 11

कश्मीरियत का सांस्कृतिक संदर्भ/जवाहरलाल कौल 21

कश्मीरी की आदि कवयित्री लल्लेश्वरी/रतनलाल शांत 27

कश्मीर की त्रिक परंपरा/महेश कौल 34

आचार्य जयंत भट्ट : कश्मीर का दार्शनिक गुरु/जयंत उपाध्याय 38

कश्मीर में बौद्ध धर्म-दर्शन/प्रमोद कुमार सिंह 53

स्थापत्य का वैभव/ज्योति शुक्ला 64

कला वैशिष्ट्य/अवतार मोटा (अनुवाद—नंदिनी सिन्हा) 85

कश्मीरी कलाकृतियां 103

सांगीतिक वैभव/अप्रमेय मिश्र 106

कश्मीरी नाटकों का इतिहास : एक विहंगम दृष्टि/शशिशेखर तोषखानी 114

सिनेमा

हिंदी सिनेमा में कश्मीर का अवदान/अवतार मोटा 121
(अनुवाद—पूजा तिवारी)

संवाद

लोक-वार्ता में होती है जनजीवन की सांस्कृतिक धुरी 136
(वरिष्ठ कश्मीरी नाटककार पद्मश्री मोती लाल क्यूम से अग्निशेखर की बातचीत)

हर तरह से हारा हुआ है कश्मीरी हिंदू 141
(वरिष्ठ इतिहासकार पद्मश्री के.एन. पंडित से अमित कुमार विश्वास की बातचीत)

विमर्श

कश्मीर के सांस्कृतिक संघर्ष के विविध पक्ष/कुलदीप चंद अग्निहोत्री 146

विस्थापन की अंतहीन पीड़ा/आशुतोष भटनागर 177

जड़ों से उखड़ने की त्रासदी/विजय कुमार कौल 192

जम्मू-कश्मीर में औषधीय पौधे : आवश्यकता एवं संभावना/रोमसा शुक्ला 197

जम्मू-कश्मीर में नव-निर्माण और नवजागरण की वेला/रसाल सिंह 207

रचनाकारों के पते 215

जम्मू-कश्मीर का सांस्कृतिक अवबोध

रजनीश कुमार शुक्ल

जम्मू-कश्मीर का सांस्कृतिक अवबोध भारत और भारतीयता का अवबोध है। सांस्कृतिक अवबोध भाषा और साहित्य के परिप्रेक्ष्य से ही होता है। कोई और परिप्रेक्ष्य नहीं है जिसके आधार पर संस्कृति का बोध हो सके, लेकिन कठिनाई यह है कि भारत के भीतर जो लोग उन्नीसवीं शताब्दी के बाद का सांस्कृतिक इतिहास लिख रहे थे, उन लोगों ने सांस्कृतिक अवबोध को मृत और भौतिक वस्तुओं के आधार पर लिखने का यत्न किया। उस यत्न का परिणाम था कि संस्कृति भी एक तरह से वस्तु तथ्य हो गई। इसलिए कश्मीर के सांस्कृतिक अवबोध को गंभीरता से समझने की आवश्यकता है। भारत और पूरी दुनिया के अध्येता इस बात को लेकर सहमत हैं कि कश्मीर की जो सांस्कृतिक मान्यताएं हैं, वे भारत की मूल सांस्कृतिक मान्यताएं हैं। कश्मीर की संस्कृति अर्थात् भारत की संस्कृति। भारत के किसी भी कोने में यज्ञोपवीत संस्कार हो रहा हो, जिसका संस्कार होता है, उसे उस समय कश्मीर की ओर मुंह करके बैठाया जाता है और तब वह प्रार्थना करता है–'नमस्ते शारदे देवी कश्मीरपुरवासिनि त्वामहं प्रार्थये नित्यं विद्यादानं च देहि मे' अर्थात् कश्मीरपुर, कश्मीर क्षेत्र, कश्मीर मंडल में निवास करने वाली शारदा देवी, मैं आपकी प्रार्थना करता हूं, आपको प्रणाम करता हूं और यह विनती करता हूं कि मुझे विद्या दान दें। भारत के पुरातन षोडश संस्कारों में यज्ञोपवीत ही एक ऐसा संस्कार है जिसमें माना जाता है कि इसके बाद मनुष्य का पुनर्जन्म होता है। वह प्राकृत मनुष्य से ज्ञान की ओर बढ़ने वाला परिवर्तित मनुष्य होता है और यज्ञोपवीत संस्कार बिना कश्मीर को, बिना शारदा पीठ की देवी शारदा को याद किए हुए नहीं हो सकता है। एक बात तो स्पष्ट है कि पूरे भारत में शास्त्रों के अंतर्गत, हिंदू संस्कारों की परंपरा के अंतर्गत यह मान्यता है कि ज्ञान का केंद्र और ज्ञान की देवी शारदा हैं और वह कश्मीर में निवास करती हैं।

हिंदू धर्म की वैदिक परंपरा में ही नहीं, अपितु भारतीय धर्म साधना की बौद्ध एवं जैन धर्म की जो समानांतर भारतीय धाराएं हैं, उनमें भी कश्मीर का विशेष महत्त्व है। चीनी यात्री ह्वेनसांग, जिसने कश्मीर की पूरी यात्रा की थी और जिसने नालंदा के साथ-साथ कश्मीर में भी अध्ययन किया था, जिस काल में वह लिख रहा है, उसका यह कहना है कि उस समय 500 से अधिक बौद्ध विद्वान कश्मीर में थे, जिन्हें पूरी दुनिया में बौद्ध अध्येता के रूप में जाना जाता है। यहां तक कि कनिष्क ने कश्मीर के कुंडलवन में चतुर्थ बौद्ध संगीति कराई थी जिसकी अध्यक्षता वसुमित्र ने की थी। बाद के दिनों में आठवीं शताब्दी का कालखंड यानी 711 में मोहम्मद बिन कासिम के आक्रमण के बाद 723-24 ई. से 760-761 ई. तक जो ललितादित्य का कालखंड है, उस समय कश्मीर न केवल राजनीतिक दृष्टि से पूरे एशिया महाद्वीप का केंद्र बनकर उभरा था बल्कि वह विद्या और ज्ञान का भी केंद्र था।

कश्मीर शैव दर्शन का भी बड़ा केंद्र रहा है। छठी-सातवीं शताब्दी में वसुगुप्त द्वारा शैव दर्शन के पुनरोदय के बाद 9वीं से 13वीं शताब्दी तक कश्मीर पूरे भारत में फैले हुए शैव मतावलंबियों के लिए महत्त्वपूर्ण केंद्र रहा है। अद्वैत की एक धारा जो शंकराचार्य ने स्थापित की थी, वह कश्मीर में जाकर परिवर्तित हो जाती है जिसे पंचदेव उपासना की धारा कहा जाता है। पंचदेव की उपासना में भी त्रिपुर सुंदरी और शारदा देवी के रूप में शक्ति की उपासना केंद्र में है। इसकी उपासना को शंकराचार्य शारदा पीठ से आरंभ करते हैं और आरंभ करते हुए बहुत साफ शब्दों में कहते हैं कि 'ललाटे काश्मीरं विलसति' अर्थात् देवी के ललाट पर कश्मीर यानी केसर का टीका है। कश्मीर मंडल वही है जिसको हम सामान्य तौर पर सप्त सिंधु का क्षेत्र मानते हैं। सप्त सिंधु अर्थात् सात नदियों का क्षेत्र। ये सात नदियां जिस पूरे क्षेत्र की निर्मिति करती हैं, उसे ही कश्मीर मंडल के रूप में स्वीकार किया गया है। इसके केंद्र में वितस्ता है। एक तरफ सरस्वती है तो दूसरी तरफ सिंधु है। सिंधु की गिनती महानदी के रूप में 'भागवत पुराण' भी करता है। सिंधु और सरस्वती के बीच के क्षेत्र को भारत में ज्ञान परंपरा और सांस्कृतिक परंपरा की दृष्टि से अत्यंत महत्त्वपूर्ण माना जाता है। इरावती को आज रावी के रूप में जाना जाता है, वितस्ता को हम झेलम के रूप में जानते हैं, विपाशा को आज व्यास के रूप में जानते हैं, देविका, जो रावी की एक सहायक नदी है, कुहु अर्थात् काबुल नदी, गोमती जिसे कहीं-कहीं गोमेल और कहीं गौतमी कहा जाता है, शतद्रू, जो आज सतलज के रूप में जानी जाती है, चंद्रभागा जिसे आज चिनाब के रूप में जानते हैं और सरस्वती, जिसे लुप्त नदी के रूप में जाना जाता था, किंतु अब उसके प्रवाह को खोज लिया गया है, का जिक्र कश्मीर के साहित्य में मिलता है। कश्मीर मंडल में ही महानदी सिंधु बहती

है अर्थात् लेह, लद्दाख, गिलगिट, बाल्तिस्तान का वह पूरा-का-पूरा इलाका, जिसे राजनीतिक कारणों से कश्मीर से अलग क्षेत्र के रूप में समझा जाने लगा था, वह सांस्कृतिक कारणों से, सांस्कृतिक आधार पर कश्मीर का हिस्सा है। 'राजतरंगिणी' और 'नीलमतपुराण' दोनों में ही सिंधु नदी के बहने का रास्ता एक ही प्रकार से बताया गया है।

'वशिष्ठ संहिता' में स्पष्ट रूप से कहा गया कि यह जो उत्तर कुरु का क्षेत्र है, कुरु पांचाल से ऊपर उत्तर का क्षेत्र है जिसे कश्मीर मंडल कहते हैं, उसे देव क्षेत्र के रूप में निर्धारित किया गया है। सातवीं शताब्दी के चीनी लेखक ह्वेनसांग के विवरण को मानें तो सिंधु नदी से प्रारंभ होकर चिनाब तक बहने वाला जो क्षेत्र है और दक्षिण में जो माल्द्रेज तक जाता है, वह विस्तृत फैला हुआ क्षेत्र कश्मीर मंडल है। इसमें जो विस्तार होता है उसमें तक्षशिला और सिंहपुर और दक्षिण-पश्चिम पुंछ, जिसके उत्तर में तक्षशिला आ जाता है, जिसके दक्षिण में राजौरी आता है, इसप्रकार से एक व्यापक क्षेत्र निर्मित होता है। उसमें जम्मू का इलाका भी सम्मिलित होता है, उसमें गिलगिट, बाल्तिस्तान का विकास होता है, संपूर्ण कश्मीर सम्मिलित होता है। लेह-लद्दाख का पूरा-का-पूरा इलाका सम्मिलित होता है। उस काल के तिब्बत से मानसरोवर तक का पूरा-का-पूरा क्षेत्र कश्मीर मंडल के रूप में स्वीकार किया जाता है। कश्मीर मंडल के केंद्र में वितस्ता है।

मैं जान-बूझकर नदियों, पहाड़ों, पर्वतों से सांस्कृतिक केंद्रों की चर्चा कर रहा हूं, क्योंकि भारत की जो पुरानी परंपरा है, उसमें किसी भी क्षेत्र को राजाओं के माध्यम से जानने की कोई परंपरा नहीं रही है। 'श्रीमद्भागवत पुराण' जब भारत का नक्शा खींचता है तो वह नदियों के माध्यम से खींचता है, पर्वतों के माध्यम से खींचता है। उत्तर से लेकर दक्षिण तक नदियों की चर्चा करता है। पश्चिम से लेकर पूर्व तक पर्वतों की चर्चा करता है। जब नदियों की चर्चा करते हुए वह कहता है तो उसमें से सिंधु नदी से भारत को पहचान दिलाता है और अंत में आकर दक्षिण की नदियों की पूरी चर्चा करते हुए एक विस्तृत भारत के क्षेत्र का चित्र खींचता है। एक महानदी भारत के उत्तरी क्षेत्र में है तो दूसरी महानदी भारत के पूर्वी क्षेत्र में है। तीसरी महानदी के रूप में कावेरी की चर्चा करता है, जो दक्षिणी क्षेत्र में है। इन तीन नदियों से घिरा जो विस्तृत क्षेत्र है, वह भारतवर्ष है।

सिंधु, ब्रह्मपुत्र और कावेरी नदियों के द्वारा जब भारत की सांस्कृतिक सीमा निर्धारित होती है तो कश्मीर की संस्कृति का केंद्र कहां बनता है, इसकी भी चर्चा किसी नदी के माध्यम से ही करनी होगी। भारत की परंपरा में संस्कृति की पहचान नदियों, पर्वतों, तीर्थों, सरोवरों के माध्यम से करनी होगी। नगर बहुत महत्त्वपूर्ण नहीं रहे हैं, राजवंश बहुत महत्त्वपूर्ण नहीं रहे हैं, राज व्यवस्थाएं बहुत महत्त्वपूर्ण

नहीं रही हैं। संपूर्ण भारतीय परंपरा में भूगोल को सांस्कृतिक परंपरा के आलोक में देखा गया है और यह सांस्कृतिक परंपरा प्राकृतिक रचनाओं से निर्मित होती है। प्राकृतिक रचनाओं में जब देवता को देखने की बात होती है, तो कश्मीर के जो कुछ सांस्कृतिक केंद्र हैं, वे अत्यंत महत्त्वपूर्ण भूमिका निभाते हैं। मैं वितस्ता-झेलम की चर्चा कर रहा हूं। एक ऐसी नदी जिसका नाम भी भुला दिया गया है। न तो कश्मीरी भाषा में इस नदी को जिस रूप में जाना जाता था, वह आज लोग जानते हैं और न ही संस्कृत में इसे जिस रूप में जाना जाता था, उस रूप में जानते हैं। चीनी यात्रियों के जो यात्रा विवरण पाए जाते हैं, उसमें कश्मीर की चर्चा करते हुए सर्वत्र वितस्ता नदी की ही चर्चा दिखाई देती है, कश्मीर के मध्य मान बिंदु के रूप में। 'ऋग्वेद' में भी वितस्ता का उल्लेख आता है। बाद के पौराणिक और चीनी साहित्य में इस क्षेत्र का नाम वैतस्तिका है। 'नीलमत पुराण' इसे वितस्ता ही कहता है। 'विष्णु धर्मोत्तर पुराण', जो पुराणों में सबसे बड़ा पुराण है, वह भी वितस्ता को वितस्ता ही कहता है और उसका अपर नाम वैतस्तिका देता है। पाश्चात्य लेखक हेरोडोट्स इसका वेदस्ता के नाम से उल्लेख करता है। यूनानी लेखकों ने भी वितस्ता का उल्लेख वेदस्ता के रूप में किया है। इसप्रकार से सर्वत्र कश्मीर की पहचान वितस्ता के आधार पर निर्धारित हुई है। बाद के दिनों में इस्लामिक आक्रमण के बाद चौदहवीं शताब्दी के बाद से वितस्ता नाम लुप्त होता चला गया और इसे झेलम कहा जाने लगा।

मैं केवल कश्मीर में लिखे गए साहित्य पर केंद्रित होकर कश्मीर के सांस्कृतिक केंद्रों की चर्चा नहीं कर रहा हूं अपितु संपूर्ण भारत में जो सांस्कृतिक साहित्य निर्मित हुआ है, भारत की परंपरागत लेखन प्रक्रिया में जो साहित्य निर्मित हुआ है, उसको सामने रखकर कह रहा हूं। महाभारत के वनपर्व और सभापर्व में वितस्ता की बहुत चर्चा हुई है। उसे कुरु पांचाल और उत्तर कुरु की नदी कहा गया है। उत्तर कुरु यानी जम्मू-कश्मीर का वही क्षेत्र, जो कुरु महाजनपद के ऊपर का है। 'महाभारत' के वनपर्व में उल्लेख है कि कश्मीर मंडल में नागराज तक्षक का भवन है और उसका नाम वितस्ता है। नागराज तक्षक नदी में रहते हैं, पर्वत से निकलने वाले जल स्रोत वितस्ता में रहते हैं। इस वितस्ता में जो स्नान करता है, उसको वाजपेय यज्ञ करने का पुण्य प्राप्त होता है। भारत में वाजपेय यज्ञ श्रेष्ठतम यज्ञ है। भारत की वैदिक परंपरा में इसे अश्वमेध यज्ञ से भी ज्यादा महत्त्वपूर्ण और बड़ा यज्ञ माना गया है। उस वाजपेय यज्ञ को करने का लाभ मनुष्य को वितस्ता में स्नान करने से प्राप्त हो जाता है। इस वितस्ता का जल जब उत्तर कुरु से नीचे भारत के मैदानी भाग में आ रहा है तो इसके जल के कारण भारत के लोगों को

लाभ मिल रहा है। इस तरह सांस्कृतिक दृष्टि से कश्मीर को और कश्मीर में नदियों के महत्त्व को समझा जा सकता है।

कश्मीर की सांस्कृतिक और ऐतिहासिक दृष्टि को यदि समझना है तो वितस्ता यानी झेलम के महत्त्व को समझना होगा। भारत की कृषि संस्कृति में, भारत की ग्रामीण संस्कृति में, भारत के लोगों के लिए वितस्ता यानी झेलम के महत्त्व को एक तरफ 'महाभारत' तो दूसरी तरफ 'विष्णुधर्मोत्तर पुराण' सिद्ध करता है। 'महाभारत' अनुशासन पर्व भी वितस्ता के बारे में महत्त्वपूर्ण चर्चा करता है और कहता है कि देवी पार्वती ने भगवान शंकर की पत्नी बनकर स्त्री धर्म के निर्वाह का संकल्प किया तो इस संकल्प के लिए जिन लोगों से विचार-विमर्श किया था, उसमें से वितस्ता भी है। यानी यह वह इलाका है जहां देवी पार्वती ने भगवान शंकर के साथ विवाह करने के पूर्व तप किया था और उसके परिणामस्वरूप उनको भगवान शंकर की प्राप्ति हुई थी। 'महाभारत' कहता है कि देवी उमा स्वयं यहां पर वितस्ता के रूप में प्रकट हुईं। अपनी तपस्या करने के बाद वह लुप्त हो गईं। बाद में स्वयं कश्यप की प्रार्थना पर वह पचहत्तर नाग के रूप में प्रकट हुईं। यह वह कालखंड है जब कश्मीर में नदियों के स्रोतों को, झरनों को, जहां से नदियां निकलती थीं, उन झरनों को नाग कहा जाने लगा था। पचहत्तर नाग देवसर के आसपास का कोई स्थान है, जहां इसप्रकार का एक भौगोलिक स्वरूप बनता है। 'महाभारत' में यह नील कुंड के रूप में आता है। वितस्ता जितनी महत्त्वपूर्ण वैदिक परंपरा में है, उतनी ही महत्त्वपूर्ण बौद्ध परंपरा में भी है। यही कारण है कि अशोक ने वेरीनाग के आस-पास एक स्तूप का निर्माण कराया था जिसका उल्लेख कल्हण ने भी किया है। कल्हण के कालखंड में वितस्ता के उद्गम के रूप में वेरीनाग को ही स्वीकार किया गया है। नीलनाग इसलिए कहते हैं कि वितस्ता वहां नीले रंग की प्रकट होती है, इसलिए जहां से प्रकट होती है, वह नीलकुंड है। बाद में वह वीर नाग के रूप में परिवर्तित होती है।

यह पौराणिक भूगोल भी स्वीकार करता है कि अनंतनाग आने के बाद वितस्ता को नदी का रूप मिलता है और यहां से फिर बहुत सारी नदियां उसके अंदर मिलती हैं। अनंतनाग इस दृष्टि से महत्त्वपूर्ण हो जाता है कि वह वितस्ता का उद्गम स्थल है। भारत की वैदिक परंपरा में ठीक वैसे ही जैसे गोमुख से गंगा निकलती है, पर गंगा के रूप में वह गंगोत्री में आकर के परिवर्तित होती है। उसी प्रकार पौराणिक मान्यता है कि वेरीनाग वितस्ता का उद्गम स्थल है, किंतु नदी के रूप में वह अनंतनाग में आकार लेता है। वैसे ही जैसे कि गंगा गंगोत्री में एक नदी के रूप में आकार लेती है। वितस्ता का 'राजतरंगिणी' में वर्णन बार-बार इसलिए

आता है कि सभी राजाओं ने, विशेष करके कर्कोटक वंश के, नाग वंशीय राजाओं ने वितस्ता को केंद्र में रखकर उसके इर्द-गिर्द दोनों किनारों पर भिन्न-भिन्न कालखंड में नगरों को निर्माण कराया, मंदिरों का निर्माण कराया, चैत्यों का निर्माण कराया। यह घटना उस कालखंड के इतिहास में संपूर्ण भारत के अंदर अन्य कहीं नहीं दिखाई देती है। मां शारदा का मंदिर शारदा सर्वज्ञ पीठ आज पाकिस्तान के द्वारा आक्रांत जम्मू-कश्मीर के हिस्से में है। भारत की शक्ति परंपरा के केंद्र के रूप में कश्मीर लगातार रहा है। क्षीर भवानी का एक ऐसा मंदिर है जिसका उल्लेख 'नीलमत पुराण' और 'राजतरंगिणी' में भी मिलता है। क्षीर भवानी से लेकर कामाख्या तक का जो विस्तृत हिमालय है, इस विस्तृत हिमालय में अभिनवगुप्त के विचरण का उल्लेख भी प्राप्त होता है।

कश्मीर का जो सांस्कृतिक विस्तार है, वह संपूर्ण हिमालय क्षेत्र में है। किंतु आज के संदर्भ में विचार करें तो कश्मीर में वितस्ता की उत्पत्ति, पार्वती के तप, शिव के विवाह यानी एक युग, एक कल्प के प्रारंभ की जो पूरी कथा है, उस कथा से भारतीयों को जोड़ती है बाबा अमरनाथ की यात्रा। इस यात्रा का इतिहास निकाला जाए तो अमरनाथ के मंदिर का उल्लेख भी लगभग सभी पुराणों में आता है। कई सौ वर्षों के अंदर जो साहित्य लिखा गया है, उन यात्राओं के सांस्कृतिक इतिहास में इसका बड़ा महत्त्वपूर्ण स्थान रहा है। किसी की सांस्कृतिक पहचान जब मिटानी होती है तो इसप्रकार के जीवंत सांस्कृतिक केंद्रों को रोका जाता है। तेरहवीं शताब्दी से लगातार बाबा अमरनाथ की यात्रा पर जो प्रतिबंध लगाए गए, उनकी पहचान मिटाई गई, उन स्थानों के नाम बदले गए, उसमें पर्शियन पुट दिया गया– उसके कारण से इसका जो तीन-चार हजार वर्षों का पौराणिक इतिहास प्राप्त होता है, वह दिखाई नहीं देता है। तथापि यह बहुत महत्त्वपूर्ण बात है कि उस कालखंड के सभी शैवाचार्यों ने, चाहे वह वसुगुप्त हों, उत्पलदेव हों, सोमानंद हों, उन्होंने कश्मीर क्षेत्र में फैले हुए शिव मंदिरों की व्यापक चर्चा तो की ही है, उनके द्वारा अमरनाथ की यात्रा और भगवान शिव के जीवित शिवलिंग के दर्शन का इतिहास प्राप्त होता है। उसे बाद में यह बताने की कोशिश की गई कि कश्मीर और कश्मीरियत बहुरंगी संस्कृतियों का मिश्रण है। वस्तुतः संस्कृतियों का सम्मिश्रण कश्मीर में कभी नहीं रहा है। एक संस्कृति तेरहवीं शताब्दी तक अनवरत दिखाई देती है, वह वैदिक संस्कृति है। वैदिक संस्कृति की जो निगम-आगम दोनों परंपराएं हैं, शैव-वैष्णव दोनों परंपराएं हैं और शैव-वैष्णव आगम परंपराओं को शाक्त आगम परंपरा के द्वारा जोड़ने की जो प्रक्रिया है, उसका केंद्र कश्मीर है। सांस्कृतिक दृष्टि से त्रिकूट पर्वत बहुत महत्त्वपूर्ण है। वैष्णो देवी का स्थान वस्तुतः भारत की

दृष्टि से एक विशिष्ट सांस्कृतिक अभिधान को प्रस्तुत करता है। मानसरोवर श्रेणी शिखरों और त्रिकूट पर्वत के बीच का जो क्षेत्र है, वह भगवान शिव का क्षेत्र है। यह एक ऐसा क्षेत्र है, जहां उमा वैष्णवी हो जाती हैं, जहां आराधना की एक विशिष्ट स्थिति दिखाई देती है, जिसमें शिव और विष्णु दोनों परंपराओं के बीच शक्ति को केंद्रित करते हुए सामंजस्य स्थापित किया जाता है। ज्येष्ठ मास की अष्टमी को क्षीर भवानी का जो मेला लगता है, वह कितना महत्त्वपूर्ण रहा होगा– इसकी कल्पना सिर्फ इस बात से की जा सकती है कि स्वामी विवेकानंद को भी अंततः अपनी साधना की स्थिति को प्राप्त करने की दृष्टि से क्षीर भवानी की यात्रा करनी पड़ी थी।

संस्कृति, सभ्यता, राजनीति, इतिहास, कृषि, चिकित्सा प्रणाली, विज्ञान और तकनीक–यानी संपूर्ण भारतीय ज्ञान परंपरा में जम्मू-कश्मीर का अवदान अमूल्य है। अपने इन वैशिष्ट्यों के आधार पर जम्मू-कश्मीर अनादिकाल से लेकर आज तक भारत मां के शीश के रूप में जाना जाता रहा है। आज जम्मू-कश्मीर एकीकरण के प्रश्न से बाहर आ गया है। यह प्रश्न कृत्रिम था, इस कृत्रिम प्रश्न को बनाए रखने के लिए विभिन्न प्रकार के आख्यानों को रचा गया। अलग-अलग तरह से नैरेटिव सेट किए गए। ये आख्यान जब गढ़े जा रहे थे, उसी समय जम्मू-कश्मीर ने अपने संविधान में जम्मू-कश्मीर को भारत का अविभाज्य अंग स्वीकार किया था। जम्मू-कश्मीर की संविधान सभा ने भी इसे स्वीकार कर लिया था, लेकिन उसके बाद भी कुछ निहित स्वार्थों के कारण इस देश में 70-72 वर्ष तक लगातार जम्मू-कश्मीर को एक प्रश्न के रूप में प्रस्तुत किया गया। वस्तुतः भारत की सांस्कृतिक निरंतरता, भारत की सांस्कृतिक एकता और भारत की सांस्कृतिक श्रेष्ठता का कोई एक महनीय भूखंड भारत में है तो वह जम्मू-कश्मीर है। 1846 के एंग्लो-सिख वार के नाम से जिस युद्ध को जाना जाता है, उसमें महाराजा रणजीत सिंह की पराजय के फलस्वरूप एक संधि हुई थी जिसमें युद्ध के खर्चों को देकर महाराजा गुलाब सिंह ने जम्मू-कश्मीर और लद्दाख के क्षेत्र को, जो बहुत बड़ा क्षेत्र था–जिसमें जम्मू था, कश्मीर था, लद्दाख का हिस्सा था, गिलगिट-बाल्तिस्तान का हिस्सा था–इन सबको एक राज्य के रूप में अंग्रेजों से प्राप्त किया था।

जम्मू-कश्मीर के बारे में एक चर्चा यह भी रही है कि भारत के स्वतंत्रता आंदोलन के अंदर जम्मू-कश्मीर की उपस्थिति नहीं है। महाराजा प्रताप सिंह का कालखंड हो या महाराजा हरि सिंह का कालखंड हो, जम्मू-कश्मीर में भारतीय स्वतंत्रता के आंदोलन का स्वरूप दिखाई नहीं देता है। जम्मू-कश्मीर भारत का हिस्सा होता तो 1930 के बाद जिस प्रकार से अखिल भारतीय आंदोलन भारत में शुरू

हुआ था, वैसा ही आंदोलन जम्मू-कश्मीर में भी दिखाई देता। वस्तुतः जम्मू-कश्मीर कभी भी उस प्रकार से ब्रितानी हुकूमत का शासित प्रदेश नहीं रहा है, जिस प्रकार से अवध की रियासत रही है, जिस प्रकार से हैदराबाद की रियासत रही है। जम्मू-कश्मीर के अतिरिक्त अन्य रियासतें जिस प्रकार से ब्रितानी हुकूमत का हिस्सा थीं, उस ढंग से वह ब्रितानी हुकूमत का हिस्सा नहीं था। ब्रितानी हुकूमत के अधीन एक स्वायत्त राज्य के रूप में उसकी स्थिति बनी रही। इसको समझना हो तो गिलगिट एजेंसी के ध्वजारोहण के द्वारा समझा जा सकता है, जहां पर ग्रेट ब्रिटेन के ध्वज के साथ ही जम्मू-कश्मीर का ध्वज फहराया जाता था। गिलगिट एजेंसी में ब्रितानी हुकूमत के सैनिक पदस्थ करने के लिए जम्मू-कश्मीर ने जो अनुमति प्रदान की थी, उस अनुमति में यह भी शर्त थी कि दोनों के ध्वज फहराए जाएंगे। महाराजा हरि सिंह वायसराय के निर्देशों की अवहेलना कर अपना निर्णय लेने के लिए भी स्वतंत्र थे। जम्मू-कश्मीर बहुत सारे ऐसे प्रयोग कर रहा था, जो पूरे भारत में नहीं हो रहे थे। एक स्वतंत्र राज्य में जिस तरह के कार्य किए जाने चाहिए, वे सारे कार्य जम्मू-कश्मीर में हो रहे थे। अनिवार्य शिक्षा का अधिनियम लागू करना हो, कृषि व्यवस्था करनी हो, जम्मू-कश्मीर भारत में स्वतंत्रता के पूर्व इनको लागू करने वाले राज्य के रूप में था। जम्मू-कश्मीर ब्रिटिश इंडिया का अविभाज्य भाग नहीं था और उस जम्मू-कश्मीर के राजा ने बिना शर्त, स्वेच्छा से भारत संघ में अपना विलय स्वीकार किया था। उसे भारत की राजनीति के अंतर्गत एक विवादित प्रश्न के रूप में प्रस्तुत करने की कोशिश की गई थी।

यह सिर्फ इसलिए हुआ था कि लोगों को जम्मू-कश्मीर के वास्तविक सांस्कृतिक इतिहास से ठीक ढंग से परिचित नहीं कराया गया। जब इतिहास छूट जाता है, इतिहास ओझल हो जाता है, इतिहास अंधेरे में चला जाता है तो वर्तमान के संबंध में कठिनाई होती है। आज के किसी भारतीय से पूछा जाए कि जम्मू-कश्मीर क्या है तो वह कहेगा धरती का स्वर्ग है। इस नाते कि नूरजहां ने कहा था कि 'गर फिरदौस बर रुए जमीं अस्त, हमीं अस्तो, हमीं अस्तो, हमीं अस्त'। तो क्या जम्मू-कश्मीर का इतिहास पंद्रहवीं शताब्दी में शुरू होता है, तो क्या जम्मू-कश्मीर 1339 में शाह मीर साम्राज्य की स्थापना के साथ शुरू होता है, तो क्या जम्मू-कश्मीर 'कारवां आता गया, हिंदोस्तां बसता गया' की अवधारणा पर विकसित हुआ है? सच यह है कि जम्मू-कश्मीर की स्थिति संपूर्ण एशिया में मध्यमान के रूप में थी, संपूर्ण एशिया के शीर्ष के रूप में थी। जम्मू-कश्मीर जियो पोलिटिकल स्टडी का वह बिंदु है, जहां पर खड़े होकर संपूर्ण दुनिया पर, विशेषकर एशिया महाद्वीप और यूरोप की ओर जाने वाले रास्तों पर नियंत्रण किया जा सकता

है। यही कारण रहा कि लंबे समय तक जम्मू-कश्मीर को विवाद का विषय बनाया गया। जम्मू-कश्मीर के बारे में अवधारणा यह है कि यह इस्लाम के आने के साथ ही पूरी दुनिया के केंद्र में आया, लेकिन भारत का इतिहास ऐसा नहीं कहता है। भारत का इतिहास इससे उलट बात करता है। एक कालखंड था जब भारत विश्वगुरु था। भारत के विश्वगुरु के पद पर प्रतिष्ठित होने में सर्वाधिक योगदान जम्मू-कश्मीर का था।

कहते हैं कि कश्मीर भारत का सबसे प्राचीन जनपद रहा है या राज्य रहा है। जम्मू और कश्मीर का उल्लेख महाभारत में भी मिलता है। पौराणिक आख्यान के अनुसार कश्मीर महर्षि कश्यप की भूमि है। उन कश्यप ऋषि का आश्रम जिस भूमि पर था, वही कश्मीर है। 'नीलमत पुराण' जब इसे कश्यप की धरती कहता है तो उसको स्वीकार करने में क्या दिक्कत है? लेकिन जब इसको स्वीकार करते हैं तो यह स्वीकार करना पड़ता है कि भारत भूमि में कश्मीर से कन्याकुमारी तक जो जन फैला हुआ है, उसकी मूल भूमि कश्मीर है। भारत की संस्कृति, भारत की सभ्यता, भारत की अनादि विज्ञान परंपरा की स्रोत भूमि कोई है तो वह कश्मीर है। कालिदास 'अभिज्ञानशाकुंतलम्' नाटक में लिखते हुए यह कहते हैं कि देवासुर संग्राम के बाद स्वर्ग से इंद्र का रथ लेकर मातलि दुष्यंत को लेकर कश्यप के आश्रम में उतरा था। अगर 14वीं-15वीं शताब्दी में कश्मीर को फूलों की जमीन कहा जा रहा है तो उसके पूर्व भी इसकी स्वर्ग के समान स्थान के रूप में मान्यता रही है। कश्यप ऋषि की मान्यताओं को अगर स्वीकार करते हैं, तो मानव जाति के इतिहास में सभ्यता और संस्कृति की जब से पहचान बनती है, तब से कश्मीर की भूमि भारत की अत्यंत महत्त्वपूर्ण भूमि रही है। संस्कृत भाषा और संस्कृत वाङ्मय को लेकर जब हम विचार करें तो अभिनवगुप्त, आनंदवर्धन, मम्मट आदि महान विद्वान कश्मीर से आते हैं। यदि भारत के 100 साहित्य शास्त्रियों की सार्वकालिक सूची बनाई जाए तो इस सूची में प्रथम 20 पर उन्हीं साहित्य शास्त्रियों का नाम आता है, जो कश्मीर से जुड़े हुए हैं, जिनकी मातृभूमि कश्मीर है। राजशेखर और क्षेमेंद्र को भी नहीं भूलेंगे, क्योंकि उनकी भी प्रेरणा भूमि कश्मीर ही है। अपनी काव्यमीमांसा में राजशेखर जिस प्रकार से कश्मीर और कश्मीर के सौंदर्य की चर्चा करते हैं, उससे पता चलता है कि साहित्य के क्षेत्र में कश्मीर की स्थिति क्या थी। काव्य और साहित्य के क्षेत्र में अप्रतिम योगदान की भूमिका का नाम कश्मीर है।

कश्मीर के इतिहास को यदि भारत के इतिहास के साथ-साथ देखा गया होता तो आर्यों के आक्रमण के सिद्धांत के लिए कोई जगह नहीं बचती, क्योंकि

मानव जाति के इतिहास के प्रारंभ के साथ से ही कश्मीर में पूरी दुनिया से मनुष्यों के आने-जाने का इतिहास मिलता है। अब सिंधु न होती तो हिंदू न होता, सिंधु न होती तो हिंदुस्तान न होता। इस सिंधु नदी की उद्गम भूमि तो कश्मीर मंडल है। आर्य सभ्यता के मूल केंद्र में देव नदी सरस्वती है, जिसके नाते इसे सारस्वत सभ्यता के रूप में जाना जाता था, जिसका जल अमृत के रूप में स्वीकार किया गया, उस देव नदी सरस्वती की उद्गम भूमि भी कश्मीर है। भारत के 200 वर्षों के गुलामी के दौर में अंग्रेजों ने यह धारणा गढ़ी कि भारत एक नहीं था। अलग-अलग राज्यों के अलग-अलग टुकड़े थे। यह एक साम्राज्य कभी नहीं रहा, एक राजा के अधीन, एक प्रकार की विधि व्यवस्था के अधीन यह कभी नहीं रहा तो ध्यान में आता है 36 वर्षों तक घोड़े की पीठ पर बैठा हुआ कश्मीर के कर्कोटक नागवंशी हिंदू सम्राट ललितादित्य मुक्तापीड का। उनके काल में कश्मीर का विस्तार मध्य एशिया और बंगाल तक पहुंच गया। उन्होंने अरब के मुसलमान आक्रांताओं को सफलतापूर्वक दबाया तथा तिब्बती सेनाओं को भी पीछे धकेला। उन्होंने राजा यशोवर्मन को भी हराया। उनका राज्य पूर्व में बंगाल तक, दक्षिण में कोंकण तक, पश्चिम में तुर्किस्तान और उत्तर-पूर्व में तिब्बत तक फैला था। उन्होंने अनेक भव्य भवनों का निर्माण किया। मार्तंड मंदिर की वास्तुकला का लोहा आज पूरा विश्व मान रहा है। छठी शताब्दी के कालखंड में उतना बड़ा सूर्य मंदिर निर्मित हो सके, इसकी कल्पना भी दुनिया में नहीं हो सकती थी, लेकिन वह करने वाला स्थान कश्मीर है। भारत की महान स्थापत्य-वास्तु-शास्त्रीय परंपरा का प्रारंभ होता हुआ कहीं से दिखाई देता है तो वह कश्मीर है।

वस्तुतः कश्मीर की संस्कृति का अवबोध भारतीयता का अवबोध है। कश्मीरियत भारतीयता से अलग नहीं, भारत की चिति है। यह कश्मीरियत विशिष्ट संस्कृति न होकर निरंतर संस्कार की सभ्यता है। भारत का स्वत्व है। जड़ता की सभ्यता के विरुद्ध ज्ञानात्मक समाज एवं मूल्यात्मक विज्ञान की प्रतिष्ठा है। ऐसे निरंतर और सांस्कृत जम्मू-कश्मीर तथा उसके भौगोलिक विस्तार में भारतीयता का विस्तार है, उपबृंहण है।

□

कश्मीरियत का सांस्कृतिक संदर्भ

जवाहरलाल कौल

कश्मीरियत मूल रूप से राजनीतिक कम, सांस्कृतिक-सामाजिक स्थिति अधिक है, जिसे कश्मीर और राज्य के बाहर के पृथकतावादी नेताओं को अपने वास्तविक स्वरूप से विलग करने में लगभग एक शताब्दी का समय लगा, लेकिन यह केवल कश्मीर की राजनीति के खाद-पानी से ही उपजी नहीं है, इसके पीछे की भावना के अंकुर छह सौ वर्ष पहले कश्मीर में बहने वाली एक सांस्कृतिक धारा के कारण फूटे थे। नाम तब तक कश्मीरियत नहीं पड़ा था, न हिंदू, न मुसलमान। मार-काट, अनास्था, अविश्वास, घृणा और प्रतिशोध के वातावरण में अहिंसा, सहनशीलता और प्रेम की इस धारा में हिंदू समाज में सदियों से जड़ हुई रीतियों और अप्रासंगिक मान्यताओं पर प्रहार करने वाली वेदांत, शैव, बौद्ध दर्शनों में पारंगत विद्रोही संत कवयित्री लल्लेश्वरी और उनके मुसलमान शिष्य नंद ऋषि ने जन सुलभ भाषा में अपने संप्रदाय को मुल्ला-मौलवियों के चंगुल से सचेत करते हुए वास्तविक अध्यात्म की ओर ले जाने का प्रयास किया। दोनों ऐसे युग में उत्पन्न हुए थे, जब कश्मीर में लोग अभी-अभी मुसलमान हुए थे और तबलीगी मौलवियों का जबरदस्त दबदबा था। उन्हें सरकारी अमले का भी समर्थन प्राप्त था। दरअसल यह एक प्रकार की बगावत थी, लेकिन जैसा अगली दो शताब्दी पश्चात् सारे भारतवर्ष में होने वाला था; यह प्रेम, सद्भावना, अध्यात्म, दर्शन और ज्ञान का ऐसा आंदोलन था जिसमें पीड़ा सहना तो स्वीकार था, लेकिन पीड़ा देना स्वीकार नहीं था। इसे भारत के अन्य प्रदेशों में भक्ति आंदोलन कहा गया। कश्मीर में इसका कोई विशेष नाम तो नहीं दिया गया था, क्योंकि देश के अन्य राज्यों की तुलना में यह लहर काफी पहले आरंभ हुई थी, लेकिन इसका प्रभाव भी आम जनता पर लगभग वैसा ही था जैसा उत्तर, दक्षिण, पश्चिम भारत या बंगाल में हुआ। कश्मीर में यह मतांध राजनीति और सांप्रदायिक जड़ता के बीच एक प्रबल सांस्कृतिक हस्तक्षेप था।

लल्लेश्वरी शैव थीं या वेदांतिन, यह बहस तभी से चलती रही है जबसे उनके

'वाखों' के संकलन के प्रयास आरंभ होने लगे। जॉर्ज ग्रियर्सन, जिनके काल में पहली बार लल्लेश्वरी के वाखों का संकलन किया गया, उन्हें ब्रह्मवादिनी यानी वेदांतिन मानते हैं, जबकि प्रो. जियालाल कौल का मानना है कि लल्लेश्वरी न माया को भ्रांति ही कहती हैं और न मानव के सांसारिक जीवन को मिथ्या। वे इसी जन्म में सदाशिव को पाने का उपदेश देती हैं, लेकिन वेदांतिक और शैव का यह विवाद इस मायने में निरर्थक है कि कश्मीर में आरंभ से ही विभिन्न दार्शनिक वादों में शास्त्रार्थ के साथ-साथ आपसी लेन-देन भी होता रहा है। यह सच है कि लल्लेश्वरी का समय अभिनवगुप्त के जाने के दो सदी के पश्चात् का काल था और उनके त्रिक दर्शन का गहन प्रभाव तो समाज पर रहा ही होगा, उनके गुरु भी संभवतया शैव विद्वान ही रहे हों, लेकिन शैवदर्शन के प्रभाव में वेदांत और बौद्ध दर्शनों की मान्यताएं समाज की स्मृति से पूरी तरह हट चुकी होंगी, यह मानना कश्मीर के सांस्कृतिक विकास के अनुरूप नहीं होगा। इसीलिए लल्लेश्वरी के काव्य में हमें कई संप्रदायों के बिंब मिलते हैं। लल्लेश्वरी के वाखों का प्रभाव इतना व्यापक था कि कश्मीर के ग्रामीण क्षेत्रों में आम जनता इनको तब भी नहीं भूल पाई जब राजनीतिक कारणों से उन्हें धर्म परिवर्तन करना पड़ा। हमें यह याद रखना होगा कि जब कश्मीर पर विदेशी आक्रमणकारी दालचू और उसके पश्चात् रिंचन के बर्बादी के दौर से गुजर चुके थे, उस समय लल्लेश्वरी एक ग्रामीण बालिका के रूप में घूमती थीं और अपने अड़ोस-पड़ोस में अपने असाधारण व्यवहार के लिए जानी जाती थीं। इस्लाम के तीव्र प्रसार के दौर में वह संत योगिनी के रूप में ख्याति प्राप्त कर चुकी थीं। रिंचन के पश्चात् और सिकंदर (बुत शिकन) से पहले के दौर में लल्लेश्वरी का सामना मुस्लिम धर्म प्रचारकों के साथ हुआ होगा, लेकिन किसी प्रकार की भौतिक हिंसा, व्यक्तिगत अपमान से बेपरवाह, योगिनी और कुशाग्र बुद्धि वाली लल्लेश्वरी को नकारना या मार्ग से हटाना उनके लिए संभव नहीं हुआ। इसलिए उन्हें अपनाने के प्रयास होने लगे जिसमें कुछ ऐसी भी घटनाएं गढ़ ली गईं जिनसे उन पर इस्लाम का प्रभाव दिखलाया जा सके। यह इसलिए आवश्यक हो गया था कि इस बीच जिन लोगों को धर्म बदलना पड़ा था। वे भी लल्लेश्वरी और उनके वाखों को त्यागने के लिए प्रस्तुत नहीं थे। लल्लेश्वरी के बारे में जो कहानियां प्रचलित रह गईं, उनमें सबसे अधिक उल्लेख शाह हमदान और लल्लेश्वरी की भेंट का किया जाता है, लेकिन इनमें से कोई भी घटना तथ्यों पर आधारित नहीं लगती। कश्मीर के प्रसिद्ध इतिहासकार ख्वाजा मोहम्मद ददामारी अपनी पुस्तक 'वाक्याते कश्मीर' में लिखते हैं, "परम पवित्र सईद अली हमदानी की इस्लाम की पताका को दिशा देते हुए अपनी यात्रा के दौरान लल्ला के साथ मुलाकात की घटना को शोधकर्ताओं ने सही नहीं पाया है।" वास्तव में इस घटना का उल्लेख तो 1836 से पहले कभी आया ही नहीं।

लल्लेश्वरी किसी सांस्कृतिक आंदोलन का न तो नेतृत्व कर रही थीं और न ही किसी का अनुसरण। इसलिए अगर भारत के विभिन्न क्षेत्रों में चले भक्ति आंदोलनों से उन्हें जोड़ना कठिन लगता है तो इसमें आश्चर्य की बात नहीं है, वे तो अधिसंख्य संत भक्त कवियों से काफी पहले आई थीं। कबीर हों, दादू हों, या पूर्वी भारत के गायक संत कवि, लल्लेश्वरी सबसे पहले, एकाकी, कश्मीर में बिजली की तरह चमककर आईं और अपने पीछे अनेक कश्मीरी संतों, मलंगों, सूफी कवियों और ऋषियों की एक परंपरा छोड़कर निकल गईं। जब वे गईं तो अनेक कवि और संत लल्लेश्वरी को अपना गुरु, मार्गदर्शक मानने और उनसे आध्यात्मिक संबंध जोड़ने को लालायित दिखाई दिए। बीसवीं शताब्दी तक कवियों, संतों और मनीषियों के चिंतन-मनन में वे जीवित रहीं तो कश्मीरी आम जन में वह आज भी मुहावरों और कहावतों के माध्यम से जीवित हैं और यह भावना उनके घर से दूर तक और उनके काल से बहुत देर तक चलती रही। उनके समकालीन कवि संत, जिन्हें लल्ला ने जन्मते ही अपना दूध पिलाया था, उनके न रहने पर बोल पड़े–''मेरी मां लल्ला तो भक्ति अमृत पीकर तृप्त हुई और अपने परमपिता के पास चली गई। ओ मेरे देवा! मुझे भी वैसी ही सुगति दे देना।'' तीन सौ साल बाद आई रूपभवानी ने तो मंत्र वाक्य कहा–''लल्ला मां, लल्ला परमगुरु।'' अठारहवीं शताब्दी के भक्त कवि परमानंद उन्हें अनाहत नाद बिंदु को प्राप्त करने वाली परम योगिनी मानते थे तो उन्नीसवीं शताब्दी के रहस्यवादी कवि शम्स फकीर को तो उनका जाना एक दिव्य नाटक की तरह दिखाई दिया, ''लगा कि मां शुहिरयार घाट पर बस नहाने गई थीं, लेकिन देह के चोले को उतार कर घाट पर ही रखा और एक डुबकी लगाई और गायब हो गईं, उस पार निकल गईं तो और कोई नहीं, परमेश्वर ही उनकी प्रतीक्षा में खड़े थे।''

अभिनवगुप्त के ग्यारहवीं शताब्दी में अवसान के पश्चात् बहुत समय तक राजनीतिक रूप से ही नहीं, सामाजिक स्तर पर भी कश्मीर दिशाहीनता, सामाजिक ह्रास, नेतृत्वहीनता का शिकार होता रहा। इसमें बाहरी आक्रांताओं के लिए पांव जमाना आसान हो गया था और समाज के भीतर भी अराजकता का फैलना स्वाभाविक था। धार्मिक और दार्शनिक स्तर पर एक ठहराव आ गया था। हर पंथ रूढ़ियों में जकड़ा था। लल्लेश्वरी ने अपने दार्शनिक पैनेपन, अपनी निर्भीक आलोचना, काव्यात्मक व्यंजना से पूरे समाज को झकझोरा और इस आध्यात्मिक झंझावात को धरातल पर उतारकर जन साधारण के जीवन में उतारने का काम एक और संत कवि नंद ऋषि ने किया।

हिंदू घर में पैदा हुईं, हिंदू घर में ब्याही गईं और हिंदू दार्शनिक ज्ञान को आधार बनाकर हिंदू समाज को ही झकझोरने का काम करने वाली लल्ला को

आरिफा घोषित करने से इस साधारण योगिनी को मीर सैयद अली हमदानी की शिष्या तो नहीं घोषित किया जा सकता था, लेकिन मुसलमान परिवार में जन्मे, पले नुंद के मुस्लिम कट्टरता का खुलकर विरोधी अभियान का सामना करना, उन्हें पुनर्जन्म देने से ही किया जा सकता था यानी मौलवियों ने उनका नया नामकरण करने का फैसला किया। बताया गया कि उनका नाम नुरुद्दीन है, नुंद तो प्यार से कहा जाता है। इससे भी काम नहीं चला, क्योंकि जो कुछ उनके बारे में कहा जा रहा था, वह उनके व्यक्तित्व में रूपांतरित होता तो दिख नहीं रहा था। कट्टर मुसलमानों में स्वीकार्यता तभी होती जब उन्हें सामान्य संत नहीं बल्कि एक औलिया घोषित किया जा सकता। इस संदर्भ में शाह हमदान और नुंद ऋषि का भी उल्लेख होता है। दावा किया जाता है कि उन पर सईद अली हमदानी के विचारों का गहरा प्रभाव पड़ा था। शाह हमदान पहली बार कश्मीर 1372-73 में आए और दो वर्ष से ही कुछ अधिक समय तक रहे। उस समय नुंद ऋषि पैदा भी नहीं हुए थे। दूसरी बार वे कश्मीर 1379 में आए, तब नुंद दो साल का बच्चा था। कुछ लोगों का विचार है कि शाह हमदान 1383 में तीसरी बार भी आए। उस समय भी नुंद इतने बड़े नहीं थे कि किसी विद्वान के साथ शास्त्रार्थ कर सकते। नुंद तो ऋषि ही नहीं बने थे, लड़कपन में अपनी मां सदर द्यद (सदर कश्मीरी में समुद्र) की देख-रेख में एक ग्रामीण परिवार के बालक थे, जिसकी एक बड़े विद्वान के साथ कोई तबलीगी बहस होने की संभावना तो नहीं दिखती। इसलिए ऐसा नहीं लगता कि नुंद ऋषि और लल्लेश्वरी पर तैमूर लंग के भय से भागकर आए सईद अली हमदानी के विचारों का कोई महत्त्वपूर्ण प्रभाव रहा होगा। पहले तो कालखंड मेल नहीं खाता, दूसरे भाषा का व्यवधान था। फारसी बोलने वाले सईद अली हमदानी ईरान के प्रांत हमदान से आए थे तो शेष दोनों फारसी नहीं जानते थे, फिर भी नुंद ऋषि के जाने के पश्चात् उनका नाम शेख नुरुद्दीन वली हो गया और उन्हें औलिया घोषित कर लिया गया। नुंद ऋषि लल्ला की भांति विधिवत् शिक्षित नहीं थे। लल्लेश्वरी के अनुसार "जो लिखा गया था, वह भी पढ़ा और जो नहीं लिखा गया वह भी पढ़ लिया।" लेकिन नुंद ने तो खेत, खलिहान, खस्ताहाल किसान, पहाड़ों की चरागाहों में भेड़ों के बीच गड़रियों के साथ, फकीरों और साधुओं की संगत करते हुए जो सामाजिक परंपरा देखी, उसी से ग्रहण किया, यायावरों की भांति कभी वनवास करते हुए तो कभी गुफावास में उन्होंने साधना की, जो पाथेय मिला, उसी से सब ज्ञान अर्जित किया। जिस परंपरा को लल्लेश्वरी ने परिष्कृत कर समाज के सामने प्रस्तुत किया था, उसे लोक सुलभ भाषा में गांव-गांव जाकर समझाना आरंभ किया।

यद्यपि नुंद ऋषि के परिवार को दो पीढ़ी पहले धर्म परिवर्तन करना पड़ा था और उन्हें किश्तवाड़ से कश्मीर घाटी में शरण लेनी पड़ी। फिर भी नुंद ने अपनी पुरानी सांस्कृतिक परंपरा नहीं छोड़ी। वे विरक्त थे, लेकिन अपने आप को पीर, फकीर या मलंग नहीं कहते थे। उन्होंने अपने आप को प्राचीन ऋषि परंपरा से जोड़ा। ऋषियों का कश्मीर से प्राचीन नाता था और इसी कारण पुराने ग्रामीण जन कश्मीर को ऋषियों की वाटिका कहते थे। नुंद ने अपने काव्य को जिस प्रकार के छंदों में बांधा, वे उन्हें श्रुक कहते थे, जो कि लोक का कश्मीरी उच्चारण है। इस मामले में भी उन्होंने लल्लेश्वरी का ही अनुसरण किया, जिन्होंने और भी प्राचीन छंद वाक् का उपयोग किया। वास्तव में नुंद ऋषि के जीवन काल में ही इन दोनों संत कवियों की कविता इतनी मिल-जुल गई थीं कि कुछ ही समय में संकलनकर्ताओं को दोनों की रचनाओं को अलग-अलग छांटना कठिन हो गया था। दोनों के वाक् और श्रुक ग्रामीण जनजीवन और संस्कारों का अंग बन गए थे कि तीन-चार शताब्दियों में कश्मीर में एक नई लोक संस्कृति का विकास हो गया था। इसलिए जब वाल्टर लॉरेंस उन्नीसवीं सदी में कश्मीर की समग्र भूमि का ब्योरा बनाकर रिपोर्ट देकर कश्मीर और वहां के लोगों का विवरण लिखने लगे तो उन्होंने लिखा कि "कश्मीर के लोग मुसलमान तो हो गए, लेकिन जो कोई ध्यान से देखेगा तो यही महसूस करेगा कि भीतर से वे अभी भी हिंदू ही हैं।" बीसवीं सदी में यही बात अहमदी खलीफा मिर्जा बशीरुद्दीन महमूद के प्रचारकों ने कुछ अलग अंदाज में उन्हें समझाई कि मिर्जा साहब, अगर हिंदू और मुसलमानों को कहीं बड़ी संख्या में एक साथ देखना है तो किसी पीर की दरगाह में जाइए या किसी ऋषि के आश्रम में, लेकिन हां, मगर दोनों में फर्क करना काफी मुश्किल है।

समकालीन संदर्भ में कश्मीरियत क्या हो सकती है? इस भावना या धारणा की सांस्कृतिक भूमिका को जानने और समझने के पश्चात् तो यह कहना होगा कि कवियों ने कश्मीर को स्वर्ग कहा हो या पूर्वजों ने इसे ऋषि वाटिका माना हो, लेकिन इन कल्पनाओं को धरती पर उतारना है, अपने व्यवहार में अभिव्यक्त करना है, अपने भौतिक जीवन में उतारना है तो कश्मीरियत की आवश्यकता होगी, लेकिन फिर कश्मीरियत उसके सांस्कृतिक परिवेश में जाए बिना कैसे आएगी। वह मार्ग तो हमें अपने अंतर्मन में उतरने से ही मिलेगा। यह सच है कि कश्मीर की अधिकतर आबादी को धर्मांतरण करना पड़ा, लेकिन कश्मीरियत का सांस्कृतिक आधार समाप्त नहीं हुआ, वह लोक मन में अनेक रूपों में विद्यमान रहा। लल्लेश्वरी ने कोई पंथ संवाद या संगठन नहीं चलाया, वे समाज को झकझोरकर इस संसार से चली गईं, लेकिन नुंद ऋषि की परंपरा उनके पश्चात् भी जारी रही। उनके जाने के पश्चात् उनके शिष्यों के

चार आश्रम या स्थान विभिन्न स्थानों में बने, जो कई पीढ़ी तक नुंद ऋषि की परंपरा का विस्तार करते रहे। इनमें अधिकतर शिष्य न केवल शाकाहारी ही रहे अपितु पिछली शताब्दी तक इन स्थानों में ऋषियों और पूर्वजों का भारतीय तिथि के अनुसार ही श्राद्ध किया जाता था। सत्रहवीं शताब्दी में कश्मीर में ऋषि परंपरा के कई केंद्रों पर कठोर नियमें लागू किए गए, उनमें सभी रीतियों पर प्रतिबंध भी शामिल था, जो प्रचलित मुस्लिम समाज में मान्य नहीं था। इससे भी पहले कई ऋषियों को नवाबों ने दंडित भी किया था, नुंद के एक शिष्य को तो सुल्तान ने इसलिए देश-निकाला कर तिब्बत भेज दिया था कि वह उनका स्वागत करने के लिए स्थान में उपस्थित नहीं था। कट्टरपंथियों और सरकारों के कोप से बचना आसान नहीं रहा और बहुत से स्थान नगर से दूर जाने को विवश हो गए। फिर भी ऋषि परंपरा क्षीण ही सही, भारत की स्वतंत्रता तक कश्मीर में किसी-न-किसी रूप में चलती रही और हिंदू, मुसलमानों दोनों के हजारों लोग इन स्थानों में अपने श्रद्धा सुमन चढ़ाते ही रहे, लेकिन देश में पृथकतावाद की लहर ने इसे अपनी सांप्रदायिक राजनीति के लिए सबसे बड़ा खतरा महसूस किया। इसलिए कश्मीरियत को अपने सांस्कृतिक आधार से काट कर इसे केवल राजनीतिक नारा बना दिया, जो मुल्लाओं की कट्टरवादिता या सुल्तानों की कठोरता नहीं कर पाई, वह उसे अपने मूल स्वभाव से अलग करने से हो रहा है।

□

कश्मीरी की आदि कवयित्री लल्लेश्वरी

रतनलाल शांत

आधुनिक भारतीय आर्य भाषाओं की तरह कश्मीरी का प्रथम प्रस्फुटन ग्यारहवीं-बारहवीं शती में हुआ। इस भाषा के विकास के पहले दो सौ वर्षों के मात्र दो-तीन ग्रंथ उपलब्ध हो सके हैं और कुछ नमूने, कुछ संस्कृत ग्रंथों में बिखरे मिले हैं। उनसे कश्मीरी के मूल अपभ्रंशी स्रोतों के स्वरूप का कुछ भान होता है। 'छुम्म संप्रदाय' के पंथ निदर्शक पदों। (ग्यारहवीं सदी) में इस अपभ्रंश का प्राचीन रूप है जो बारहवीं सदी में 'महानायकप्रकाश' (शितिकंठ) में थोड़ा परिवर्तित होकर शैव दर्शन की व्याख्या को जन साधारण तक पहुंचाने में सफल रहा होगा। इन दो ग्रंथों की भाषा के अध्ययन से इतना स्पष्ट होता है कि अपभंश तेजी से बदलकर 'सर्वगोचर देश भाषा' बन रही थी। चौदहवीं शती में लल्लेश्वरी की कविता में यह भाषा साहित्यिक मान्यता प्राप्त करने लगी। कुछ अन्य भाषिक कारणों से यह परवर्ती परिनिष्ठित कश्मीरी के लिए आदर्श बनी। लल्लेश्वरी तक आते-आते कश्मीरी का अपभ्रंश से संक्रमण लगभग पूरा हो चुका था और यह एक स्वतंत्र साहित्यिक माध्यम का रूप धारण कर चुकी थी। उसके बाद सैकड़ों वर्षों तक यह भाषा लगातार साहित्यिक अभिव्यक्ति के लिए प्रयुक्त की जाती रही और आज भी हम लल्लेश्वरी की भाषा को बहुत हद तक आधुनिक कश्मीरी के समान पाते हैं। इसलिए लल्लेश्वरी कश्मीरी के विकास की दृष्टि से इस भाषा की आदि कवयित्री हैं। उसका प्रथम कवयित्री होने का एक और कारण यह भी है कि लल-पूर्व उपर्युक्त ग्रंथ साहित्यिक रचनाएं नहीं हैं, भले ही वे छंदोबद्ध हैं। कश्मीरी के इतिहास में लल्लेश्वरी पहला साहित्यिक नाम है, बल्कि प्रतिभा, गहन अनुभूति, पर्यवेक्षण, संवेदनशीलता तथा अभिव्यक्ति की संपन्नता के कारण लल्लेश्वरी अभी तक अप्रतिम बनी हुई हैं।

लल्लेश्वरी, 'ललद्यद' या 'लल्ला आरिफा' नामों से जानी जाने वाली कवयित्री का जन्म का नाम 'लल' रहा होगा। 'लल' वस्तुतः 'ललिता' का संक्षिप्त है और आज तक इसी रूप में प्रयुक्त होता है। लल ने स्वयं जगह-जगह पर अपने

लिए इस नाम का उल्लेख किया है। लोक परंपरा में जिस प्रकार इस लोकप्रिय संत कवयित्री के दिव्यीकरण की प्रक्रिया चली, उसने उनके जीवन की घटनाओं के साथ-साथ उनके नाम का भी रहस्यीकरण किया। लल के बारे में विचित्र अटकलें लगाई गईं। यह दुःखद संयोग है कि लल के समकालीन इतिहासकारों में से केवल जोनराज (द्वितीय राजतरंगिणीकार) ने उनका परोक्ष उल्लेख किया। उसने नाम लिये बगैर एक आत्मलीन योगिनी का जिक्र किया, जो एक दिन जंगल में शिकार खेल रहे राजकुमार शहाबुद्दीन (13वीं शती) के सामने प्रकट हुई और श्रद्धावनत कुमार को राजा बनने का बरदान दिया। बाद के उल्लेखों अथवा आलेखों में इस घटना को लगातार परिवर्तित किया जाता रहा। सत्रहवीं सदी की एक फारसी पांडुलिपि 'असरार-उल-अबरार' में पहली बार इस योगिनी का नाम ललद्यद उद्धृत हुआ। उन्हें लल्ल मां भी कहा गया और लल के पारिवारिक जीवन का, उसके पति का और जंगल में उसके निर्वसन घूमते हुए किसी अन्य धर्मावलंबी विद्वान या प्रचारक से उसका सामना होने का जिक्र किया गया। फिर उन्नीसवीं शती की पांडुलिपियों में इस विद्वान प्रचारक को मध्य एशिया का पीर अली हमदानी बताया गया और लल को इस 'मर्द-ए-मोमिन' के प्रभाव में आने से लल को मुसलमान 'आरिफा' कहा गया।

प्रचलित मौखिक परंपराओं के अनुसार लल्लेश्वरी 14वीं शती के दूसरे या तीसरे दशक में श्रीनगर से 10 कि.मी. दूर स्यमपुर गांव मैं एक ब्राह्मण परिवार में जन्मी। उनका विवाह 3 कि.मी. दूर प्रसिद्ध केसर भूमि पांपुर के कस्बे में हुआ। प्रथानुसार उनका नाम ससुराल में बदलकर पद्मावती रखा गया। वह आरंभ से ही संवेदनशील तथा चिंतनशील थी। ससुराल में सास के दुर्व्यवहार और पति के शंकालु स्वभाव ने उनका मन संसार से उचाट हो गया और वह एकांत में भक्ति साधना तथा योग में खोने लगीं। ससुराल के उत्पीड़न और पनघट पर मिलने वाली सखियों से यदा-कदा अपनी पीड़ा के वर्णन की मार्मिक कथाएं कश्मीरी लोकवार्ता का अभिन्न भाग बनी हुई हैं। अपने समय के एक शैव साधक सिद्ध 'मोल' (पिता) से, जो कश्मीर शैवदर्शन के प्रतिपादक वसुगुप्त की शिष्य परंपरा में थे, लल ने इस दर्शन का आरंभिक ज्ञान प्राप्त किया। फिर अपनी प्रतिभा और साधना से वह गुरु से भी आगे निकल गईं। गृहस्थी को तिलाजंलि दी और जन-जन में अपने अर्जित ज्ञान, अनुभव तथा अनुभूति का विस्तार करती तथा जन-साधारण से उसे साझा करती हुई बेधड़क घूमती-फिरती रहीं। सूक्तिप्राय तुकांत वचन कहने की प्रवृत्ति पहले से ही प्रचलित थी। लल आगे चलकर अपने आध्यात्मिक अनुभव को लोकग्राह्य भाषा और मुहावरे में अभिव्यक्त करती रहीं। लल की वाणी योगी,

साधक तथा जनसाधारण सबके लिए बुद्धि, सांसारिक सूझ, आत्मज्ञान तथा एकांतिक आध्यात्मिक अभ्यास की अभिव्यक्ति का प्रतीक बनी और उसने सूक्तियों का आयाम प्राप्त किया। यह कविता सामान्यतः चतुष्पदियों में थी। यह लल से पूर्व का पारंपरिक परिनिष्ठित छंद था। लल ने चतुष्पदियों को 'वाख' (वाक्) कहा। बाद में लल के कनिष्ठ समकालीन मुस्लिम संत कवि शेख नुरुद्दीन ने भी अपनी कविता के लिए इस छंद का प्रयोग किया और इसे 'श्रुक' (श्लोक) कहा। लल के प्रभावशाली व्यक्तित्व तथा कवित्व ने न केवल नुरुद्दीन को बल्कि लगभग तमाम परवर्ती कवियों को प्रभावित किया। कई ने (जैसे सूफी कवि शम्म फकीर, भक्त कवि परमानंद) अपनी कविता में लल के आध्यात्मिक उत्थान और भक्ति साधना में उनकी उपलब्धि का श्रद्धा के साथ उल्लेख किया। लल कश्मीर के शैव (त्रिक) दर्शन से प्रभावित थीं और अपनी कविता में उन्होंने अपने विशिष्ट अनुभव का वर्णन लोकप्रिय बिंब चित्रण के साथ किया। लोकप्रियता और श्रद्धा के कारण लल के जीवन, कथा व कविता दोनों के साथ जनकल्पना को खुली छूट मिली। उनका जीवन-वृत्त चमत्कारिक घटनाओं से तथा उनकी कविता नीति-उक्तियों तथा परवर्ती कवियों के पदों से भर दी गईं। लल की कविता (कुल मिलाकर डेढ़-दो सौ के करीब 'वाख' प्राप्त हो सके हैं) का आधिकारिक विद्वानों के द्वारा पाठालोचन संशोधन नहीं हुआ है और न ही उनकी भाषा में आए परवर्ती प्रक्षेपों की पूरी तरह से निकाला जा सका है। लल की मूल शैव विचारधारा के साथ परवर्ती इस्लामी विचारों का जो मिश्रण हुआ, उसकी संतोषप्रद पहचान भी नहीं हो सकी है, बल्कि निहित अभिप्राय वाले विद्वानों ने प्रक्षिप्त और मूल के विवेचन के बिना ही लल का साहित्यिक और सामाजिक मूल्यांकन किया है।

लल ने अपने जीवनकाल में हिंदू धर्म और दर्शन के विकास तथा उनके क्षीण होने की प्रक्रियाएं देखी थीं। इस्लाम के पश्चिम एशियाई प्रचारकों के प्रति जन सामान्य के आरंभिक। प्रतिरोध की वह साक्षी थीं। इस धर्म के राज्याश्रय पाने तथा व्यापक राज्याश्रित प्रचार की ज्यादतियां भी उन्होंने देखी थीं। योगी और वाममार्गी तांत्रिकों के द्वारा चमत्कार करके जनता को प्रभावित करने की घटनाएं भी लल के सामने होती रहीं। समय-समय पर आड़े-तिरछे संकेतों में उन्होंने इन घटनाओं पर अपनी प्रतिक्रिया भी दी। अपने समय का प्रत्यक्ष साक्ष्य लल की कविता में नहीं मिलता। उनकी कविता के बाहर केवल जबानी परंपराएं चलती रहीं। कभी-कभी उनकी लाक्षणिक उक्तियों के सीधे अर्थ लेकर उनके जीवन तथा कृतित्व के विवरण तैयार किए गए। उदाहरणतः उनके 'निर्वसन नाचने', अन्य धर्मगुरुओं, समुदायों, सास, पति, गुरु के साथ उनके पद्यबद्ध वार्तालाप करते तथा सांसारिक व्यवहार पर

उनके आशुपद कहने के बारे में विविध मौखिक और लिखित परंपरागत बातें आज तक चल रही हैं। जो भी हो, लल की छवि हिंदुओं और मुसलमानों दोनों के लिए श्रद्धेय स्नेहशील मां की है। अनुमान है कि लल ने सत्तर-पचहत्तर वर्ष की आयु पाई होगी। कबीर की तरह उनके पार्थिव शरीर का अग्नि-संस्कार करने या उसे दफन करने के बारे में विवाद का जिक्र भी मिलता है। लल्लेश्वरी कश्मीर शैवदर्शन की व्याख्याता नहीं, जैसा कि कुछ साहित्यालोचकों ने सिद्ध करने की कोशिश की है। वह इस दर्शन से प्रभावित थीं, पर उनका उद्देश्य इसका प्रचार करना नहीं था। उन्होंने अपने आध्यात्मिक अनुभव को लोकप्रिय मुहावरे तथा शब्दावली में व्यक्त किया। कविता उनके लिए बेहतरीन आत्माभिव्यक्ति का साधन थी–

मेरे गुरु मुझसे बस एक वचन बोले
बाहर से तू सिमट और भीतर हो ले
वही मेरा आदर्श बना, आदेश बना
इसीलिए मैं लगी घूमने निर्वसना।

गुरु का स्थापित हुआ आदर्श शिव भक्ति का था, जिसे प्राप्त करने के लिए लल कुछ भी कर सकती थीं, सह सकती थीं। पारिवारिक और सामाजिक विरोध को उन्होंने बड़े मानसिक पराक्रम से सहा तथा अभिव्यक्त किया–

हंस लें मुझ पर बोल हजारों भले कसें
मैं मनवासी मुझ को कोई खेद नहीं
यदि मैं होऊंगी शंकर-भक्तिन सच्ची
दर्पण को मैला कर सकती राख कभी?

इस बात में कोई संदेह नहीं है कि लल ने शैव साधना के मार्ग को समझते-समझाते जो कविता की, उसमें इस योगिनी के अभ्यासक्रम के विभिन्न चरणों का संकेत मिलता है। इस आधार पर इस कवयित्री को शैवदर्शन की भाष्यकार बताया गया; पर वास्तव में ऐसा नहीं है। लल ने शैवदर्शन को अपने जीवन में उतारा जरूर था, पर उनका मुहावरा कवि का है और उनका व्यक्तिगत अनुभव रूपक में परिवर्तित होकर अभिव्यक्त हो जाता है। इसे व्याख्यात्मक या उपदेशात्मक समझना उचित नहीं।

शिव है तेरे तन में सूक्ष्म जाल फैलाकर
बहुत कला से रमा हुआ घट-घट के भीतर
जीते-जी रे नहीं देखेगा तो क्या मर कर?
तनिक विचारो, मन से अहं को कर लो बाहर।

यह शिव की मनुष्य में उपस्थिति की दार्शनिक व्याख्या नहीं बल्कि

उपस्थिति की अनुभवगम्यता का चित्र है। लल के लिए शिव की प्राप्ति का उपाय किसी मतवाद से प्रेरित नहीं था बल्कि जिंदगी के ढर्रे के निर्वाह के साथ-साथ एक समांतर चिंतन तथा रचना से संभव था।

शिव शिव कहो और हंस की गति अपनाओ
जीवनभर व्यवहार यही हो चाहे दिन या रात
दुई किसी से नहीं, न मन से कोई लगन लगाए
उस पर नित्य प्रसन्न हुआ करते हैं सुरगुरु नाथ।

यहां स्पष्ट ही हंस की गति आध्यात्मिक अभ्यास-क्रम का संकेत करती है। मन से दुई से दूर रखना व्यावहारिक सज्जनता है। लल दोनों का संतुलित मिश्रण करके ही शिव की प्राप्ति संभव मानती हैं। जीवन की निरंतरता उनके लिए सबसे बड़ा सत्य था। यह शैवदर्शन के अभिमत से समर्थित भी था। जीवन को लल ने कभी त्याज्य और अवांछित तथ्य नहीं समझा यद्यपि मृत्यु और पुनर्जन्म अवश्यंभावी बताए–

हम ही सदा रहे हैं जग में, हम ही सदा रहेंगे
चले आ रहे सदा निरंतर हम ही विगत समय से
जीना-मरना नहीं चुकेगा शिव के लिए कभी भी
उदय-अस्त ज्यों नहीं रुकेगा रवि के लिए कभी भी।

वस्तुतः लल्लेश्वरी धर्म-कर्म दर्शन आदि का निश्चित और सोद्देश्य उपयोग करने के पक्ष में थीं। इस सब क्रिया का लक्ष्य था ईश्वर सापेक्ष मानव-उत्थान।

तंत्र जभी चुक जाए मंत्र बाकी रहता है।
और मंत्र चुक जाए चित्त ही शेष रहेगा
और चित्त भी रहे नहीं तो कहां क्या रहे
विलय शून्य में होकर केवल शून्य रहेगा।

तंत्र-मंत्र चित्त और शून्य के इस क्रम की व्याख्या टीकाकारों ने अलग-अलग ढंग से की है। तंत्र वस्तुतः आरंभिक आयोजन का प्रारूप या आरेखन है, जो किसी भी उपक्रम में, मन में केंद्रीकरण के लिए आवश्यक है। तंत्र को ही साध्य बनाकर चलने वाले तांत्रिक लल की व्यंग्योक्तियों से बच नहीं सके थे। मंत्र आरेख को दिया जाने वाला शब्द है, जो उसे 'वस्तु' की संपन्नता और गरिमा प्रदान करता है। लल ने हजारों मंत्रों की अनावश्यकता तथा एक ही प्रभावी मंत्र 'ओम' की महत्ता पर जोर दिया। शब्द की भी एक सीमा होती है और शब्द का विकास चित्त और चिंतन में ही संभव है। पर अंततः चित्त को भी शून्य में विलीन करना ध्येय है, क्योंकि जीवंत

शून्य में सबका विलय सबसे बड़ा सत्य है और इसका स्वीकार ही मानसिक और आध्यात्मिक परिणति का मार्गदर्शन करा सकता है। अनुभव की एक पूरी दुनिया तथा अनुभूति के एक पूरे क्रम को इसप्रकार संक्षिप्ति के साथ बहुत कम कवि कह सके हैं।

लल ने जब भी आध्यात्मिक अनुभव को शिवभक्ति की पारंपरिक शब्दावली से संयुक्त करके 'वाख' कहे, उनका मूल कवि-व्यक्तित्व अभिव्यक्ति में सदा प्रधान रहा। केवल शब्द पारंपरिक थे, शब्द संयोजन, वाक्य रचना उनकी नितांत मौलिक थी, जिससे उनकी रचना में सटीकता तथा बात में भेदन-बल अचूकता के साथ बराबर मौजूद रहा। न केवल सामाजिक रूढ़ियों पर बल्कि धार्मिक आडंबर पर उनके व्यंग्यों में तीक्ष्णता तथा सदाशयता, उनकी कविता की कोटि को उच्च बनाती है। लोक-व्यवहार तथा लोक-विश्वास का उन्होंने पूरा सदुपयोग किया। शिव उनकी कविता में एक आदर्श प्रियतम के रूप में मौजूद रहते हैं और लल एक बिरही प्रियतमा की तरह उसे पाने को बेकल रहती हैं–

प्रेम पगी मैं 'लल' यों घर से निकल पड़ी
उसे ढूंढ़ते मुझे हो गए दिन और रात
देखा 'पंडित' तो मेरे ही घर में थे
यही मुहूर्त था शुभ, जो मैंने ग्रहण किया।

प्रिय को दिन-रात ढूंढ़ने की ललक लल में एक सुखद रोमांस की-सी रही है, क्योंकि यह ललक वह एक निरंतर यात्रा के रूप में अभिव्यक्त करती हैं। यह उनकी मानसिक यात्रा है जिसका लक्ष्य सदा उनकी नजर में रहा है। न वह द्वैत की उपज है, न ही द्वैत उसका तार्किक निष्कर्ष है। यह किसी नायिका का अपने बावरे प्रिय के साथ रमण का-सा रससिक्त अनुभव है–

मेरे तलुओं का मांस मार्ग से चिपक गया
मुझे 'एक' से 'एक' दिशा का बोध मिला
(अनुभव मेरा) सुने वही विक्षिप्त बने
सौ बातों की एक बात लल यही माने।

यह मानते हुए या अपनी आस्था की विवेचना करते हुए लल कभी भी मानव मात्र, कमजोरियों तथा मानव प्रयास के बौनेपन का सत्य आंखों से ओझल नहीं होने देतीं। ऐसे समय कवयित्री का मन लघुता के प्रति करुणा से भर जाता है और उनकी कविता पारदर्शी बन जाती है–

कच्चे धागे से समुद्र में खींच रही हूं नाव
काश सुनें प्रभु मेरे, मुझको कभी लगा दें पार

मिट्टी के कच्चे सकोरों में पानी पचता है
अपने घर आना चाहूं, है ललच रहा जी मेरा।
मिस्री का बोझ ढोती हूं, गांठ पड़ गई ढीली
देह यष्टि ही हो गई टेढ़ी, अब कैसे ढो सकती
गुरु वचनों से जाग पड़ी वंचित होने की पीड़ा,
बिन चरवाहा रेवड़ भटका, अब कैसे सह सकती।

इसप्रकार लल की कविता तीव्र व्यक्तिगत अनुभव की समर्थ अभिव्यक्ति है जिसका चिंतनात्मक आधार धर्म और दर्शन है, पर जो कवयित्री के मानसिक बंधन तथा मुक्ति की कामना को अभिव्यंजित करता है। इस कविता के सामाजिक-सांस्कृतिक राजनीतिक आयाम भी हैं, पर हर संदर्भ में इसका काव्यत्व प्रधान रहता है। लल किसी भी मनःस्थिति को स्पष्ट चित्रों और सघन बिंबों में संप्रेषित करती हैं, जिससे पाठक उनके मंतव्य की गहराई तक जा सकता है। लल कश्मीरी की आदि कवयित्री हैं, पर उनकी कविता का स्तर देखकर यह मानना गलत नहीं कि वह किसी पूर्ववर्ती काव्य परंपरा की एक उन्नत कड़ी ही हो सकती हैं। ऐसी किसी परंपरा के अनुपलब्ध तथा असंभवप्राय होने की स्थिति में लल्लेश्वरी के काव्य तथा व्यक्तित्व का महत्त्व और बढ़ जाता है।

□

कश्मीर की त्रिक परंपरा

महेश कौल

कश्मीर भारतीय ज्ञान और धर्म परंपरा का केंद्र ही नहीं, अपितु प्रयोगशाला भी है, जहां समय-समय पर अनेक प्रकार के धर्म संबंधित शोध होते रहे और यह प्रयोग तथा शोध जिस धरातल पर होते रहे, उन्हें केवल सामान्य ज्ञान और कौशल बुद्धि के आधार पर नहीं समझा जा सकता। इसके लिए उन मानदंडों को समझना पड़ेगा जिनके आधार पर इसकी नींव रखी गई है।

कश्मीर की शैव साधना, जिसे काश्मीर शैव दर्शन के नाम से जाना जाता है, वह हर प्रकार से इस आधार पर खड़ी है कि संपूर्ण सृष्टि शिव रूप है। जब शिव उन्मेष द्वारा अपने उल्लास को प्रकट करते हैं तो जीवन का प्राकट्य होता है। सरल शब्दों में कहें तो सारा जीवन, जो पृथ्वी पर संचालित होता है, वह शिवरूप है, उससे भिन्न नहीं है।

शिव, जिसे प्रकाश कहा जाता है, वह अपने अस्तित्व को साकार करने के लिए शक्ति का संचार करते हैं। वह शक्ति ही उनका विमर्श है। इसे शिव का स्वातंत्र्य कहते हैं। इसी आधार पर संपूर्ण कश्मीर शैव दर्शन की नींव पर टिका है, जिसे समय-समय पर विभिन्न शैव साधकों ने विस्तार प्रदान किया है।

शैव दर्शन का आधार तांत्रिक संस्कृति है, जिसका मूल तंत्र या आगम शास्त्र है। कश्मीर शैव दर्शन पर जितना भी अनुसंधान या साधना हुई है, वह शिव द्वारा शक्ति के साथ संवाद पर आधारित है। जिन तंत्रों के आधार पर कश्मीर शैव परंपरा का निर्माण हुआ है, उसमें से कई महत्त्वपूर्ण तंत्र लुप्त हो चुके हैं। आचार्य अभिनवगुप्त द्वारा रचित 'तंत्रालोक' और 'तंत्रसार' नामक ग्रंथों में इनका उल्लेख मिलता है। कई ग्रंथ और तंत्र जो कश्मीर शैव दर्शन को अपनी पहचान देने में सक्षम रहे हैं और अब लुप्त हैं, इसप्रकार हैं–1. श्री सर्वज्ञ शास्त्र, 2. अनादि शास्त्र, 3. श्री मत्स्वायंभुव शास्त्र, 4. श्री सिद्धांत तंत्र और 5. श्री मत्त्रैशिरस शास्त्र।

कश्मीर शैव दर्शन को मूलतः 'त्रिक' के नाम से भी जाना जाता है, जो

प्रत्यभिज्ञान की पराकाष्ठा है। यहां यह कहना अनिवार्य है कि कश्मीर में प्रचलित शैव दृष्टियां उसी तरह एक उत्कृष्ट स्थान पर पहुंचीं जैसे वैज्ञानिक अनुसंधान में विभिन्न प्रयोगों के उपरांत एक प्रतिनिधि शोध को सबका आधार माना जाता है, जिसमें सबका समावेश माना जाता है। त्रिक भी उसी चरमसीमा का प्रतिनिधि है। कश्मीर में प्रचलित विभिन्न शैव समूह कालांतर में एक जगह समाहित हुए, जो त्रिक की संज्ञा से शोभायमान हुआ। वह विभिन्न दृष्टियां हैं–1. द्वैत 2. अद्वैत और 3. द्वैताद्वैत।

परंतु आज यह सारी परंपराएं अद्वैयवादी दर्शन में विराजमान है। नवीं से ग्यारहवीं शताब्दी के मध्य कश्मीर में शैव परंपरा में नई चेतना का संचार हुआ। इस समय काल में त्रिक, क्रम, मत, कुल, स्पंद, प्रत्यभिज्ञा, सिद्धांत और त्रिपुरा दर्शनधाराएं प्रवाहित हुईं।

त्रिक परंपरा, जो कश्मीर शैव दर्शन की प्रतिनिधि परंपरा है, इसका मूल पूर्णतया आगमिक या तांत्रिक है। त्रिक का उल्लेख तंत्रों में बार-बार आता है। श्री तंत्रालोकः, श्री तंत्रसार परात्रिशिका जैसे ग्रंथों में इसका विशद विवेचन आज भी मिलता है, जो यह सिद्ध करता है कि आचार्य अभिनवगुप्त इस परंपरा को ही कश्मीर शैव दर्शन का आधार तथा मूल स्रोत मानते हैं। परात्रिशिका विवरण में तो वह इस पर संपूर्ण प्रकाश डालते हैं। इसमें कोई संदेह नहीं है कि त्रिक कश्मीर शैव परंपरा का शिखर है। आचार्य अभिनवगुप्त के शोध एवं साधना से यह स्पष्ट हो जाता है कि त्रिक परंपरा द्वैत, अद्वैत व द्वैताद्वैत धाराओं का समावेश है।

श्री तंत्रालोक के आधार पर यह स्पष्ट रूप से कहा जा सकता है कि सिद्धयोगेश्वरीतंत्र और उसका संक्षिप्त स्वरूप श्री मालिनीविजयोत्तरतंत्र त्रिक परंपरा के मुख्य आगम स्रोत हैं। इस शैव परंपरा का वैशिष्ट्य परा, परापरा और अपरा देवियां हैं। इन्हीं को केंद्र बनाकर साधना का विकास हुआ है। यहां यह कहना अत्यंत आवश्यक है कि मालिनी की यहां प्रधानता है, यानी वर्णमाला में 'न' से लेकर 'फ' तक वर्णों का एक सिद्धांत विकसित है।

त्रिक परंपरा के विकास के तीन स्तर हैं–1. सिद्धयोगेश्वरीमत व मालिनीविजयोत्तरतंत्र में वर्णित त्रिक परंपरा, 2. काली केंद्रित त्रिक परंपरा और 3. अभिनवगुप्त द्वारा तंत्रालोक, मालिनीविजयवर्तिक एवं परात्रिशिकाविवरण में विकसित त्रिक परंपरा।

यदि ध्यान से इन धाराओं का विश्लेषण किया जाए तो ज्ञात होता है कि त्रिक परंपरा शैव दर्शन को एक संपूर्ण शोधपरक पद्धति के पटल पर स्थापित कर देता है।

अभिनवगुप्त कृत 'परात्रिशिका' त्रिक परंपरा को समझने का उत्कृष्ट ग्रंथ है। जैसा कि पहले बताया गया है कि कालांतर में मुख्य ग्रंथ, जो दर्शन के मूल ग्रंथ हैं, लुप्त हो चुके हैं, लेकिन आचार्य अभिनवगुप्त के समय यह ग्रंथ उपलब्ध रहे हैं। इसलिए उन्हें इन ग्रंथों का रसपान करने का सौभाग्य प्राप्त हुआ। इस ग्रंथ में आचार्य ने त्रिक सिद्धांतों को हमारे समक्ष प्रस्तुत किया है।

इस ग्रंथ का अध्ययन करने पर साधक और शोधकर्ता को त्रिक परंपरा के रहस्य का बोध होता है। अभिनवगुप्त इस रहस्य का उद्‌घाटन करते हैं कि शिव और शक्ति का एकीकरण ही शैव अद्वैतवाद का रहस्य है। इस रहस्य का साक्षात्कार देवी पराशक्ति के द्वारा ही हो सकता है, जिसे परवाक से उद्‌घाटित किया जाता है। देवी भैरव (शिव) से इस रहस्य का ज्ञान अर्जित करती है। इस प्रश्न-उत्तर प्रक्रिया में वह शिव से स्थूल शरीर में खेचरी अवस्था का ज्ञान प्राप्त करती है। इस ग्रंथ से यह सिद्ध होता है कि देवी, जो विमर्श है और शिव के प्रकाश की पराशक्ति स्वरूपा है, भैरव से पश्यंति और मध्यमा के पटल पर प्रश्न रखती है।

इस वार्ता को जब सूक्ष्म रूप से देखा जाए तो यह ज्ञात होता है कि मानव शरीर शिव स्वरूप का ही क्षेत्र है। यह शिव से भिन्न नहीं है। यहां कुल परंपरा का भी प्रभाव दृष्टिगोचर होता है, इसे यहां कौलकी विशेषण से उद्‌घाटित किया गया है। इसे कौलकी सिद्धि के द्वारा वर्णित किया गया है। इससे यह सिद्ध हो जाता है कि कश्मीर शैव परंपरा एक निरंतर चलती धारा का प्रवाह है, जिसे लगातार सिद्धियों के द्वारा एकीकरण की ओर अग्रसर किया गया और आज उसने जो स्थान अर्जित किया है, उसका रहस्य केवल तंत्र शास्त्र के हृदय में विराजमान है।

यहां पर वाक की ही विशेषता दी गई है। पर वाक ही शैव चेतना का शिखर है। त्रिक परंपरा में शिव के विमर्श की शक्ति ही इस संसार रूपी उन्मेष में विद्यमान है, जो उसके होने का प्रमाण है। यहीं पर वाक, पश्यंति, मध्यमा और वैखरी स्तर पर भी विद्यमान है। पश्यंति उस चेतना का संचार करती है, जो आरंभिक स्तर पर हमारी स्मरण शक्ति को भैरव भाव की ओर अग्रसर करती है। मध्यमा शब्द और उसके संकेत की ओर ले जाती है। वैखरी में शब्द हमें एक स्थिर भाव की ओर ले जाता है। पर वाक शैवदर्शन को यह स्पष्ट करने में बल देता है कि यह संसार माया नहीं, अपितु भैरवभाव की पराकाष्ठा का साक्षात्कार है। यहां शिव के स्वातंत्र्य को विमर्श के द्वारा प्रस्तुत किया गया है। इसके पांच कृत्य बताए गए हैं–1. सृष्टि, 2. स्थिति, 3. संहार, 4. विल्यं और 5. अनुग्रह।

इस सारे विश्लेषण से यह स्पष्ट हो जाता है कि शक्ति शिव से भिन्न नहीं

है, अपितु वह भैरव की अनुग्रहकर्ता स्वातंत्र्य की परिचायक है। वह हर समय समस्त कार्य सिद्ध करने में तत्पर रहती है। उसके अनुग्रह को सात भागों में वर्णित किया जा सकता है। वह इसप्रकार है–सकल, प्रत्यकाल, विज्ञानकाल, मंत्र, मंत्रेश्वर, मंत्रमहेश्वर और शिवप्रमाता। मध्यमा स्तर पर केवल मानसिक अनुभव का प्रसाद आभासित होता है। वह बाहर दृष्टिगोचर नहीं होता।

शब्द और उसके संकेत की भिन्नता केवल मध्यमा में रहती है। वह बाहरी स्तर पर प्रकट नहीं होती। वैखरी में शब्द मुंह में दृष्टिगोचर होता है। वहां बाहरी स्तर पर शक्ति का संचय होता है।

इसप्रकार त्रिक परंपरा शैव दर्शन को भैरवी शिखर पर स्थापित करता है। त्रिक के रहस्य को एक त्रिकोण के द्वारा प्रकट किया जा सकता है।

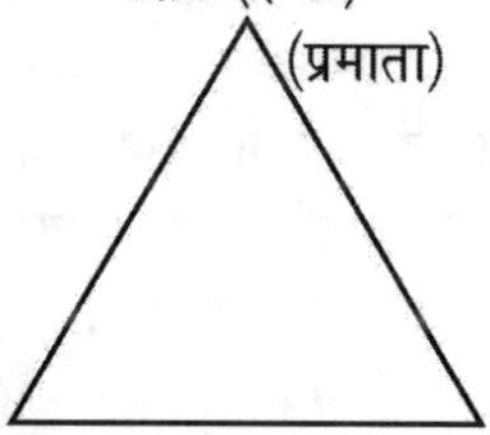

यही त्रिक का संपूर्ण रहस्य एवं शिव की परमसत्ता का भेद भी है।

सहायक ग्रंथ :

1. मिश्र, परमहंस, (हंस), (2000). 'श्री तंत्रालोक', भाग (1-7), वाराणसी : संपूर्णानंद संस्कृत विश्वविद्यालय।
2. सिंह, जयदेव, (2017). 'परात्रिशिका विवरण (अभिनवगुप्त कृत)', दिल्ली : मोतीलाल बनारसीदास।
3. क्षेमराज, रजानक, (2017). 'प्रत्यभिज्ञानहृदयम्', नई दिल्ली : ईश्वर आश्रम ट्रस्ट।
4. सिंह, जयदेव, (2018). 'विज्ञानभैरव', नई दिल्ली : मोतीलाल बनारसीदास।
5. रस्तोगी, नवजीवन, (2017). 'अभिनवगुप्त का तंत्रागमीय दर्शन-इतिहास-संस्कृति-सौंदर्य और तत्त्व-चिंतन', सागर : सागर विश्वविद्यालय प्रकाशन।

□

आचार्य जयंत भट्ट : कश्मीर का दार्शनिक गुरु

जयंत उपाध्याय

भारतीय न्यायदर्शन परंपरा में आचार्य जयंत भट्ट का आविर्भाव एक महत्त्वपूर्ण घटना है। उन्होंने न्यायशास्त्रीय विद्या, शास्त्र एवं तंत्र को पुनर्व्याख्यायित करने में अप्रतिम योगदान प्रस्तुत किया। नवम शताब्दी के उत्तरार्द्ध में महापंडित आचार्य प्रवर जयंत भट्ट का जन्म कश्मीर में हुआ। आचार्य जयंत भट्ट ने अपनी किसी कृति में कहीं भी अपने जीवन के बारे में स्पष्टतः कुछ नहीं कहा, तथापि उनकी कृतियों से कुछ ऐसे अंश ढूंढ़े जा सकते हैं, जो उनके व्यक्तिगत जीवन पर प्रकाश डालते हैं। जयंत भट्ट के जीवन और वंशावली के संबंध में इनके पुत्र अभिनंद के ग्रंथ 'कादंबरीकथासार' से उनके विषय में पर्याप्त और प्रामाणिक परिचय मिलता है। तत्कालीन कश्मीरी परिवेश के विषय में भी कल्हण कृत 'राजतरंगिणी' से पर्याप्त प्रकाश मिलता है। इन सब साक्ष्यों के समन्वय से जयंत भट्ट के जीवन का परिचय इस प्रकार है—जयंत भट्ट के पूर्वज शक्ति नामक गौड़ ब्राह्मण थे और जिनका गोत्र भारद्वाज था, वे बंगाल से कश्मीर के लिए स्थानांतरित हुए। यह स्थानांतरण कश्मीर के 'दार्वाभिसार' नामक स्थान पर शक्ति के वैवाहिक संबंधों के फलस्वरूप हुआ।[1] डॉ. ब्यूलर ने दार्वाभिसार की स्थिति कश्मीर की सीमा पर बताई है।[2] डॉ. स्टीन का मत है कि वितस्ता और चंद्रभागा नदियों के मध्य का भाग दार्वाभिसार था।[3] शक्ति के पुत्र का नाम मित्र था और मित्र का पुत्र शक्तिस्वामी कश्मीर के कर्कोटयवंशीय शासक मुक्तापीड ललितादित्य के मंत्री थे।[4] शक्तिस्वामी के पुत्र कल्याणस्वामी थे, जो जयंत भट्ट के पितामह थे। जयंत भट्ट ने 'न्यायमंजरी'[5] में माना है कि उनके पितामह ने गौर-मूलक ग्राम प्राप्त करने की इच्छा से संग्रहणी यज्ञ किया और गौर-मूलक ग्राम प्राप्त किया। जयंत भट्ट ने 'गौर-मूलक' का उल्लेख अन्यत्र भी किया है।[6] इससे प्रतीत होता है कि जयंत भट्ट गौर-मूलक ग्राम के स्वामी रहे हों या न रहे हों, किंतु निवासी अवश्य थे।[7] कल्याणस्वामी के पुत्र चंद्र का जयंत भट्ट के पिता के रूप में उल्लेख किया गया है।[8]

जयंत भट्‌ट का काल-निर्धारण–जयंत भट्‌ट ने अपनी कृतियों में अपने काल का उल्लेख नहीं किया है। अतः जयंत भट्‌ट के काल का निर्धारण प्राप्त अंतर्बाह्य साक्ष्यों के आधार पर किया जा सकता है।

पूर्व सीमा–जयंत भट्‌ट ने अपने विश्रुत ग्रंथ 'न्यायमंजरी' में जिन ग्रंथों को उद्धृत किया है, उनमें से कुछ जो अत्यंत प्राचीन हैं, उन पर हमें विचार नहीं करना है, परंतु अपेक्षाकृत परवर्ती ग्रंथों से प्राप्त उद्धरण अवश्य अवलोकनीय हैं। 'न्यायमंजरी' में जयंत भट्‌ट ने ध्वनि सिद्धांत पर आक्षेप किया है जिसका शास्त्रीय प्रतिपादन आनंदवर्धन ने किया है।[9] यहां जयंत भट्‌ट ने आनंदवर्धन अथवा उनकी कृति 'ध्वन्यालोक' का नामोल्लेख नहीं किया है।[10] 'न्यायमंजरी' में जयंत भट्‌ट ने बाणभट्‌ट का सम्मानपूर्वक नाम स्मरण किया है।[11] जयंत भट्‌ट कृत टिप्पणी और 'राजतरंगिणी' से प्राप्त संकेत जयंत भट्‌ट और आनंदवर्धन के काल में निकटता प्रदर्शित करते हैं।[12] जयंत भट्‌ट ने 'कुट्‌टनीमत' का भी उल्लेख किया है।[13] 'कुट्‌टनीमत' के लेखक दामोदर गुप्त आनंदवर्धन के समकालीन अवंतिवर्मा के अमात्य थे।[14] 'राजतरंगिणी' के साक्ष्य के आधार पर अवंतिवर्मा का शासनकाल 855-56 से 883 ई. तक है।[15] 'तत्त्वोपप्लवसिंह' का संकेत करने वाले चार्वाक सिद्धांतों का भी जयंत भट्‌ट ने खंडन किया है। यद्यपि वे ग्रंथ का उल्लेख नहीं करते हैं।[16] आठवीं सदी के ग्रंथ 'युक्तिदीपिका' के विचारों का भी 'न्यायमंजरी' में खंडन हुआ है।[17] जयंत भट्‌ट ने सविकल्पक प्रत्यक्ष के संदर्भ में माघ के 'शिशुपालवध' का एक श्लोक उद्धृत किया है।[18] ये सभी ग्रंथ नवीं सदी के पूर्वार्द्ध के हैं। अतः जयंत भट्‌ट के काल की पूर्व सीमा नवीं सदी का पूर्वार्द्ध निश्चित की जा सकती है।

उत्तर सीमा–जयंत भट्‌ट के काल की उत्तर सीमा का निर्धारण बहिरंग साक्ष्यों पर आधारित है। मलधारी सूरिकृत 'षड्‌दर्शन समुच्चय' नामक ग्रंथ के शैव दर्शन परिच्छेद में आया 100वां श्लोक राजशेखर सूरि (1383 ई.) से उद्धृत है, जिसमें जयंत भट्‌ट का उल्लेख है।[19] गंगेशोपाध्याय ने 'तत्त्वचिंतामणि' के उपमान खंड में जयंत भट्‌ट को 'जरन्नैयायिक' कहते हुए स्मरण किया है।[20] देवसूरि (1086-1169 ई.) के स्याद्वादरत्नाकर'[21] में भी जयंत भट्‌ट के उद्धरण मिलते हैं। उदयन भी जयंत भट्‌ट से परिचित थे। उदयन ने 984 ई. में 'लक्षणावली' की रचना की।[22] उन्होंने परिशुद्धि में 'जयंतमतमाह' कहकर जयंत भट्‌ट का उल्लेख किया है। अतः इन सब साक्ष्यों से स्पष्ट है कि दसवीं सदी के उत्तरार्द्ध तक जयंत भट्‌ट विश्रुत हो चुके थे।

अभिनंद का विवरण–जयंत भट्‌ट के बारे में सर्वाधिक महत्त्वपूर्ण सूचना उनके पुत्र अभिनंद की कृति 'कादंबरीकथासार' से प्राप्त होती है। अभिनंद ने 'कादंबरीकथासार' के उपक्रम में अपना वंश-परिचय प्रस्तुत किया है। अभिनंद के अनुसार 'वृत्तिकार'

इस द्वितीय नाम वाले जयंत भट्ट उनके पिता हैं, जो कविता एवं वक्तृता में निष्णात हैं।[23] 'कादंबरीकथासार' के अनुसार जयंत भट्ट शक्ति स्वामी के प्रपौत्र थे, जो कर्कोटवंशीय कश्मीर नरेश मुक्तापीड ललितादित्य के अमात्य थे।[24] मुक्तापीड का शासन 'ललितागणी' के अनुसार 733 से 769 ई. तक है।[25] शक्तिस्वामी इनके समकालीन थे। इस तथ्य के माध्यम से जयंत भट्ट के प्रपितामह का काल अष्टम सदी का मध्य भाग निश्चित होता है। यदि तीन पुश्तों के मध्य 100 वर्ष का अंतराल माना जाए तो जयंत भट्ट की स्थिति नवीं सदी का मध्य भाग ही निश्चित होता है, जो वर्णित पूर्व सीमा और उत्तर सीमा का भी अतिक्रमण नहीं करती।

शंकरवर्मा का उल्लेख और उसका अभिज्ञान—जयंत भट्ट के काल निर्धारण में यह तथ्य महत्त्वपूर्ण है कि 'न्यायमंजरी'[26] और 'आगमडंबर'[27] में शंकरवर्मा के नाम का उल्लेख है। 'न्यायमंजरी' में प्रयुक्त 'निवारयामासं' में परोक्ष भूतवाची (Past Perfect Tense) के प्रयोग से कुछ आलोचक यह निष्कर्ष निकालते हैं कि जयंत भट्ट और शंकरवर्मा के काल में काफी अंतराल रहा होगा, परंतु उपर्युक्त निर्णय पूर्णतया सत्य नहीं है, क्योंकि परोक्ष शब्द के अनेक अर्थ हैं। सौ, दो सौ वर्षों के अतिरिक्त दो-तीन दिन पूर्व के लिए भी परोक्ष शब्द का प्रयोग होता है।[28] राजा बनने के बाद शंकरवर्मा ने दार्वाभिसार, गुजरात, त्रिगर्त स्थानों को विजित कर पंचसत्र (पाटन) में शंकरपुर नामक नगर बसाया तथा स्वयं एवं अपनी पत्नी सुगंधा के नाम पर क्रमशः 'शंकरगौरीश' तथा 'सुगंधेश' नामक मंदिरों का प्रभारी 'नायक' अर्थात् आचार्य जयंत भट्ट को नियुक्त किया। फणिभूषण तर्कवागीश[29] तथा जे.वी. भट्टाचार्य[30] ने भी इस 'नायक' की पहचान जयंत भट्ट के रूप में की है। प्रो. स्टीन ने इसकी पहचान आलंकारिक भट्ट नायक के रूप में की है।[31] परंतु 'राजतरंगिणी' में वर्णित नायक के गुणों का साम्य जयंत भट्ट से अधिक है और नायक तथा भट्टनायक के पदों में मात्र नायक अंश की उभयनिष्ठता के अलावा प्रो. स्टीन के पास समीकरण का कोई अन्य आधार नहीं है। यह स्पष्ट नामोल्लेख न कर उनके लिए कल्हण ने 'नायक' पद का व्यवहार क्यों किया? संभवतः 'राजतरंगिणी' ने शंकरवर्मा का जो व्यक्तित्व प्रस्तुत किया है, उसमें वह अत्यंत अत्याचारी, क्रूर और जनविरोधी चित्रित किया गया है। जे.वी. भट्टाचार्य का मत है कि शंकरवर्मा ने लगातार युद्धरत रहकर राष्ट्रीय आय का अपव्यय किया, लगातार पराजित हुआ और इसप्रकार सैनिक व्यय के लिए जनता पर अनावश्यक करों का बोझ लाद दिया। फलतः उसके काल में विद्वानों, आश्रितों की उपेक्षा हुई। यह तथ्य 'निवारयामास' से भी सिद्ध है। जयंत भट्ट ने राजा के प्रति निंदा भाव प्रकट किए हैं। जयंत भट्ट ने भी अप्रत्यक्ष रूप से शंकरवर्मा के अत्याचारों के विरुद्ध लेखनी अवश्य चलाई होगी।

अतः उनकी प्रशस्ति कल्हण ने 'नायक' के रूप में की। इस तर्क से फणिभूषण तर्कवागीश भी सहमत हैं। बाद में जयंत भट्ट ने 'नीलांबर व्रत प्रथा' पर रोक लगा देने के कारण शंकरवर्मा को 'धर्मतत्त्वज्ञ' उपाधि से विभूषित किया।[32] आगे चलकर शंकरवर्मा का शासन अपेक्षाकृत जनोन्मुखी हो गया था और उसने जयंत भट्ट को अपना मंत्री भी बनाया।[33] इसप्रकार दो मंदिरों के प्रभारी बनकर जयंत भट्ट शंकरवर्मा के निकट हो गए। अतः यदि कल्हण जयंत भट्ट का नामोल्लेख करते तो उसकी दृष्टि में शंकरवर्मा के साथ जुड़े जयंत भट्ट पर भी अनेक मिथ्यारोप लगते। 'राजतरंगिणी' में शंकरवर्मा का मात्र आततायी रूप में ही चित्रण है, अतः उससे जुड़े जयंत भट्ट को अपयश से बचाने के लिए संभवतः कल्हण ने उनका सीधे उल्लेख न कर 'नायक' शब्द का व्यवहार किया। जयंत भट्ट की रचना 'आगमडंबर' में शंकरवर्मा को यशोवर्मन देव के रूप में चित्रित किया गया है।[34] संभव है, शंकरवर्मा का यह उपनाम विजयी होने पर यशोवर्मन देव के रूप में वर्णित किया गया हो, क्योंकि इस नाम के सिक्के पंजाब के उत्तरी क्षेत्र में प्राप्त हुए हैं जिन्हें कर्कोटवंशीय शासकों की शैली का माना गया है।[35] ये सभी तथ्य बताते हैं कि जयंत भट्ट शंकरवर्मा के समकालीन थे। 'राजतरंगिणी' में शंकरवर्मा का शासनकाल 883 से 903 ई. तक माना गया है। इसीलिए इस काल को जयंत भट्ट का भी काल मानना चाहिए।

जयंत भट्ट और वाचस्पति मिश्र का पौर्वापर्य–विद्वान, जयंत भट्ट के काल को पुष्ट करने के लिए जिस तथ्य का सर्वाधिक प्रयोग करते हैं–वह है, वाचस्पति मिश्र का काल। वाचस्पति मिश्र का काल नियत है, जो 841 ई. माना गया है। तर्क यह दिया जाता है कि चूंकि वाचस्पति मिश्र और जयंत भट्ट ने एक-दूसरे का उल्लेख नहीं किया है, ऐसा तभी संभव है जब वे दोनों समकालीन हों और परस्पर अपरिचित हों, क्योंकि उनमें अधिक कालांतर होने पर यह असंभव है कि वे एक-दूसरे का उल्लेख न करें। 'न्याय-सूची-निबंध' में यह श्लोक मिलता है कि–

श्री वाचस्पतिमिश्रेण वस्वंकवसुवत्सरे।
न्यायसूचीनिबंधोऽसावकारि सुधियां मुदे।।

यहां आए 'वस्तवंकवसुवत्सरे' से ग्रंथ की समाप्ति-काल का संकेत है। 'वसु' का अर्थ 8 तथा 'अंक' का अर्थ 9 है। आशय यह निकला कि वाचस्पति मिश्र 898 संवत्सर में ग्रंथ की रचना कर रहे थे। फणिभूषण तर्कवागीश ने 'वत्सर' का अर्थ 'विक्रम संवत्' माना है, अर्थात् वाचस्पति मिश्र ने ग्रंथ की रचना 898 विक्रम संवत् में की थी। कुछ आलोचक 'वत्सर' का अर्थ 'शक संवत्' लेते हैं और ऐसा मानने पर ग्रंथ का रचना काल 976 ई. ठहरता है, परंतु यह निष्कर्ष इस तथ्य से बाधित है कि उदयनाचार्य वाचस्पति मिश्र के बाद हुए थे।[36] चूंकि उदयनाचार्य 984 ई. में

'लक्षणावली' लिख रहे थे।[37] अतः शक संवत् मानने पर वाचस्पति मिश्र का पूर्ववर्ती होना बाधित होता है। इसलिए पहले आए 'वत्सर' के लिए 'विक्रम संवत्' मानना ही उचित होगा। इसप्रकार वाचस्पति मिश्र का समय 841 ई. निश्चित हुआ।

जयंत भट्ट और वाचस्पति मिश्र के पौर्वापर्य संबंध में विद्वानों में पर्याप्त मतभेद हैं। इस विषय में तीन मत प्रचलित हैं। पं. गंगाधर शास्त्री ने जयंत भट्ट को वाचस्पति मिश्र का परवर्ती स्वीकार किया है। पं. धर्मेंद्र नाथ शास्त्री ने उन्हें वाचस्पति से पूर्ववर्ती और गुरु स्वीकार किया है जबकि प्रामाणिक गवेषणाओं के बाद महामहोपाध्याय गोपीनाथ कविराज, फणिभूषण तर्कवागीश, जानकी वल्लभ भट्टाचार्य, वी. राघवन, सी. डी. विजल्वान प्रभृति विद्वान इस निष्कर्ष पर पहुंचे हैं कि जयंत भट्ट और वाचस्पति मिश्र दोनों समकालीन तथा एक-दूसरे से अनभिज्ञ थे। गोपीनाथ कविराज ने जयंत भट्ट को वाचस्पति मिश्र का उत्तरवर्ती समकालीन कहा है।[38]

यद्यपि सामान्य दशा में मिथिला (जहां के वाचस्पति मिश्र थे) तथा कश्मीर के विद्वानों के मध्य विचार-विनिमय साधारण घटना थी, परंतु नवीं सदी में कश्मीर की स्थिति सामान्य न थी–जैसा कि कल्हण ने स्पष्ट किया है। वह युद्धरत कश्मीर का काल था। अपने ही देश में राजकीय संरक्षण से रहित विद्वान दीन-हीन थे। अशांत वातावरण के कारण कश्मीर का देश के अन्य भागों से संपर्क-विच्छेद की कल्पना करना कठिन नहीं है। जयंत भट्ट राजकीय दायित्वों का भी निर्वहन कर रहे थे। अतः एकांतिकता उनकी परिणति बन गई थी। इसप्रकार यह निष्कर्ष निकालना उचित होगा कि जयंत भट्ट और वाचस्पति मिश्र समकालीन थे। परिस्थितिजन्य अवरोधों के कारण उनका संपर्क नहीं हुआ होगा।

जयंत भट्ट के काल-निर्धारण का निष्कर्ष–जयंत भट्ट का जन्म नवीं सदी के मध्य में हुआ होगा, यही समय अवंतिवर्मा का शासनकाल प्रारंभ होने का होगा। यह निश्चित है कि जयंत भट्ट के जन्मकाल तक वाचस्पति मिश्र मिथिला में एक उद्भट विद्वान के रूप में उभर चुके थे। अवंतिवर्मा के शासनकाल में ही जयंत भट्ट ने विविध शास्त्रों का अध्ययन किया। नवीं सदी के अंतिम चतुर्थांश में शंकरवर्मा ने सत्तारूढ़ होते ही जयंत भट्ट को दो मंदिरों का प्रभारी बनाया। नवीं सदी के अंत तक उन्होंने 'न्यायमंजरी' की रचना की। नवीं सदी के अंत में ही शंकरवर्मा के धार्मिक मामलों के सलाहकार (मंत्री) नियुक्त किए गए होंगे। 'आगमडंबर' नामक नाटक की रचना इन्होंने दसवीं सदी के प्रारंभ में की। (उस समय शासक सुगंधादेवी थी)। इसप्रकार दसवीं सदी के प्रथम या द्वितीय दशक तक जयंत भट्ट जीवित रहे होंगे।

जयंत भट्ट और कारावास–जयंत भट्ट, शंकरवर्मा द्वारा बंदी बनाए गए थे? वस्तुतः यह विवाद जयंत भट्ट के इस कथन द्वारा आंदोलित हुआ–

राज्ञा तु गह्वरेऽस्मिन्नशब्दके बंधने विनिहितोऽहम्।
ग्रंथरचनाविनोदादिह हि मया वासराः गमिताः ।।

इस श्लोक का कुछ विद्वानों ने यह निष्कर्ष निकाला कि जयंत भट्ट को शंकरवर्मा ने बंदी बनाया था। संभवतः वह देश खग देश रहा होगा।[39] इसके कारण के रूप में वे 'राजतरंगिणी' में वर्णित शंकरवर्मा-आख्यान की सहायता लेते हैं, जिससे पता चलता है कि शंकरवर्मा ने विद्वानों को अपमानित किया, उनकी वृत्ति छीन ली, अतार्किक कर-भार बढ़ाकर मंदिरों, मठों को आयरहित कर दिया। अतः अनाचार के विरोध में जयंत भट्ट ने आवाज अवश्य उठाई होगी और तब शंकरवर्मा ने इन्हें बंदी बनाया होगा।

यह कथा सत्य हो सकती है, परंतु इसमें कई संशय के बिंदु भी उभरते हैं। न तो जयंत भट्ट ने स्वयं को बंदी बनाए जाने के कारणों का उल्लेख किया है और न ही 'राजतरंगिणी' में ऐसा कहीं उल्लेख मिलता है। बंदी-काल में ऐसी सुविधाओं की कल्पना कठिन है, जो 'न्यायमंजरी' जैसे बृहद् ग्रंथ के प्रणयन के लिए प्रदान की जाती है। क्या शंकरवर्मा उनके ग्रंथ को नष्ट नहीं कर सकते थे? मेरे मन में उपर्युक्त श्लोक लाक्षणिक शैली में कहा गया एक वक्तव्य है, जो रचनाकार के सहज स्वभाव के प्रतिकूल उपलब्ध वातावरण के प्रति उसकी अरुचि को प्रकट करता है। श्लोक यह भी बताता है कि राजकीय दायित्व उनके लिए भार-सदृश था। वे एक ऐसे स्थल पर थे, जहां उनका मन दार्शनिक साहित्यिक प्रेरणा के रूप में कोई अनुकूल परिवेश नहीं पाता था। वस्तुतः जयंत भट्ट द्वारा जन-विद्रोह के प्रतिनिधित्व की बात अविश्वसनीय-सी है। दो मंदिरों का प्रभारी बनना, सचिव-पद प्राप्त करना, नीलांबर प्रथा पर रोक लगवाना आदि तथ्य जयंत भट्ट को राजसत्ता का सहयोगी ही बताते हैं। अभिनंद स्वीकार करते हैं कि[40] जयंत भट्ट का द्वितीय नाम 'वृत्तिकार' था, वे कविता एवं वक्तृता में पारंगत थे। अतः एक दार्शनिक साहित्यकार द्वारा राजकर्म को लाक्षणिक शैली में अरुचिकर कहना अपेक्षित ही है।

न्यायमंजरी : सा अनन्या–'न्यायमंजरी' जयंत भट्ट की अप्रतिम कृति है, जिसकी रचना नवीं सदी के उत्तरार्द्ध में हुई। जयंत भट्ट इसे अक्षपाद के चुने हुए सूत्रों की व्याख्या मानते हैं।[41] गंगाधर शास्त्री ने इसी आशय को 'गौतम सूत्र-तात्पर्य-विवृत्ति' कहकर प्रकट किया है। आज जिस रूप में यह ग्रंथ प्राप्य है,[42] अपने उस कलेवर में यह बारह आह्निकों में विभक्त है। इसके विस्तार में

'न्याय दर्शन' में वर्णित सोलह पदार्थों का विवेचन है। इसमें पदार्थ विवेचन अधिमानी स्तर पर हुआ है। मुख्य रूप से प्रथम छह आह्निकों में जहां 'प्रमाण' का ही विवेचन है, उसमें से तृतीय, चतुर्थ, पंचम एवं षष्ठ आह्निकों में शब्द संबंधी अवधारणाओं का विवेचन हुआ है अर्थात् पूरे ग्रंथ का तिहाई भाग परवर्ती शब्द-प्रमाण के लिए समर्पित है। परवर्ती छह आह्निकों में शेष पंद्रह पदार्थों[43] का विवेचन है।

'न्यायमंजरी' की लोकप्रियता एवं उपादेयता अपेक्षाकृत कम रही है। अतः इस ग्रंथ को अपने युग में यथोचित सम्मान नहीं मिल पाया। इसके कई कारण थे, एक तो जयंत भट्ट काल में कश्मीर की स्थिति अशांत थी, जिससे उनका संपर्क अन्य विद्वानों से नहीं हो पाया, अतः इस पर पर्याप्त चर्चा नहीं हुई। बाद में इस पर 'न्यायमंजरीग्रंथिभंग' नाम की टीका लिखी गई और जयंत भट्ट पुत्र अभिनंद ने अपनी रचना 'कादंबरीकथासार' में इस ग्रंथ के बारे में अनेक सूचनाएं दीं, तब तक न्याय परंपरा की दिशा अन्यत्र मुड़ चुकी थी। गंगेश के काल में (12वीं शताब्दी) नव्य न्याय के प्रादुर्भाव ने न्याय दर्शन के पद्धति में व्यापक परिवर्तन किए।

'न्यायमंजरी' जयंत भट्ट की दार्शनिक प्रतिबद्धता का प्रमाण है। न्याय दर्शन के प्रति समर्पित जयंत भट्ट ने परंपरागत न्याय-मान्यताओं (विशेष रूप से 'न्याय भाष्य' और 'वार्तिक' के विरोध में) के विरुद्ध उठाए गए बौद्धों–विशेष रूप से दिङ्नाग संप्रदाय और मीमांसकों के आक्षेपों को निरस्त कर न्याय मान्यताओं को पुनर्स्थापित किया है। ध्यातव्य है कि ग्रंथ में अधिकांश दर्शनों की मान्यताओं को मूल रूप में प्रस्तुत किया गया है, जिससे यह ग्रंथ 'सर्वदर्शन मान्यता' की प्रामाणिक प्रस्तुति का सफल मंच बन गया है। यद्यपि ग्रंथ न्याय मान्यताओं का परिरक्षण करता है, परंतु यह रक्षा हठधर्मिता या सांप्रदायिक स्तर पर नहीं हुई है। प्रत्येक मान्यता के ग्रहण के लिए एक बौद्धिक तर्क श्रृंखला है। अतः रचना ने सहज तर्क के अनेक क्षितिज उद्घाटित किए हैं। सूत्रों की शास्त्रीय व्याख्या पर रचनाकार ने निजता का आवरण चढ़ाकर बहुत कुछ अपना बना लिया है और कई मान्यताएं 'न्यायमंजरी' की निजी मान्यताएं बनकर उभरी हैं; जैसे–सामग्रीकारणवाद और संहत्यकारितावाद।

जयंत भट्ट का अपना देश (कश्मीर) शैव दर्शन की भूमि रही है, परंतु रचना अपने कलेवर में न्याय पथ से अविचलित रहकर उसके रचनाकार की प्रतिबद्धता का ज्वलंत प्रमाण प्रस्तुत करती है, जो कुछ ही रचनाओं में उपलब्ध होता है। 'न्यायमंजरी' में आए आचार्यः, व्याख्याकारः, गुरुवः आदि पद वात्स्यायन एवं जयंत

भट्ट के मध्य के न्याय परंपरा की शृंखला को विशृंखलित होने से बचाता है, वहीं दूसरी ओर लेखन के लिए एक व्यापक फलक भी प्रदान करता है। परवर्ती काल में नव्य न्याय की जो परंपरा चली, उसके कई प्रस्थान बिंदु 'न्यायमंजरी' में अपने विवेचन का आधार बनाते हैं। अन्य दर्शनिक संप्रदाय भी 'न्यायमंजरी' के उल्लेख के बिना अपने प्रतिपादन को अपूर्ण पाते हैं—जैसे 'सामग्रीकरणवाद' का अनुकरण 'न्याय भाष्य' के व्याख्याकार विश्वरूप ने किया है।[44] इसी प्रकार 'संहत्यकारितावाद' का प्रभाव भोज पर पड़ा जिसका विवेचन उन्होंने अपने ग्रंथ 'शृंगार प्रकाश' में किया है।[45] यह ग्रंथ मत-मतांतरों के खंडन-मंडन का नीरस पिटारा भर नहीं है, अपितु इसमें चतुर्दिक साहित्य भाव की अंतःसलिला भी प्रवाहित है, जो इसे अन्य दार्शनिक ग्रंथों से विशिष्ट बनाती है। रचनाकार का पांडित्य इसमें कहीं भी बौद्धिक आतंक का पर्याय बनाकर नहीं उभरा है, अपितु जयंत भट्ट के सरस साहित्यिक व्यक्तित्व के अनुरूप इस ग्रंथ में सर्वत्र सरस विवेचन के दर्शन होते हैं। नवीं सदी तक भारत में लौकिक साहित्य के समानांतर देशभाषा में साहित्य का भी विकास हो चुका था। प्रबंधात्मक ग्रंथ दोनों भाषाओं के शिल्पों से अंतःक्रिया कर एक परिपाटी ग्रहण कर चुके थे। 'न्यायमंजरी' में भी इस परिपाटी के दर्शन होते हैं, यद्यपि इसे प्रबंध-ग्रंथ मानना अनुचित नहीं होगा। सर्गों की भांति ही यह ग्रंथ भी बारह आह्निकों में विभाजित है। इसमें भी ईशवंदना, गुरु अभ्यर्थना, रचनाकार के मंतव्य का प्रतिपादन है। ग्रंथ का पहला ही श्लोक पूर्ण रूप से न्याय दर्शन की मान्यता के अनुरूप न होकर भी इतर साहित्यकारों के समान शिव वंदना करता है।[46] चौथे श्लोक में अक्षपाद की महत्ता बताकर रचनाकार एक प्रकार से गुरु-अभ्यर्थना का संकेत करते हैं।[47] चौदहवें श्लोक में रचना-उद्देश्य का कथन है।[48] यद्यपि संपूर्ण रचना तार्किक विवेचन का प्रतिफलन मात्र है, परंतु रचनाकार अपने घोषित उद्देश्य के अतिरिक्त कुछ अपने निष्कर्ष भी देता है। यह प्रयास संपूर्ण रचना में 'उत्तम पुरुष' में विवेचित है। अतः यह ग्रंथ आत्मकथात्मक शैली में पर्यवसित होकर उत्कृष्ट साहित्य का रूप ग्रहण करती है। पूरे ग्रंथ में विषयानुकूल शांत रस का परिपाक है, परंतु प्रसंगानुकूल अन्य रस (विशेषतः शृंगार रस) भी आए हैं।[49] यद्यपि लक्ष्य 'सामग्रीकरणवाद' को पुष्ट करता है, परंतु इसमें प्रतिवादी के आक्षेप के साथ लंबे-लंबे सामासिक पदों की व्यंजना परिलक्षित होती है।[50] रचना में रूपक के बाहुल्य के साथ-साथ जनसामान्य के जीवन के शब्दों, दृष्टांतों का भी प्रयोग हुआ है।[51] रचना की शैली में व्यासत्व की प्रधानता है जो प्रसंगानुकूल विविध रूप ग्रहण करती है, संपूर्ण रचना को 'चंपू-काव्य' कहा जा सकता है। इसप्रकार 'न्यायमंजरी' अपनी साहित्यिक श्रेष्ठता के कारण भी लोकप्रिय है।

'न्यायमंजरी' के अंत में जयंत भट्ट ने स्वीकार किया है कि उन्हें 'नववृत्तिकार' उपनाम से जाना जाता था।[52] जयंत भट्ट ने संभवतः पाणिनीय व्याकरण पर कोई वृत्ति अवश्य लिखी थी, जो आज अप्राप्य है। 'न्यायमंजरी' में जयंत भट्ट की व्याकरण संबंधी स्वाभाविक प्रतिभा का परिचय मिलता है, साथ ही 'आगमडंबर' में भी जयंत भट्ट ने व्याकरण के सिद्धांतों के गहन ज्ञान का परिचय दिया है, जिससे उनके व्याकरण में निष्णात होने की पुष्टि होती है। जयंत भट्ट की 'न्यायमंजरी' के अतिरिक्त एक महत्त्वपूर्ण कृति 'आगमडंबर' है। यह एक नाट्य-कृति है जिसे उन्होंने दसवीं सदी के प्रारंभ में लिखा। इसे हम 'रूपक' कह सकते हैं, यद्यपि नाट्य-शास्त्र में मान्यता प्राप्त रूपक विद्या के किसी वर्ग में इसे नहीं रखा जा सकता। साहित्यिक कलेवर में प्रतिपाद्य छह आगम (मुख्यतः पंचरात्र) के आचार्यों के मध्य वाद-विवाद है। छह दर्शनों से संबद्ध होने के कारण इसे 'षष्ठमतनाटक' भी कहा गया है।[53] इसमें कुछ 'न्यायमंजरी' के श्लोक भी मिलते हैं।[54]

जयंत भट्ट : दर्शन की साहित्यिक भूमिका—आत्म-विज्ञापन-निषेध हमारे ऋषियों और मनीषियों की सहज प्रवृत्ति रही है। अपने दाय के मूल्यांकन के प्रति उपेक्षाभाव वस्तुतः उनके उदारमना होने का परिचय देता है; परंतु जिज्ञासु के लिए जहां यह एक संभावना प्रस्तुत करता है, वहीं अनेक चुनैतियां भी खड़ी करता है। यह बात न्यायमंजरीकार जयंत भट्ट के लिए पूरी तरह सत्य है। ग्रंथ-रचना को दिवस-यापन का व्यसन मानने वाले जयंत भट्ट हमारे सामने जिस गोपन-पुरुष के रूप में आते हैं, उस आवरण को भेदकर उनके आलोक प्रकीर्ण व्यक्तित्व को सामने लाना एक कठिन कार्य है, तथापि उपलब्ध साक्ष्यों (विशेष रूप से 'न्यायमंजरी') के आधार पर कहा जा सकता है कि जयंत भट्ट हमारे सामने एक ऐसे दार्शनिक आचार्य के रूप में उभरकर आते हैं जिनकी मेधा चली है बुद्धि के साथ, पर हृदय का अवलंबन लेकर। इसी हृदय वृत्ति ने उनके साहित्यिक व्यक्तित्व को भी उभारा। इसी तथ्य को जयंत भट्ट के पुत्र अभिनंद ने भी स्वीकार किया है।[55]

जयंत भट्ट ने वस्तुतः पूर्ववर्ती दार्शनिक परंपराओं का गहन अध्ययन किया था। चार्वाक सांख्य, बौद्ध, जैन, वैशेषिक के साथ-साथ मीमांसा एवं अपने पूर्ववर्ती न्याय-आचार्यों का उल्लेख वस्तुतः उनके अध्ययनशील होने का ही संकेतक है। उनका अध्ययन अभ्रांत था जिससे वे निरपेक्ष होकर सभी मतों को यथातथ्य उद्धृत कर सके। यह पूर्वाग्रह रहितता जहां एक ओर उनकी निष्पक्षता, सदाशयता को द्योतित करती है, वहीं दूसरी ओर इस तथ्य को भी रेखांकित करती है कि प्रतिपक्षियों की न्यूनताओं को प्रकट करने में उनकी मेधा सक्षम है और इसके

लिए किसी वितंडा, जल्प या मिथ्या कथन की कोई आवश्यकता नहीं। इसप्रकार जयंत भट्ट ने एक स्वच्छ वाद-विवाद एवं चिंतन परंपरा का मार्ग प्रशस्त किया। प्रतिपक्षियों के तर्कों के खंडन में उनकी स्पष्टवादिता वस्तुतः किसी अहम्मन्यता का रूप ग्रहण नहीं करती, अपितु उनकी प्रतिबद्धता को ही उजागर करती है। अतः जब वे कहते हैं कि "प्रभाकर अपने कृतित्व का अमुक-अमुक अंश बौद्धों से बिना उनकी स्वीकृति के लिया है[56] तो इस कथन को उपर्युक्त आशय के रूप में ही ग्रहण करना चाहिए। अपनी मातृभूमि के दर्शन से अलग जब एक बार उन्होंने न्यायदर्शन मार्ग का अवलंबन लिया तो आजीवन उसे ही निष्कंटक और संवृद्ध बनाते रहे, यह उनकी न्यायदर्शन के प्रति अभ्रांत निष्ठा का परिणाम था। अपने लक्ष्य में न्यायदर्शन के प्रति उनके मन में कोई संशय नहीं था, उन्हें अपनी प्रक्रिया विकल्पक नहीं लगी। जब सभी दर्शन-मार्ग एक ही लक्ष्य (मोक्ष) के प्रतिपादक हैं तो जयंत भट्ट की दृष्टि में उनमें न्यूनता खोजना वस्तुतः अपनी आस्था की बलि चढ़ाना है। अतः उनकी दृष्टि में प्रतिपक्षियों का प्रत्युतर एक प्रकार से न्याय मार्ग की शुचिता को स्थापित करना ही अधिक जान पड़ता है; और यह ऐतिहासिक तथ्य है कि तीसरी सदी में 'न्याय भाष्य' की रचना के बाद बौद्धों ने न्याय सूत्रों की आलोचना की, पांचवीं सदी में बौद्ध तार्किक वसुबंधु तथा दिङ्नाग ने 'न्याय-सूत्र' की प्रासंगिकता पर प्रश्नचिह्न लगा दिया था। अतः न्यायदर्शन को पुनर्जीवित करने के लिए उद्योतकर (छठी सदी) ने बौद्ध आक्षेपों पर प्रहार किया, परंतु यह प्रहार दीर्घकालीन न रह सका। अंततः तीन सदी बाद जयंत भट्ट के अवतरण ने इस अधूरे कार्य को पूरा किया। जयंत भट्ट की निष्ठा का पता हमें तब चलता है जब हम देखते हैं कि उनके ही समकालीन वाचस्पति मिश्र अपनी ही न्याय-मान्यताओं का खंडन कर अद्वैत वेदांत की ओर मुड़ गए, परंतु जयंत भट्ट ने मार्ग-परिवर्तन को पंथ-परिवर्तन के समान पाप समझा।

जयंत भट्ट ने हमेशा अपनी क्षमता, अपने प्रयास मूल्य को कम आंका, जो वस्तुतः उनको अत्यधिक उदारमना और सहिष्णु होना सिद्ध करती है। जब वे स्पष्टतः अपनी अक्षमता की घोषणा करते हुए कहते हैं कि हम नवीन बात कहने में कहां समर्थ हैं? तो वे सर्वथा मौलिक बात कह रहे हैं।[57] यद्यपि 'सर्वथा मौलिक' न कहने का दावा करने वाले जयंत भट्ट ने बहुत कुछ मौलिक कहा है। 'तात्पर्यवृत्ति' और 'तात्पर्यवाद की उद्भावना' का प्रतिपादन उनकी मौलिकता के ही प्रमाण हैं। 'अथर्ववेद' को वेदत्रयी के स्तर पर प्रतिष्ठित करने का उनका प्रयास स्तुत्य है। कोई भी सत्य किसी व्यक्ति या वर्ग की धरोहर नहीं होता, जिस किसी ने भी उसे पूर्णनिष्ठा से प्रतिपादित किया, वह उसका ही हो गया और इस आधार

पर जयंत भट्ट को नितांत मौलिक विचारक कहा जा सकता है। एक साथ पौरोहित्य (जयंत भट्ट दो मंदिरों के प्रभारी थे), राजधर्म (शंकरवर्मा का मंत्री होना) और रचना धर्म साधने वाले जयंत भट्ट में संतुलनकारी अद्भुत मौलिकता थी। 'न्यायमंजरी' के प्रणयन काल की एकांतिकता जहां उनका 'बंधन' कहना बताता है कि वे रचना-धर्म को अधिमान्यता देते हैं। मानवीय दुर्बलता के रूप में कहीं-कहीं सौम्यता का अतिक्रमण कर बैठते हैं[58] यद्यपि ऐसे प्रसंग अत्यल्प हैं, जहां भाषा में अमर्यादापन, विरोधियों पर व्यंग्यात्मक प्रहार के लिए उन्हें प्रेरित होना पड़ा।

जयंत भट्ट की भाषा संयत है, शब्द चयन प्रसंगानुकूल है। पदों की सामासिकता बाणभट्ट का स्मरण कराती है। सूत्रों की व्याख्या में उन्होंने विविध शैलियों का प्रयोग किया है। सर्वप्रथम वे सूत्र उद्धृत करते हैं, यहां सूत्रात्मक शैली है। इसके बाद वे अपने आशय को प्रकट करते हैं, यहां शैली में विवरणात्मकता से अधिक व्यासत्व का प्राधान्य है। तत्पश्चात् प्रतिपक्षियों के आक्षेप प्रस्तुत करते हैं। कहीं-कहीं यह क्रम बदल भी गया है। प्रतिपक्षियों के आक्षेप के परिहार में वे कभी आधार वाक्य का ही खंडन करते हैं और कहीं-कहीं विपक्षी तर्क-शृंखला की मध्यवर्ती किसी मान्यता का खंडन कर पूरी शृंखला ध्वस्त कर देते हैं। कभी-कभी जयंत भट्ट अपनी आधारभूत मान्यता का कोई विशेष अर्थ नहीं बताते और उसे पूर्वमान्यता के रूप में स्वीकार कर प्रतिपक्षी का खंडन करते हैं। उदाहरण के लिए 'वर्ण-भेद' के संदर्भ में जयंत भट्ट ने माना कि उच्चारण भेद में उदात्त-अनुदात्त-स्वरित के क्रम में भेद है जिससे वर्ण-भेद है। वे लौकिक साक्ष्यों को अधिमान्यता देते हैं। वस्तुतः संपूर्ण 'न्यायमंजरी' में लौकिक साक्ष्यों को सर्वाधिक वैधता भी है।

यदि विषय प्रतिपादन पर बल न दिया जाए तो 'न्यायमंजरी' की संरचना प्रबंधतंत्रीय लगती है। ईश्वर-गुरु अभ्यर्थना एवं लक्ष्य निरूपण का उल्लेख करके अपनी साहित्यिक अभिरुचि का प्रमाण दिया है। अनुप्रास, रूपक, उपमा, अलंकारों का बाहुल्य, वर्ण-मैत्री, पद-मैत्री का लालित्य, श्लोकों के रूप में छंदों का यथाशक्य निर्वहन, आत्मने पद का बाहुल्य उन्हें ललित और आत्माभिव्यंजक निबंधकार के रूप में प्रतिष्ठित करता है तथापि जयंत भट्ट ने यह भी ध्यान रखा कि साहित्यिक-मोह कहीं वर्ण्य-विषय के साथ अन्याय न कर दे। 'न्यायमंजरी' के अध्येता के रूप में उनका व्यक्तित्व बहुआयामी होकर उभरा है। बाद में जयंत भट्ट अपने साहित्यिक लगाव को दबा न सके। यह प्रवृत्ति उनके नाटक 'आगमडंबर' में पूर्ण रूप से प्रकट हुई। यद्यपि इस ग्रंथ का वर्ण्य-विषय दर्शनशास्त्र ही है, जिसे जयंत भट्ट ने भी स्वीकार किया है। 'आगमडंबर' के पूर्व किसी रचना में दार्शनिक व्यक्तित्वों का वाचवी प्रयोग नहीं दिखाई देता है—यह बात उस युग में जितनी क्रांतिकारी थी,

उससे अधिक आज सर्जनात्मक है। जिस बात को सूर्यकांत त्रिपाठी 'निराला' ने 'खुल गए छंद के बंध' कहकर व्याख्यायित किया, उसका प्राचीनतम उदाहरण 'आगमडंबर' को माना जा सकता है। यह शिल्प-विद्रोह वस्तुतः रचनाकार के रूप में जयंत भट्ट के क्रांतिकारी व्यक्तित्व का ही रूप है। यदि 'विजन' को साहित्य की कसौटी माना जाए तो उक्त नाटक एक 'फंतासी' की सर्जना करता है जिससे देश-काल निरपेक्ष पात्रों ने एक ही धरातल पर आकर दार्शनिक मतवादों की चर्चा की।

इसप्रकार डॉ. वी. राघवन के निष्कर्षों से सहमति व्यक्त की जाए तो कहा जा सकता है कि जयंत भट्ट का उनके पूरे रचनाकाल में व्यक्तित्वांतरण दार्शनिक से कवि ('न्यायमंजरी' में), कवि से दार्शनिक (आगमडंबर में) और समेकित रूप में दार्शनिक-कवि के रूप में हुआ है।

संदर्भ ग्रंथ–

1. अभिनंद, (1925). 'कादंबरीकथासार', पृ. 2, बॉम्बे : पांडुरंग ज्वालाजी प्रेस।
   शक्तिनामाभवद्गौड़ो भारद्वाज कुले द्विजः।
   दर्वाभिसारमासाद्य कृतदारपरिग्रहः ॥ 1/5
2. इंडियन एंटीक्वेरी, भाग II ,(1884), जर्नल ऑफ ओरिएंटल रिसर्च, पृ. 102
3. कल्हण, (1960). 'राजतरंगिणी', स्टीन कृत अनुवाद भाग-1, पृ. 209, काशी : पंडितराज पुस्तकालय।
4. अभिनंद, (1925). 'कादंबरीकथासार', पृ. 2, 1/6-7, बॉम्बे : पांडुरंग ज्वालाजी प्रेस।
5. भट्ट, जयंत, (1971). 'न्यायमंजरी', भाग-1, पृ. 250 (सं. पंडित सूर्य नारायण शुक्ल), वाराणसी : चौखंबा संस्कृत सीरीज ऑफिस द्वितीय संस्करण *तथा ह्यस्मत्पितामह एव ग्रामकामः साग्रहणी कृतवान्, इष्टिसमाप्तिमनन्तरमेव गौरमूलक ग्राममवाप।*
6. भट्ट, जयंत, (1971). 'न्यायमंजरी', भाग-1, द्वितीय संस्करण, पृ. 50, 53, 54, 215, (सं. पंडित सूर्य नारायण शुक्ल), वाराणसी : चौखंबा संस्कृत सीरीज ऑफिस।
7. भट्ट, जयंत, (1971). 'न्यायमंजरी', भाग-2, द्वितीय संस्करण का अंतिम श्लोक, पृ. 250, (सं. पंडित सूर्य नारायण शुक्ल), वाराणसी : चौखंबा संस्कृत सीरीज ऑफिस।
8. यह परंपरा अधोलिखित से समर्थित है–
   i. नरहरी, गुरु त्रिलोचन, (1927). 'न्यायमंजरी : ए फॉरगोटेन वर्क', पटना : जर्नल ऑफ द बिहार एंड उड़ीसा रिसर्च सोसाइटी।
   ii. गुप्त, बह्मानंद, (1963). जर्नल ऑफ द बिहार एंड उड़ीसा रिसर्च सोसाइटी, पटना।
   iii. मुखर्जी, सतकारी, (1931). जयंत भट्ट-द ऑथर ऑफ द न्यायमंजरी, कल्चरल रिव्यू, पृ. 40
9. राघवन, वी., (1964). 'आगमडंबर की भूमिका', पृ. 6, दरभंगा : मिथिला विद्यापीठ।
10. भट्ट, जयंत, (1971). 'न्यायमंजरी', भाग-1, द्वितीय संस्करण, पृ. 45, (सं. पंडित सूर्य नारायण शुक्ल), वाराणसी : चौखंबा संस्कृत सीरीज ऑफिस।
    एतेन शब्दसामर्थ्यमहिम्ना सोऽपि वारितः।
    यमन्यः पण्डितंमन्यः प्रपेदे कंचन ध्वनिम् ॥

11. भट्ट, जयंत, (1971). 'न्यायमंजरी', भाग-1, द्वितीय संस्करण, पृ. 217, (सं. पंडित सूर्य नारायण शुक्ल), वाराणसी : चौखंबा संस्कृत सीरीज ऑफिस।
प्रकटरसानुगुणविकटाक्षररचनाचमत्कारितसकलकविकुला बाणस्य वाच।
12. राघवन, वी., (1964). 'आगमडंबर की भूमिका', पृ. 6, दरभंगा : मिथिला विद्यापीठ।
13. भट्ट, जयंत, (1971). 'न्यायमंजरी', भाग-1, द्वितीय संस्करण, पृ. 248, (सं. पंडित सूर्य नारायण शुक्ल), वाराणसी : चौखंबा संस्कृत सीरीज ऑफिस।
तेपामेव प्रमाणत्वमागमनामिहेष्यते।
न मृष्यते तु यत्किचित्प्रमाण कुट्टनीमतम् ॥
14. राघवन, वी., (1964). 'आगमडंबर की भूमिका', पृ. 6, दरभंगा : मिथिला विद्यापीठ।
15. कल्हण, 'राजतरंगिणी',(1960). पंडितराज पुस्तकालय, काशी, स्टीन कृत अनुवाद भाग-1, 4/716 से 5/123
16. भट्टाचार्य, जानकी बल्लभ, (1978). 'न्यायमंजरी' भाग-1, प्रस्तावना पृ. 26, दिल्ली : मोतीलाल बनारसीदास
17. भट्टाचार्य, जानकी बल्लभ, (1978). 'न्यायमंजरी' भाग-1, प्रस्तावना पृ. 26, दिल्ली : मोतीलाल बनारसीदास।
18. भट्ट, जयंत, (1971). 'न्यायमंजरी', भाग-1, द्वितीय संस्करण, (सं. पंडित सूर्य नारायण शुक्ल), वाराणसी : चौखंबा संस्कृत सीरीज ऑफिस।
चयस्त्विषामित्यवधारित पुरा ततः शरीरीति विभाविताकृतिम्।
विभुर्विभक्तावयवं पुमानिति क्रमादमुं नारद इत्यबोधि सः ॥ शिशुपाल-वध 1/3 यह श्लोक 'न्यायमंजरी' भाग-1, पृ. 79 में उद्धृत है।
19. जयन्ताचार्यविरचितों न्यरतर्कोऽतिदुस्तरः।
20. जरन्नैयायिकाः जयन्तभट्टप्रभृतयः
21. यदा च शक्तिसंसिद्धो मज्जत्युदयनद्विपः।
जयंत हन्त कातत्र गणनात्वाति कीटके ॥ परिच्छेद-2
22. भट्टाचार्य, जानकी बल्लभ, (1978). 'न्यायमंजरी', भाग-1, पृ. 7, दिल्ली : मोतीलाल बनारसीदास।
23. अभिनंद, (1925). 'कादंबरीकथासार', पृ. 2, 10-11 श्लोक, बॉम्बे : पांडुरंग ज्वालाजी प्रेस।
24. अभिनंद, (1925). 'कादंबरीकथासार', पृ. 2, बॉम्बे : पांडुरंग ज्वालाजी प्रेस।
स शक्तिस्वामिनं पुत्रमवाप श्रुतशालिनम्।
राज्ञः कर्कोटवंशस्य मुक्तापीडस्य मन्त्रिणम् ॥ 7वां श्लोक
25. कल्हण, (1960). 'राजतरंगिणी', स्टीन कृत अनुवाद, 4/42, काशी : पंडितराज पुस्तकालय।
26. भट्ट, जयंत, (1971). 'न्यायमंजरी', भाग-1, द्वितीय संस्करण, पृ. 248, (सं. पंडित सूर्य नारायण शुक्ल), वाराणसी : चौखंबा संस्कृत सीरीज ऑफिस।
तद्पूर्वमिति विदित्वा निवारयामास धर्मतत्त्वज्ञः।
राजाशंकरावर्मा न पुनर्जैनादिमतमेवम् ॥
27. राघवन, वी., (1964). 'आगमडंबर की भूमिका', पृ. 20, दरभंगा : मिथिला विद्यापीठ।
28. पाणिनि, (1969). 'धातुपाठ' (धात्वर्थ प्रकाशिका सहित), पृ. 233, वाराणसी : चौखंभा विद्याभवन।
परोक्षत्वं तु वर्षयातवृत्ततमित्येके। वर्षसहस्त्रवृत्रत्वमित्यपरे। द्वियहवृत्रत्वंन्यहवृत्र-त्वमित्यन्ये। कुड्यकटाड्यातरितत्वमतीरे।
29. तर्कवागीश, फणिभूषण, (1968). 'न्यायमंजरी', (बंगला अनुवाद) पृ. 56, वाराणसी : चौखंभा विद्याभवन।

30. भट्टाचार्य, जानकी बल्लभ, (1978). 'न्यायमंजरी', भाग-1, प्रस्तावना, पृ. 234, दिल्ली : मोतीलाल बनारसीदास।
31. Steen, MA, (1961). 'Kalharn's Chronicles of the Kings of Kashmir', Vol. II, P. 144, 145, Delhi : Munsi Ram Manoher Lal. (भट्टनायक, जो प्रसिद्ध आलंकारिक थे, जिन्होंने अपने ग्रंथ 'हृदयदर्पण' में आनंदवर्धन के ध्वनि सिद्धांत का खंडन किया था।)
32. राघवन, वी., (1964). 'आगमडंबर की भूमिका', पृ. 53, दरभंगा : मिथिला विद्यापीठ।
33. राघवन, वी., (1964). 'आगमडंबर की भूमिका', पृ. 54, दरभंगा : मिथिला विद्यापीठ। *मंत्रीशास्त्रमहावीहरणाश्रान्तो जयन्तोडप्यसौ।*
34. आगमडंबर, पृ. 77
35. राघवन, वी., (1964). 'आगमडंबर की भूमिका', पृ. 7- 8, दरभंगा : मिथिला विद्यापीठ।
36. यह तथ्य परिशुद्धि के इस तथ्य से स्पष्ट है–
'मात, सरस्वति पुनः पुनरेव नत्वा बहाच्जलिः किमपि विज्ञपमाम्ययवैहि।
वाक्चेतसोमर्म तथा भव सावधान वाचस्पतेर्वचसि न स्खलतो यथैते ॥
37. लक्षणावली में तर्कम्बराड्प्रमितेश्वप्रतीतेशुशकात्ततः। यहां तर्क का तात्पर्य 6, अंबर का शून्य तथा अंक का 9 है, अतः पूरे वाक्यांश का 906 शक-संवत या 984 ई.।
38. Kaviraj, G.N., (1961). 'Gteenings from the Histroy and Bibliographical of Nayaya Vasisheshika Literature', Calcutta : Indian studies, Past and Present.
39. चक्रधर, (1972). 'न्यायमंजरीग्रंथिभंग', पृ.167, अहमदाबाद : एल. डी. इंस्टीट्यूट ऑफ इंडोलाजी।
40. अभिनंद, (1925). 'कादंबरीकथासार', पृ. 2, श्लोक 10-11, बॉम्बे : पांडुरंग ज्वालाजी प्रेस।
41. भट्ट, जयंत, (1971). 'न्यायमंजरी', भाग-1, द्वितीय संस्करण, श्लोक 4, 14, (सं. पंडित सूर्य नारायण शुक्ल), वाराणसी : चौखंबा संस्कृत सीरीज ऑफिस।
42. मैंने मुख्य रूप से पंडित सूर्य नारायण शुक्ल द्वारा संपादित और जय कृष्ण दास हरिदास गुप्त, चौखंबा संस्कृति सीरीज ऑफिस, वाराणसी द्वारा प्रकाशित, 'न्यायमंजरी' को ध्यान में रखा है।
43. प्रमाण, प्रमेय, संशय, प्रयोजन, दृष्टांत, सिद्धांत, अवयव, तर्क, निर्णय, वाद, जल्प, वितन्डा, हेत्वाभास, छल, जाति और निग्रहस्थान।
44. Thakur, Vishwaroop, (1978). 'The Naiyayaika', Vol. 28, P. 29-30, Madras : Journal of Oriental Research.
45. Raghwan, V. (1963). 'Bhaja's Sringar Prakash', Bombay : Karnataka Publishing House.
46. नमः शाश्वतिकानन्दज्ञानैश्वर्यमयात्मने।
संकल्पसफलब्रह्मस्तम्भारम्भाय शम्भवे ॥
47. जयन्ति पुरजिद्दत्तसाधुवादपवित्रिताः ।
निदानं न्यायरत्नानामक्षपादमुनेर्गिरः ॥
48. तदेकदेशलेशे तु कृतोऽयं विवृतिश्रमः।
तमेव चानुगृह्णन्तु सन्तः प्रणयवत्सलाः ॥
49. अविरलजलधरधाराप्रबन्धबद्धान्धकारनिवहे बहुलनिशीये सहसैव
स्फुरता विद्युल्लतालोकेन कामिनीज्ञानमादधानेन तज्जन्मनि
सातिशयत्वमवाप्यते। न्यायमंजरी, पृ. 12-13
50. सामग्रयास्तु सोऽशितयः सुवच सन्निहिता चेत्मामग्री
संपन्नमेव...न्यायमंजरी, पृ. 13 (अनुप्रास प्रवृत्ति)

फलोपजननाविनाभाविस्वभावत्वाख्यसामग्रीसरूपसमारोपणनिबन्धनः। न्यायमंजरी, पृ. 13 (सामासिक प्रवृत्ति)

51. यथा हि बाह्यानि करणनि काष्ठादीनि पाके व्याप्रियन्ते यथा च शिबिकाया उद्यन्तार सर्वे शिबिकामुधच्छन्ति यथा त्रयोऽपि ग्रावाण उखां बिभ्रति तथा सर्वाण्येव पदानि वाक्यार्थमबोधयन्ति..., न्यायमंजरी 1, पृ. 366

52. अन्वर्थो नववृत्तिकार इति यं शंसन्ति नाम्ना बुधाः। न्यायमंजरी, अंतिम श्लोक

53. राघवन, वी., (1964). 'आगमडंबर की भूमिका', पृ. 25, दरभंगा : मिथिला विद्यापीठ।

54. भट्ट, जयंत, (1971). 'न्यायमंजरी', भाग-1, द्वितीय संस्करण, पृ. 244, (सं. पंडित सूर्य नरायण शुक्ल), वाराणसी : चौखंबा संस्कृत सीरीज ऑफिस। यह इस पुस्तक के नानाविधैरागममार्गभेदै इत्यादि लोक आगमडंबर 4/29 में उद्धृत है।

55. सरसाः सदलंकाराः प्रसादमधुराः गिरः।
कान्तास्तातजयन्तस्य जयन्ति जगतीगुरोः।। कादंबरीकथासार 1/2

56. भट्टाचार्य, जानकी बल्लभ, (1978). 'न्यायमंजरी' भाग-1, पृ. 31, दिल्ली : मोतीलाल बनारसीदास।

57. कुतो वा नूतनं वस्तु वयमुत्प्रेक्षितुं क्षमाः।
वचोविन्यासवैचित्र्यमात्रमत्र विचार्यताम् ॥
न हीयं कविभिः पूर्वैरदृष्ट सूक्ष्मदर्शिभिः।
शक्ता तृणमपि द्रष्टुं मतिर्मम तपस्विनी ॥

58. जयंत भट्ट अपने कट्टर विरोधियों के प्रति अमर्यादित शब्दावली का प्रयोग करते हुए कहते हैं–

ये त्वोश्वर निरपवाददृढप्रमाणसिद्धम्वरूपमपि नाभ्युपयन्ति मूढ़ाः।
पापाय तैः सहकथाऽपि वितन्यमाना
जायते नूनमति युक्तमतो विरन्तुम् ॥
न्यायमंजरी, भाग-1, पृ. 187-188

कहीं-कहीं वे विरोधियों के तर्कों का उपहास करते हैं और व्यंग्यात्मक भाषा का प्रयोग करते हैं–

मीमांसकाः यशः पिबन्तु पयो वा पिबन्तु बुद्धिजाड़्यापनयनाय ब्राह्मी घृत वा पिबन्तु, वेदस्तु पुरुषप्रणीत एवनात्र भ्रन्तिः। न्यायमंजरी, भाग-1, पृ. 216

□

कश्मीर में बौद्ध धर्म-दर्शन

प्रमोद कुमार सिंह

भारतीय प्राचीन ग्रंथों में कश्मीर को पृथ्वी का स्वर्ग तथा भारतवर्ष का राजमुकुट कहा गया है। इस कथन का अभिप्राय यह है कि यह एक मनोरम स्थान होने एवं हिमाच्छादित रहने के कारण विशेषकर वैदिक, शैव, शाक्त, बौद्ध एवं सभी धर्मों के प्रचारकों तथा मौलिक चिंतनकर्ताओं के आकर्षण का केंद्रबिंदु रहा है। इसका प्रमुख कारण यह था कि यहां पर चिंतन करने के लिए प्रीतिकर वातावरण मिलता था। पौराणिक परंपराओं के अनुसार कश्मीर का प्राचीन नाम कश्यपपुर था, जहां पर कश्यप ऋषि ने तपस्या की थी और यहीं पर इनकी दो पत्नियां दिति और अदिति से दैत्य तथा देवताओं की उत्पत्ति हुई थी। इस कथन से यह ध्वनित होता है कि बहुत ही प्राचीनकाल से कश्मीर विभिन्न धर्मों, दर्शनों एवं साधनाओं का संगम स्थल रहा है और यहां से धर्म, दर्शन एवं साधना का प्रचार-प्रसार भारतवर्ष में तथा उससे संबद्ध देशों यथा–तिब्बत, खोतन, चीन, अफगानिस्तान, चीनी तुर्किस्तान (मध्य एशिया) आदि देशों में होता रहा है। अतः कश्मीर में प्रारंभ से ही भिन्न-भिन्न मत के मानने वाले भी परस्पर सौहार्दपूर्ण वातावरण में एक साथ रहते आए हैं।[1]

कश्मीर अपने प्रारंभिक काल में एक विशाल सीमा वाला राज्य प्रतीत होता है। यूनानी दस्तावेजों में यह उल्लेख मिलता है कि कश्यप ऋषि के वहां पर बसने के कारण कस्यपिरोज (कश्यपपुर = कश्मीर) नाम पड़ा।[2] कश्मीर को चीनी परंपरा में 'की-पिन्' (Ki-Pin) कहा जाता है।[3] तिब्बती परंपरा में कश्मीर को 'खे-छे-युल' या 'खा-छुल'[4] तथा कश्मीर के निवासियों को 'खा-छे-पा'[5] कहते हैं। गिलगिट प्रदेश के लोग कश्मीर और कश्मीर के निवासियों को 'कशीर' कहते हैं।[6] चीनी यात्रियों के यात्रा विवरण से हमें कश्मीर के पुराने भूगोल का बहुत ही रोचक विवरण प्राप्त होता है। ष्वान् त्वाङ्[7] ने 10 अगस्त सन् 631 ईसवी में कश्मीर (च्या-स्स-मी-लुओ) की यात्रा की और दो वर्षों तक वहां पर रहकर इसके बारे में बहुत ही यथार्थ भौगोलिक विवरण प्रस्तुत किया था। वे बताते हैं कि कश्मीर का

भौगोलिक नाम आज ही की तरह तब भी प्रयोग होता था जैसा आज है, लेकिन यह वितस्ता की घाटी तथा बारामुला के दर्रे के ऊपर से बहने वाली सहायक नदियों की घाटी तक ही सीमित था।

कश्मीर में बौद्ध धर्म, दर्शन एवं साधना के उद्‌भव के विषय में प्राप्त विवरण अत्यधिक अस्पष्ट है। परंतु बौद्ध स्रोत इस संबंध में एकमत हैं कि कश्मीर में बौद्ध धर्म, दर्शन एवं साधना का परिचय आनंद के शिष्य तथा वाराणसी के एक भिक्षु मज्झंतिक द्वारा सुनिश्चित किया गया था। सिंहली के ऐतिहासिक ग्रंथ 'महावंश' के आधार पर जो विवरण प्राप्त होता है, उससे यह स्पष्ट होता है कि तृतीय बौद्ध संगीति के उपरांत सम्राट अशोक के आध्यात्मिक गुरु मोग्गलिपुत्र तिस्स ने बौद्ध धर्म के प्रचार के लिए विभिन्न देशों में धर्म-प्रचारकों को भेजा था। उसी में से एक बौद्ध भिक्षु मज्झंतिक को कश्मीर और गंधार भेजा गया था।[8] अन्य कई बौद्ध साहित्य यथा तिब्बती दुलूवा, अशोकावदान, अवदानकल्पलता और ष्वान् त्वाङ् के यात्रा विवरण से भी यह स्पष्ट होता है कि मज्झंतिक ने कश्मीर में बौद्ध धर्म, दर्शन एवं साधना का प्रचार किया था।[9] संबंधित कथानकों में विभिन्न प्रकार की गाथाएं बढ़ा-चढ़ाकर लिखी गई हैं, और यह स्पष्ट किया गया है कि कैसे स्थानीय नाग लोगों के उग्र व्यवहार का सामना मज्झंतिक को करना पड़ा था तथा किस प्रकार वह उनके मुखिया, राजा और संपूर्ण नाग लोगों को अपनी आध्यात्मिक शक्तियों द्वारा बौद्ध धर्म में विनीत करने के लिए अभिप्रेरित करने में सफल हुआ था।[10]

बौद्ध ग्रंथ 'दिव्यावदान'[11] में यह उल्लेख किया गया है कि कश्मीर के तमसावन के कई भिक्षुओं को सम्राट अशोक द्वारा पाटलिपुत्र में तृतीय बौद्ध संगीति में भाग लेने के लिए आमंत्रित किया था। सम्राट अशोक के पूर्ववर्ती राजा सुरेंद्र के शासनकाल में कश्मीर में कई विहारों के स्थापित होने का उल्लेख कल्हण[12] द्वारा किया गया है। इससे हम यह अनुमान कर सकते हैं कि मज्झंतिक और अशोक के पूर्व ही कश्मीर में बौद्ध धर्म, दर्शन एवं साधना का प्रचार-प्रसार हो चुका था। फिर भी बौद्ध धर्म भले ही पहले यहां प्रवेश कर चुका हो, लेकिन कश्मीर में उसकी सुदृढ़ता, तृतीय शताब्दी ईसा पूर्व मज्झंतिक के आध्यात्मिक नेतृत्व में ही हुई। ज्ञातव्य है कि सम्राट अशोक के शासनकाल के दौरान कश्मीर में बौद्ध धर्म, दर्शन एवं साधना के प्रचार-प्रसार हेतु राजकीय संरक्षण में मज्झंतिक थेर नामक अग्रदूत को भेजा गया था, जो वाराणसी का रहने वाला एवं आनंद का शिष्य था।

सम्राट अशोक के राज्यकाल में बौद्ध धर्म, दर्शन एवं साधना भारत में इस तेजी से फैला कि उसके अठारह पंथ बने। ये भेद सैद्धांतिक उतने नहीं थे, जितने भौगोलिक थे। बौद्ध धर्म के विकास के साथ-साथ अलग-अलग प्रदेशों में पंथ बने।

उन्हें संगठित करने वाली या एकरूपता देने वाली कोई व्यवस्था न होने से पुराने उपदेशों को उन्होंने अपने-अपने तरीके से आगे बढ़ाया। कई पंथ-भेद तो मिट भी गए। बुद्ध के निर्वाण के बाद दूसरी सदी में महासंघिक ने आठ विभिन्न निकाय चलाए। इनमें एक व्यावहारिक, लोकोत्तर, अपरशैल और उत्तरशैल प्रमुख थे। एक शती बाद स्थविरवाद मानने वाले में फूट पड़नी शुरू हुई। पहली फूट के कारण दो निकाय विभक्त हुए–सर्वास्तिवाद तथा मूल-स्थविरवाद (जिसे हैमावत भी कहते हैं)। वैशाली में अपने आरंभ से महासंघिक पूर्व की ओर सीमित रहा, जहां से वह विशेषतः दक्षिण की ओर फैला। इस मत के मानने वाले उत्तर में अधिक नहीं रहे होंगे, क्योंकि उनका उल्लेख केवल दो उत्कीर्ण लेखों में है। महासंघिक का अपना साहित्य विकसित हुआ और वस्तुतः उसने प्राचीन बौद्ध धर्म की सबसे अधिकृत परंपरा रखी, क्योंकि वह अपने आप को महाकाश्यप से चला हुआ धर्म मानता है। इसी महाकाश्यप ने पहला बौद्ध संघ बुलाया, जिसमें बौद्ध धर्म के सूत्र पहली बार परंपरा के अनुसार पढ़े गए। धान्यकटक प्रदेश के साहित्य में महासंघिक की सभी शाखाओं का उल्लेख यह बतलाता है कि वह प्रदेश सातवाहनों के और उनके वंशजों के राज्याश्रय में कृष्णा घाटी में, महासंघिकों का सबसे बड़ा अखाड़ा रहा होगा। ये मत तीसरी या चौथी शती तक पनपते रहे। स्थविरवाद नामक दूसरे दल में से जो निकाय निकले, उन्होंने भी साहित्य और उत्कीर्ण लेखों में अपना निश्चित स्थान बना लिया। ये शुंग काल से कुषाण काल तक यानी 200 ईसा पूर्व से 200 ई. तक पनपते रहे। सर्वास्तिवाद और उसकी अन्य शाखाएं उत्तर में पनपती रहीं। सर्वास्तिवादी निकाय मथुरा से नगर (हार) और तक्षशिला से कश्मीर तक के समूचे प्रदेश में प्रचलित था।

सम्राट अशोक के उपरांत कश्मीर में बौद्ध धर्म, दर्शन एवं साधना का इतिहास कुछ सीमा तक अंधकारमय है। अशोक के पुत्र जलौक के शासनकाल में बौद्ध धर्म, दर्शन एवं साधना का ह्रास हुआ था। वस्तुतः उसका पुत्र स्थानीय नागवंशियों का समर्थक और शैव धर्म का अनुयायी था; जिसके कारण उसे बौद्ध धर्म, दर्शन एवं साधना में अधिक विश्वास नहीं था। बौद्ध धर्म, दर्शन एवं साधना के प्रति उसके दृष्टिकोण में परिवर्तन 'कृत्या' से संबंध होने पर हुआ, जिसके अनुरोध पर उसने कृत्याश्रम नामक विहार का निर्माण कराया था।[13]

इंडो-ग्रीक राजा मिनांदर बौद्ध धर्म, दर्शन एवं साधना का एक महान संरक्षक और सहायक था। मौर्य साम्राज्य की शक्ति के ह्रास के बाद की दो शताब्दियों में ग्रीक आक्रमणकारियों ने उत्तर-पश्चिमी भारत तथा अफगानिस्तान पर आधिपत्य स्थापित कर लिया। इस युग में लगभग तीस शासक हुए, जिनमें से

केवल मिनांदर ने ही भारतीय मस्तिष्क पर अपनी स्थायी छाप छोड़ी। स्पष्टतः यह सद्धर्म के साथ उसके संबंध के कारण ही है। राजा मिनांदर पालि ग्रंथ 'मिलिंद-प्रश्न' में एक पात्र है। 'मिलिंद' ग्रीक शब्द 'मिनांड्रोस' का भारतीय रूपांतर है। प्राचीन लेखकों ने इस ग्रीक राजा के नाम के कई अन्य भारतीय रूप भी प्रयुक्त किए हैं। जिन मुख्य स्रोतों से राजा मिनांदर के संबंध में सूचना संकलित की जा सकती है, वे हैं–'मिलिंद-प्रश्न', स्ट्रेबो, प्लूटार्क और जस्टिन जैसे ग्रीक इतिहासकारों के वर्णन और स्वयं राजा मिनांदर के सिक्के, जिन पर 'बेसिलियस सोटेरोस मिनांड्रोस' लेख पाया जाता है। ये सिक्के उत्तर प्रदेश के पश्चिमी जिलों तथा काबुल और सिंधु नदी की घाटियों में बाईस विभिन्न स्थानों पर पाए गए हैं।

राजा मिलिंद और भिक्षु नागसेन के इसी संलाप पर 'मिलिंद-प्रश्न' आधारित है। यह ग्रंथ स्थविरवाद बौद्ध धर्म के अनु-पिटक साहित्य में अत्यंत महत्त्वपूर्ण माना जाता है और आचार्य बुद्धघोष ने इसे प्रमाणस्वरूप उद्धृत किया है। कश्मीर में बौद्ध धर्म के इतिहास का एक और महत्त्वपूर्ण चरण 'मिलिंद-प्रश्न' नामक बौद्ध ग्रंथ के रूप में दिखलाई देता है; जिसके अंतर्गत इंडो-ग्रीक राजा मिनांदर और अर्हत नागसेन के मध्य संवाद का क्षेत्र कश्मीर से केवल बारह योजन दूर स्थित है।[14] इस प्रसिद्ध ग्रंथ के रचयिता ने कश्मीर और उसके आस-पास के क्षेत्रों का विस्तृत विवरण प्रस्तुत किया है जिससे ऐसा प्रतीत होता है कि वह इस क्षेत्र के लोगों से पूर्ण परिचित था। इस ग्रंथ के विवरण से यह स्पष्ट होता है कि बौद्ध धर्म में दीक्षित होकर राजा मिलिंद ने 'मिलिंद विहार' का निर्माण करवाया और उसे स्थविर नागसेन को समर्पित कर दिया। भिक्षु-संघ को भी उसने उदारतापूर्वक दान दिया। 'मिलिंद-प्रश्न' के अनुसार राजा मिनांदर अपने पुत्र को राज्य देने के बाद भिक्षु हो गए। उन्होंने अर्हत्व को भी प्राप्त किया, जो स्थविरवाद बौद्ध धर्म के अनुसार पवित्र जीवन का अंतिम लक्ष्य है। अतः पुरालेखशास्त्र और मुद्राशास्त्रीय परक साक्ष्य यह प्रमाणित करते हैं कि मौर्य साम्राज्य के पतन के बाद भी इंडो-ग्रीक शासकों ने बौद्ध धर्म में अपना विश्वास बनाए रखा था तथा संपूर्ण उत्तरी-पश्चिमी भारत पर अपना अधिकार स्थापित कर लिया था। संभवतः कश्मीर भी इन राजाओं के प्रभाव में था जिसके परिणामस्वरूप बौद्ध धर्म का भी उनके संरक्षण में प्रचार-प्रसार हुआ।

कश्मीर में बौद्ध अध्ययन का दूसरा प्रमुख चरण कुषाण राजा कनिष्क (78 से 101 ई.) के शासनकाल में प्रारंभ होता है। अशोक के उपरांत कनिष्क ने बौद्ध धर्म, दर्शन एवं साधना के प्रचार एवं प्रसार के लिए अशोक के समान व्यवस्थित रूप से प्रयास किया। जिस तरह अशोक ने अपनी उपाधि 'देवानां प्रिय' रखा था, उसी तरह कनिष्क ने भी अपनी उपाधि 'देवप्रिय' रखा था, जिसकी सूचना हमें कनिष्क के मिट्टी के मोहरों तथा अभिलेखों

से प्राप्त होती है। अशोक ने तृतीय बौद्ध संगीति पाटलिपुत्र के अशोकाराम में मोग्गलिपुत्र तिस्स के नेतृत्व में कराया था, ठीक उसी प्रकार कनिष्क ने भी चतुर्थ बौद्ध संगीति पार्श्व नामक भिक्षु के परामर्श पर कश्मीर के कुंडलवन विहार में करवाया था।

बौद्ध धर्म, दर्शन एवं साधना का तीव्र विकास कुषाण राजाओं के शासनकाल में हुआ था। कनिष्क के शासनकाल (सन् 78 ई.) में बौद्ध धर्म का इतिहास प्रसिद्धियों से परिपूर्ण है। कनिष्क यूह्-ची कबीले की कुषाण (क्यूई-श्वांग) शाखा में उत्पन्न हुआ था। यूह्-ची मूलतः चीनी तुर्किस्तान आधुनिक सिक्याङ् में निवास करते थे। प्रथम कुषाण सरदार, जिसने भारत में आधिपत्य स्थापित किया, कडफिसीज प्रथम (कुजुल-कस) था, जो बौद्ध था। तक्षशिला के समीप जो खुदाई हुई है, उसमें उसके कुछ सिक्के मिले हैं जिन पर खरोष्ठी लिपि में लिखा हुआ है—'कुजुल-कसस कुसण-यवुगस धर्मठिदस' अर्थात् धर्म में स्थित, कुषाण सरदार कुजुल-कस का। धर्म से तात्पर्य यहां बौद्ध धर्म से ही है, यह इस बात से प्रकट होता है कि इसी शासक के जो कुछ अन्य सिक्के मिले हैं, उन पर 'धर्म-ठित' के स्थान पर लिखा हुआ है—'सच-धर्म-ठित' अर्थात् 'सत्य-धर्म में स्थित' जिससे स्पष्टतः तात्पर्य सद्धर्म या बौद्ध धर्म से ही है। इसप्रकार के तेजस्वी पूर्वज की परंपरा में कनिष्क ने प्रथम शताब्दी ई. के अंतिम चतुर्थांश में भारत के शासन को प्राप्त किया।

राजा कनिष्क का शासन (78-101 ई.) बौद्ध धर्म, दर्शन एवं साधना तथा साहित्य के इतिहास में एक युग-परिवर्तन की सूचना देता है। इसने महायान बौद्ध धर्म के उदय को देखा। पार्श्व, अश्वघोष और वसुमित्र आदि के द्वारा प्रवर्तित महान साहित्यिक कार्य का श्रीगणेश इसी समय हुआ। पालि के स्थान पर संस्कृत की प्रतिष्ठा इसी युग में हुई। कला के क्षेत्र में प्रसिद्ध गंधार कला का आविर्भाव इसी समय हुआ तथा बुद्ध और बोधिसत्त्वों की मूर्तियां बनने लगीं। कनिष्क के शासनकाल में और उसके प्रयत्नों के परिणामस्वरूप ही प्रथम बार बौद्ध धर्म का सफलतापूर्वक प्रचार मध्य-एशिया और पूर्व-एशिया में किया गया। मध्य-एशिया से लेकर भारत के मध्य-देश तक फैले कनिष्क के विस्तृत साम्राज्य में धर्म-प्रचार का कार्य उसके शासनकाल में सतत रूप से चलता रहा, जिसके परिणामस्वरूप सच्चे अर्थों में एशिया की एक संश्लिष्ट संस्कृति का जन्म हुआ, जो जीवन के उच्चतम उद्‌देश्यों पर आधारित थी जिनके लिए ही बौद्ध धर्म खड़ा हुआ था। उसने इस धर्म के प्रचार-प्रसार के लिए उच्चकोटि के विद्वानों को अन्य देशों में भेजा।

सन् 100 ई. के आसपास कनिष्क के संरक्षण में बौद्धों की एक परिषद् बुलाई गई जिसे सामान्यतः चौथी परिषद् कहा जाता है। कहा जाता है कि इस

परिषद् में बड़े स्तर पर साहित्यिक गतिविधियां हुईं। राजा ने पांच सौ भिक्षुओं के ठहरने के लिए एक मठ का निर्माण करवाया। इन भिक्षुओं को पिटकों पर टीकाएं लिखनी थीं। सुत्तपिटक पर एक लाख श्लोकों की टीका लिखी गई। 'विनयपिटक' की टीका विनय-विभाषा में भी एक लाख श्लोक थे और परिषद् में रचित 'अभिधर्म-विभाषा' में भी इतने ही श्लोक थे। 'अभिधर्म-विभाषा' जिसे 'महाविभाषा' अथवा केवल 'विभाषा' भी कहा जाता है, सर्वास्तिवादियों के लिए धर्मग्रंथ संबंधी सर्वोच्च आप्त प्रमाण बन गया। तथापि यह अभिधर्मपिटक की टीका नहीं थी; बल्कि यह कात्यायनीपुत्र रचित 'ज्ञानप्रस्थानशास्त्र' नामक ग्रंथ की टीका थी। 'ज्ञानप्रस्थान' स्वयं सर्वास्तिवादियों का ही ग्रंथ था। यह ग्रंथ एवं इसकी टीका, दोनों के ही मूल संस्कृत रूप अब प्राप्य नहीं हैं, किंतु चीनी भाषा में इनके अनुवाद सुरक्षित हैं। सर्वास्तिवादियों ने 'विभाषा' को इतना महत्त्व दिया कि उन्हें वैभाषिक अथवा विभाषा के अनुयायी ही कहा जाने लगा।

'महाविभाषा-शास्त्र' की रचना के पश्चात् बौद्ध धर्म, दर्शन एवं साधना कश्मीर में स्थायी रूप से स्थापित हो गया और इसप्रकार कश्मीर बौद्ध विद्वानों की सक्रियता का केंद्रबिंदु बन गया, जिसने पड़ोसी देशों से प्रसिद्ध आचार्यों को भी आकर्षित किया। इस तरह कश्मीर बौद्ध अध्ययन के एक महत्त्वपूर्ण केंद्र के रूप में शताब्दियों तक रहा।

लामा तारनाथ[15] के अनुसार राजा कनिष्क पूर्ण समर्पित बौद्ध था। उसने कश्मीर के राजा सिंह, जो बाद में दीक्षित होकर सुदर्शन के नाम से प्रसिद्ध हुआ, से बौद्ध धर्म पर कई संभाषण सुने थे। चीनी परंपरा के अनुसार 'विभाषाशास्त्र', सर्वास्तिवादी अभिधर्म ग्रंथों पर लिखी गई व्याख्या थी, जिन्हें कश्मीर के प्रमुख आचार्यों द्वारा लिखा गया था, जो मूलतः सर्वास्तिवादी संप्रदाय से संबद्ध थे। इन प्रमुख आचार्यों को विभाषा-शी या कभी-कभी कश्मीर-शी कहा जाता था।

तद्नंतर, हम देखते हैं कि कश्मीर 'विभाषाशास्त्र' के अध्ययन का एक महत्त्वपूर्ण केंद्र बन गया। यहां कई उल्लेखनीय कश्मीरी बौद्ध पंडित हुए जो अभिधर्म के प्रतिष्ठित विद्वान थे, जिन्होंने इस पर अपनी व्याख्याएं प्रस्तुत कीं। ऐसे बौद्ध पंडितों में संघभद्र, धर्मत्रात, विमलमित्र इत्यादि कश्मीरी बौद्ध पंडितों का नाम उल्लेखनीय है। इस मत के प्रचार हेतु कई कश्मीरी बौद्ध पंडित भारत के बाहर भी गए। कुछ लोग जो चीन और तिब्बत में गए हुए थे, उन्होंने संस्कृत साहित्य को चीनी और तिब्बती भाषा में अनूदित किया।

राजा कनिष्क के उपरांत कश्मीर में बौद्ध धर्म, दर्शन एवं साधना का राजकीय संरक्षण प्रदान करने वाला छठी शताब्दी में एक अन्य राजा मेघवाहन हुआ

था; जो बौद्ध धर्म प्रधान क्षेत्र गंधार का मूल निवासी था।[16] उसने अपने राज्य में जीवित पशुओं का वध वर्जित कर दिया था।[17] राजा मेघवाहन की रानी प्राग्ज्योतिष की अमृतप्रभा ने विदेशी भिक्षुओं के लिए अमृतभवन[18] नामक एक विशाल विहार का निर्माण करवाया था, जिसका उल्लेख चीनी यात्री ओउ खोङ्[19] ने अपने यात्रा विवरण में किया है। यह विहार श्रीनगर के उपनगरीय क्षेत्र में वौनत भवन (प्राचीन नाम अमृत भवन) के अवशेष के रूप में पड़ा हुआ है।

ष्वान् त्वाङ्, ओउ खोङ् और कुछ पुरातात्त्विक खोजों, अभिलेखों एवं साहित्यिक स्रोतों से सातवीं शताब्दी तथा उसके उपरांत कश्मीर में बौद्ध धर्म, दर्शन एवं साधना की स्थिति का विवरण प्राप्त होता है। ष्वान् त्वाङ् 631 ई. में कश्मीर भ्रमण हेतु आए थे। उन्होंने घाटी में एक सौ संघाराम और पांच हजार बौद्ध भिक्षु का उल्लेख किया है।[20] सम्राट अशोक द्वारा निर्मित चार स्तूपों को भी उसने देखा था जिनमें बुद्ध के धातु अवशेष थे।[21] बौद्ध विहारों में उसने जुष्क विहार का विशेष उल्लेख किया है[22], जहां पर घाटी में प्रवेश के प्रथम दिन रात्रि निवास के लिए रुका हुआ था। यह क्षेत्र बारामूला में था। प्रवरसेन द्वितीय के मामा जयंत द्वारा निर्मित जयंद्र विहार[23] में ही उसने कुछ वर्षों तक रहकर विभिन्न शास्त्रों का ज्ञान प्राप्त किया। कश्मीर के राजा ने ष्वान् त्वाङ् का बड़े उत्साह से स्वागत किया था और सम्मानपूर्वक महल में आमंत्रित कर महत्त्वपूर्ण बौद्ध साहित्य की प्रतिलिपि तैयार करने के लिए आवश्यक सुविधाएं भी प्रदान की थीं। ष्वान् त्वाङ् द्वारा दिए गए विवरण निस्संदेह यह स्पष्ट करते हैं कि उनकी यात्रा अवधि में कश्मीर बौद्ध अध्ययन का एक उन्नत एवं महत्त्वपूर्ण केंद्र था; जहां कई प्रख्यात एवं विशिष्ट बौद्ध पंडित घाटी में निवास करते थे; जिन्हें न केवल विभाषा पर ही पूर्ण रूप से अधिकार था अपितु वे उपदेशशास्त्र के भी आचार्य थे। इन कश्मीरी बौद्ध पंडितों द्वारा निरंतर महत्त्वपूर्ण विषयों पर उत्साह एवं परिश्रम के साथ साहित्य सृजन ही किया जा रहा था। संबंधित साहित्य की प्रशंसा करते हुए ष्वान् त्वाङ् ने टिप्पणी की है कि–इससे यह प्रमाणित होता है कि महत्त्वपूर्ण अध्ययन और अनुसंधान यहां किए जा रहे हैं। इन साहित्यिक रचनाओं में बौद्ध धर्म, दर्शन एवं साधना के विविध विषयों की उल्लेखनीय जानकारी प्राप्त होती है। साथ-ही-साथ वैदिक शिक्षा, भारतीय वर्तनी, वेद तथा उनके अंगों का भी महत्त्वपूर्ण विवरण प्राप्त होता है।[24]

जिस तरह 'राजतरंगिणी' कश्मीर का राजनीतिक इतिहास है, उसी प्रकार 'नीलमत पुराण' कश्मीर का सांस्कृतिक इतिहास है। इसमें महात्मा बुद्ध को भगवान विष्णु के रूप में स्वीकार करते हुए वैशाख के शुक्लपक्ष में भगवान बुद्ध की पूजा-अर्चना का विधि-विधान प्रस्तुत किया गया है। इसमें कश्मीर के रीति-रिवाजों,

व्रत, तीर्थों इत्यादि के विषय में विस्तृत जानकारी प्राप्त होती है। इसके अनुसार भगवान बुद्ध की पूजा-अर्चना हिंदू रीति के कर्मकांड के अनुसार करने का उल्लेख मिलता है। इससे यह परिलक्षित होता है कि बौद्ध धर्म, दर्शन एवं साधना का प्रभाव तत्कालीन सनातन धर्म पर भी पूर्ण रूप से पड़ा जिसके कारण बौद्ध न होते हुए भी हिंदुओं ने भी भगवान बुद्ध की शिक्षाओं को गहन रूप से आत्मसात किया और उन्हें विष्णु के अवतार के रूप में मान्यता प्रदान की।

कश्मीर में बौद्ध धर्म के इतिहास में गिलगिट के एक स्तूप से प्राप्त बौद्ध पांडुलिपियों की खोज भी एक महत्त्वपूर्ण उपलब्धि रही है। पुरालिपिशास्त्र के आधार पर यह पांडुलिपि उत्तरवर्ती गुप्तकालीन लिपियों में निबद्ध है जिसे सातवीं शताब्दी ई. में रखा जा सकता है। कुछ लिपिबद्ध अभिलेखों से यह ज्ञात होता है कि तत्कालीन गिलगिट पर शाही नरेशों का शासन था।[27] प्राप्त पांडुलिपि में भी कुछ शाही शासकों का उल्लेख है।[28] ऐसा प्रतीत होता है कि सातवीं शताब्दी में बौद्ध धर्म, दर्शन एवं साधना की उन्नत स्थिति केवल घाटी तक ही सीमित नहीं थी, अपितु वह कश्मीर के सुदूर उत्तर तक फैली हुई थी।

एस.पी.एस. संग्रहालय, श्रीनगर में सुरक्षित रानी दिद्दा के शासनकाल का एक अभिलेख प्राप्त हुआ है जिससे यह संकेत मिलता है कि दसवीं सदी में भी घाटी में बौद्ध धर्म प्रसिद्ध था।[29] यह अभिलेख बोधिसत्त्व पद्मपाणि की कांस्य प्रतिमा के आधार पर तीन तरफ अंकित है। इसके अंतर्गत एक बौद्ध भक्त राजानक विमाता द्वारा धार्मिक दान के रूप में इस मूर्ति को प्रदान किए जाने का उल्लेख है। संभवतः उसी काल या उसके बाद की अवधि का एक अन्य अभिलेख एक बौद्ध प्रतिमा के पृष्ठभाग में पाया गया है जिसमें प्रसिद्ध सिद्धांत 'ये धर्मा...' इत्यादि का उल्लेख है।[30] सन् 1197 का एक अन्य अभिलेख, जो अरिगम से प्राप्त हुआ है तथा इसमें किसी रनदेव के द्वारा बोधिसत्त्व अवलोकितेश्वर की प्रतिमा की स्थापना हेतु ईंटों के पूजा स्थल के निर्माण का उल्लेख है।[31] राजजदेव (1213-1235 ई.) के शासनकाल में भी मंडलक संप्रदाय का उल्लेख प्राप्त होता है, जो बोधिसत्त्व लोकेश्वर (अवलोकितेश्वर) के समान एक बौद्ध आचार्य कमलश्री द्वारा प्रस्थापित किया गया था।[32] लद्दाख में द्रास नामक स्थान से कनिंघम द्वारा खोजे गए दो अभिलेखों में बोधिसत्त्व मैत्रेय और लोकेश्वर का उल्लेख है और ये अभिलेख संभवतः उसी काल के या उसके कुछ बाद के हैं।[33]

'राजतरंगिणी' के अनुसार कश्मीर में बौद्ध धर्म को वहां के राजा जय सिंह का संरक्षण प्राप्त था, जो 1128 ई. में गद्दी पर बैठा था। बौद्ध धर्म के प्रति उसके सकारात्मक दृष्टिकोण का प्रमाण न केवल नए विहारों के निर्माण के रूप में

प्राप्त होता है अपितु प्राचीन विहारों का भी उसने जीर्णोद्धार कराया था। राजा जयसिंह के चाचा उत्कल द्वारा 'शुल विहार' का निर्माण प्रारंभ कराया गया था; जिसे राजा जय सिंह ने पूर्ण कराया था।[34] राजा जय सिंह के सगे-संबंधी और अधिकारी भी बौद्ध धर्म एवं दर्शन के प्रति सकारात्मक दृष्टिकोण रखते थे और उन्होंने कई बौद्ध संस्थाओं की स्थापना भी करवाई थी, जिसे जय सिंह द्वारा अत्यधिक मात्रा में अनुदान भी दिया गया था।[35] इसप्रकार उपरोक्त वर्णित पुरातात्त्विक अभिलेखों एवं साहित्यिक साक्ष्यों के आधार पर यह कहा जा सकता है कि कश्मीर में बौद्ध धर्म तेरहवीं शताब्दी के उत्तरार्द्ध तक अत्यधिक प्रचलित था।

बौद्ध धर्म, दर्शन एवं साधना के इतिहास में कश्मीर का उल्लेख अत्यधिक गर्व के साथ किया जाता है। अपने प्रारंभिक काल से ही बौद्ध धर्म कश्मीर में निरंतर विस्तृत एवं प्रसिद्ध होता रहा। यहां के शासकों ने इसे संरक्षण दिया और अत्यधिक अनुदान प्रदान कर बड़ी संख्या में विहारों और संघों का निर्माण करवाया। यही बौद्ध विहार कालांतर में बौद्ध अध्ययन और अनुसंधान के महान केंद्र बनने के लिए सहायक रहे। इन्हीं विहारों में प्रामाणिक बौद्ध साहित्य और व्याख्यात्मक टीकाओं का प्रमुख बौद्ध आचार्यों द्वारा प्रतिपादन किया गया। यहां के प्रगतिशील बौद्ध केंद्रों ने न केवल देश के अपितु अन्य देशों के भी बौद्ध विद्वानों को अपनी ओर आकर्षित किया। जिसके कारण वे कश्मीर में आकर बौद्ध धर्म, दर्शन एवं साधना का अध्ययन करते थे। कश्मीर के बौद्ध पंडितों ने केवल कश्मीर घाटी के लोगों को ही बौद्ध धर्म एवं दर्शन की शिक्षाओं से संबद्ध नहीं किया अपितु उन्होंने मध्य एशिया, चीन और तिब्बत जैसे पड़ोसी देशों में भी बौद्ध धर्म, दर्शन एवं साधना को प्रसारित करने में अपना महत्त्वपूर्ण अवदान दिया।

कालांतर में कश्मीर ने बौद्ध धर्म, दर्शन एवं साधना का विकास और प्रसार न केवल घाटी में किया बल्कि एशिया के अनेक क्षेत्रों में प्रसारित करने में एक अहम भूमिका अदा की। कश्मीर के बौद्ध पंडितों ने जिन धर्मग्रंथों की रचना की, उन्हें हम 'विभाषाशास्त्र' के नाम से जानते हैं। इन शास्त्रों की लोकप्रियता ने घाटी के बौद्ध पंडितों को देश के दूरस्थ प्रदेशों में तथा साथ ही विदेशों में जिन्होंने इनका अध्ययन कश्मीरी बौद्ध पंडितों द्वारा किया, अत्यधिक लोकप्रिय बना दिया। इसप्रकार हम देखते हैं कि भगवान बुद्ध की वाणी का प्रभाव सुदूर-पूर्व तथा सीमांत प्रदेशों पर बहुत ही पड़ा, जिसके कारण वहां के लोगों ने हिंसा का रास्ता छोड़कर भगवान बुद्ध द्वारा दिए गए अहिंसा एवं करुणा के मार्ग को चुना, जिसका प्रभाव हमें अभी तक देखने को मिलता है। जहां-जहां पर भगवान बुद्ध की अहिंसा एवं करुणा के उपदेश का प्रचार-प्रसार हुआ, वहां-वहां पर लोग हिंसा का रास्ता छोड़कर

करुणा तथा परस्पर प्रेमभाव का आचरण व्यावहारिक रूप में करने लगे। इस तरह हम देखते हैं कि कश्मीरी बौद्ध पंडितों का यह संदेश संपूर्ण विश्व के लिए उपादेय है।

संदर्भ ग्रंथ–

1. इलियट, सी. (1921). हिन्दुइज्म एंड बुद्धिज्म, लंदन, वॉल्यूम I पृ. XXV.
2. दत्त, नलीनाक्ष. (1939). गिलगिट मनुस्क्रिप्ट, श्रीनगर, वॉल्यूम. I, पृ. 3.
3. वाटर्स, थॉमस. (1904). ऑन ष्वानू त्वाङ् ट्रैवल्स इन इंडिया लंदन, रॉयल एसियाटिक सोसॉइटी, वॉल्यूम I, पृ. 260.
4. रेमुसत, ए., कलाप्रोथ, जे.एच. एंड लैंड्रिज, सी. (1848). 'द पिलग्रिमेज ऑफ फाऽ ष्येऽनुः' फ्रॉम द फ्रेंच एडिशन ऑफ द फो कुकी ऑफ एम. रेमुसत, कलाप्रोथ एंड लैंड्रिज, कलकत्ता, पृ. 30.
5. विगने, जी.आर. (1841). ट्रैवल्स इन काश्मीर, लद्दाख एंड इश्करदु, वॉल्यूम II, लंदन, पृ. 46.
6. वही.
7. कनिंघम, ए. (1975). *द एनसियंट ज्योग्रफी ऑफ इंडिया*, भारतीय पब्लिशिंग हाऊस, वाराणसी, पृ. 475.
8. भागवत, एन.के. (सं.). (1936). महावंश, यूनिवर्सिटी ऑफ बॉम्बे, बॉम्बे, अध्याय 12ए, श्लोक 834-836.
   "थेरो मोग्गलि पुत्तो सो जिनसासन जोतको।
   निट्ठापेत्वान संगीति पेक्खमानों अनागतं ॥
   सासनस्स पतिट्ठानं पच्चन्तेसु अपेक्खिया।
   पेसेसि कत्तिके मासे ते ते थेरे तहिं तिहं ॥
   थेरं कस्यीरगन्धारं मज्झन्तिकम पेसयि।
   अपेसयि महादेवत्थरं महिसमण्डलं ॥"
9. विश्वास, डी.के. (अनुवाद). (1967). अशोकावदान, कलकत्ता, पृ. 2; बैध, पी.एल. (सं.). (1959). अवदान कल्पलता वॉल्यूम II, मिथिला इंस्टिच्यूट, दरभंगा, पल्लव 77, पृ. 446.
   "माध्यन्तिकाभिधो भिक्षुरानन्दस्य गुरोर्गिरा।
   बुद्धशासनमाधुतं ययौ काश्मीरमण्डलम् ॥2॥
10. द स्टोरी इज टोल्ड एट लेंथ इन द महावंश. अध्याय 121; वाटर्स, थॉमस. (1904). ऑन ष्वानू त्वाङ् ट्रैवल्स इन इंडिया लंदन, रॉयल एसियाटिक सोसाइटी, वॉल्यूम I, पृ. 267.
11. कॉवेल, इ.बी. एंड नील, आर.ए. (सं.). (1886). दिव्यावदान, कैंब्रिज यूनिवर्सिटी प्रेस, कैंब्रिज, पृ. 399.
    "वसंति काश्मीरपुरे सुरम्ये ये चापि धीरास्तमसावनेऽस्मिन्।
    महावने रेवतके रयेऽर्या अनुग्रहार्थं ममतेऽभ्युपेयुः ॥"
12. स्टीन, एम.ए. (सं.). (1961). राजतरंगिणी, वॉल्यूम I, अध्याय (तरंग) 1, मोतीलाल बनारसीदास, दिल्ली, श्लोक 94, 98.
13. स्टीन, एम.ए. (सं.). (1961). राजतरंगिणी, वॉल्यूम I, अध्याय 1, मोतीलाल बनारसीदास, दिल्ली, श्लोक 140-144, 147.
14. ट्रेंकनर, वी. (1928) मिलिंदप्रश्न, रॉयल एसियाटिक सोसाइटी, लंदन, पृ. 82-83, 420.
15. चट्टोपाध्याय, देवीप्रसाद. (सं.). (1970) तारानाथ हिस्ट्री ऑफ बुद्धिज्म इन इंडिया, इंडियन इंस्टिच्यूट ऑफ एडवांस स्टडी, शिमला, पृ. 91.

16. स्टीन, एम.ए. (सं.). (1961). राजतरंगिणी, वॉल्यूम I, अध्याय III, मोतीलाल बनारसीदास, दिल्ली, श्लोक 2.
17. वही. श्लोक 6.
18. वही. श्लोक 9.
19. स्टीन, एम.ए. (1896). नोट्स ऑन ओउ खोङ् एकाउंट ऑफ काश्मीर, वेन.
20. वाटर्स, थॉमस. (1904). ऑन ष्वान् त्वाङ् ट्रैवल्स इन इंडिया, लंदन, रॉयल एसियाटिक सोसाइटी, वॉल्यूम I, पृ. 261.
21. वही; बील, एस. (1969). सी-यू-की बुद्धिस्ट रिकॉर्ड्स ऑफ द वेस्टर्न वर्ल्ड, ओरियंटल बुक्स रिप्रिंट कॉरपोरेशन, दिल्ली, वॉल्यूम. I, पृ. 148.
22. वही पृ. 258.
23. वही पृ. 259; स्टीन, एम.ए. (सं.). (1961). राजतरंगिणी, वॉल्यूम I, मोतीलाल बनारसीदास, दिल्ली, पृ. 103, 355.
24. वाटर्स, थॉमस (1904). ऑन ष्वान् त्वाङ् ट्रैवल्स इन इंडिया, लंदन, रॉयल एसियाटिक सोसाइटी, वॉल्यूम I, पृ. 277.
25. कुमारी, वेद. (सं.). (1961). द नीलमत पुराण, जम्मू एंड काश्मीर एकाडमी ऑफ आर्ट, कल्चर एंड लॉगवेज, श्रीनगर पृ. 9-15.
26. वही. पृ. 684-690.
27. चक्रवर्ती, एन.पी. (1987). एपीग्राफिया इंडिका (1953-54) द डायरेक्टर जेनरल आर्केलॉजीकल सर्वे ऑफ इंडिया, नई दिल्ली, पृ. 226-231.
28. दत्त, नलीनाक्ष (1939). गिलगिट मनुस्क्रिप्ट, श्रीनगर, वॉल्यूम I, पृ. 34.
29. डिम्बी, बी.के. कॉल. (1982). कॉर्पस ऑफ शारदा इंसक्रिप्सन ऑफ काश्मीर, दिल्ली, पृ. 97.
30. वही. पृ. 139.
31. वही. पृ. 107.
32. वही. पृ. 110.
33. वही. पृ. 153.
34. स्टीन, एम.ए. (सं.). (1961). राजतरंगिणी, वॉल्यूम II, अध्याय VIII, मोतीलाल बनारसीदास, दिल्ली, श्लोक 3318.
35. वही. श्लोक 2402, 2410-11, 2415, 3352-53, 3343-3344.

□

स्थापत्य का वैभव

ज्योति शुक्ला

कश्मीर के प्रतापी राजा ललितादित्य के शासनकाल में कला का सर्वांगीण विकास दृष्टिगोचर होता है। ललितादित्य ने कश्मीर से कन्नौज, बंग, दक्षिण, गुजरात एवं उज्जैन 'विजय' प्राग्ज्योतिषपुर एवं उत्तरी कुरु देश तक न सिर्फ राज्य विस्तार किया था अपितु उनके शासनकाल में स्थापत्य कला ने भी नई ऊंचाइयों को प्राप्त किया, जिसने आने वाले शासकों को आधारभूत प्रेरणा दी। कला के विभिन्न आयामों के साक्ष्य स्थापत्य, मूर्तिशिल्प के रूप में कश्मीर ही नहीं अपितु समीपवर्ती राज्यों में आज भी विद्यमान हैं। स्थापत्य एवं कला के विकास से तात्कालिक शासन के राजनीतिक तथा सामाजिक पहलुओं को बखूबी समझा जा सकता है। प्रतापी शासक ललितादित्य के व्यक्तित्व को समझने के लिए उनके शासनकाल में पल्लवित-पुष्पित कश्मीरी कला पर यहां दृष्टिपात किया जाएगा।

परवर्ती काल के साहित्य में यथा–'राजतरंगिणी', अलबरूनी का भारत एवं 'ओ-कोंग' का विवरण प्राप्त होता है, जिसमें राजनीतिक व्यवस्था तथा राज्यविस्तार का विवरण मिलता है। तत्कालीन स्थापत्य जिनमें ब्राह्मण तथा बौद्ध धर्म दोनों दृष्टिगोचर होते हैं। उदाहरणार्थ मार्तंड मंदिर के भग्नावशेष, परिहासपुर का राजविहार, चैत्य एवं स्तूप इत्यादि। मूर्तिकला में भी नई ऊंचाइयों को प्राप्त किया यथा–पाषाणकालीन धातु, हाथी दांत आदि के प्रयोग किए गए। कला के उदाहरण भारत के विभिन्न संग्रहालयों, व्यक्तिगत संग्रह के अतिरिक्त विदेशी संग्रहालयों में भी संगृहीत हैं।

ललितादित्य

सामाजिक परिस्थितियां	राजनीतिक कारण	कला एवं स्थापत्य	अन्य योगदान
कार्कोट वंश की स्थापना एवं परिचय	-युद्ध विजय एवं साम्राज्य विस्तार -ललितादित्य के शासनकाल की शासन एवं प्रशासन नीति -समाज पर सांस्कृतिक प्रभाव	-मार्तंड मंदिर -राज विहार -मूर्तिकला का अध्ययन -सिक्कों का अध्ययन -अभिलेखों को खोजना	ललितादित्य की शासन प्रणाली एवं युद्ध विजय के पश्चात् कश्मीर के सांस्कृतिक एवं राजनीतिक जीवन में परिवर्तन

कश्मीर के कार्कोट वंश की स्थापना दुर्लभवर्धन ने की थी, जिसे चीनी इतिहासकारों ने तु-लो-प कहा है। इसका शासनकाल 625 से 661 ई. तक माना जाता है।[1] दुर्लभवर्धन के पश्चात् उसका पुत्र दुर्लभ प्रतापादित्य राजगद्दी पर आसीन हुआ। इसका शासनकाल 661 से 711 ई. तक माना जाता है।[1] दुर्लभ तथा नरेंद्रप्रभा ने तीन पुत्र रत्नों को जन्म दिया जिनके नाम चंद्रापीड-वज्रादित्य, मुक्तापीड-उदयादित्य एवं ललितादित्य मुक्तापीड अथवा अविमुक्तापीड थे। चंद्रापीड का राज्य समय ई. सन् 711 से 719 तक था अर्थात् सातवीं शती का पूर्वार्द्ध[2] संभवतः 719 से 724 तक का समय तारापीड-उदयादित्य के शासनकाल के पश्चात् ललितादित्य मुक्तापीड अथवा अविमुक्तापीड का शासनकाल प्रारंभ हो जाता है। अविमुक्तापीड का अर्थ रहा होगा जिसका आपीड (मुकुट) अविमुक्ता (छूटा न हो अथवा भ्रष्ट न हुआ हो)। संभवतः इसी कारण इसका पूरा नाम ललितादित्य अविमुक्तापीड रहा होगा, परंतु उच्चारण असुविधा के फलस्वरूप मुक्तापीड की संज्ञा दी गई है। डॉ. रघुनाथ सिंह ने दोनों को एक ही माना है, परंतु पं. रामतेज शास्त्री ने दोनों को अलग-अलग माना है।[3]

ललितादित्य का सिंहासनारोहण

सुनील रायचंद रे[4] कल्हण की 'राजतरंगिणी' के आधार पर ही सिंहासनारोहण की तिथि 695 ई. अथवा 699 ई. मानते हैं, जबकि कनिघंम तथा विशुद्धानंद पाठक[5] 727 ई. स्वीकार करते हैं। डॉ. मजूमदार[6] एवं भरत सिंह राज्यारोहण तिथि 724 ई. मानते हैं। श्री मदनलाल विरमानी भी 724 से 761 ई. तक ललितादित्य का शासन मानते हैं।[7]

ललितादित्य का साम्राज्य

'राजतरंगिणी' से ज्ञात होता है कि ललितादित्य ने लगभग संपूर्ण भारत पर ही नहीं वरन् तिब्बत और अफगानिस्तान तक अपनी विजयों द्वारा साम्राज्य का विस्तार किया। ललितादित्य ने कन्नौज, बंग, दक्षिण गुजरात एवं उज्जैन प्राग्ज्योतिषपुर एवं उत्तरी कुरुदेश पर विजय प्राप्त की। इन सभी विजयों का वर्णन श्री रामतेज शास्त्री पांडेय कृत 'राजतरंगिणी' के श्लोक संख्या 132 से लेकर 180 में वर्णित है।[8] ललितादित्य ने तुखार (तुर्क पर विजय) प्राप्त किया। अलबरूनी ने अपनी पुस्तक 'अलबरूनी का भारत', अनुवाद-संताराम बी. ए. तीसरे भाग के, 76वें परिच्छेद, पृ. 228 में वर्णित किया है कि इस क्षेत्र की विजय स्मृति में कश्मीर में हर वर्ष चैत्र मास में द्वितीया को विजय दिवस मनाया जाता था। मदनलाल विरमानी ने अपनी पुस्तक 'दिग्विजयी सम्राट ललितादित्य-मुक्तापीड', पृ. 87 पर ललितादित्य की तिब्बत विजय का वर्णन किया है। काठियावाड़ मालवा, मारवाड़ विजय का वर्णन 'राजतरंगिणी'

एवं मदनलाल विरमानी कृत 'दिग्विजयी सम्राट ललितादित्य मुक्तापीड' से प्राप्त होता है। ललितादित्य ने इन सभी क्षेत्रों को निस्संदेह विजित किया होगा, इसके प्रमाण में पुरातात्त्विक साक्ष्य में सिक्कों की उपलब्धता महत्त्वपूर्ण है। जैसे–भिटवारी गांव (मैनपुरी), फैजाबाद, बांदा, वाराणसी, रामपुर (उत्तर प्रदेश) तथा बिहारशरीफ से ताम्र तथा स्वर्ण सिक्के (भार, 92.7, 122.6 ग्रेन) प्राप्त होते हैं जिनपर श्री प्रताप अंकित है। ललितादित्य को कन्नौज विजय के पश्चात् प्रतापादित्य के विरोध का सामना करना पड़ा था। इसलिए उसके सिक्कों पर श्री प्रताप अंकित है। राष्ट्रीय संग्रहालय में श्री प्रताप तथा भारतीय संग्रहालय में श्री प्रताप-II के ताम्र एवं स्वर्ण सिक्के प्रदर्शित हैं, जिनका उल्लेख स्मिथ एवं कनिंघम ने भी किया है, परंतु कनिंघम श्री प्रताप के सिक्कों को समय 661 ई. तथा द्वितीय प्रकार के सिक्कों का समय 719 ई. मानते हैं, परंतु भारतीय विद्वान एल.एन. दीक्षित, ए.एस. अल्तेकर और अन्य विद्वानों ने भी इन दोनों सिक्कों को ललितादित्य का सिक्का माना है[9]। अगर हम विदेशी विद्वानों की भी बात करें तो स्मिथ और कनिंघम ने श्री प्रतापादित्य द्वितीय के सिक्कों का जो समय दिया है, वह काल 'राजतरंगिणी' में उल्लेखित ललितादित्य का शासनकाल है, क्योंकि 'राजतरंगिणी' में ललितादित्य मुक्तापीड के सिंहासनारोहण की तिथि 695 या 699 ई. उल्लेखित है। सभी इतिहासकारों ने, यहां तक कि विदेशी इतिहासकारों ने भी यह माना है कि ललितादित्य ने लगभग 35 से 10 वर्षों तक राज किया है, उसके अनुसार भी 719 का समय ललितादित्य का है। वैसे भी कनिंघम एवं स्मिथ का शोध लगभग 70 वर्षों से भी पुराना है। वर्तमान शोध एवं विद्वानों के अध्ययन से यह स्पष्ट है कि ये दोनों ही सिक्के ललितादित्य के ही हैं तथा अभी और सिक्कों के प्रकार पर शोध आवश्यक है।

(सौ. भारतीय संग्रहालय, कोलकाता) (सौ. राष्ट्रीय संग्रहालय, नई दिल्ली)

कला–आठवीं शताब्दी कश्मीरी शैली में कला का स्वर्णकाल था, शिल्पकार राजा के निर्देश पर विभिन्न प्रकार के प्रयोग को पूर्ण कर रहा था। इस सदी में

प्रतिमा निर्माण का कार्य हो रहा था–जैसे पाषाण, धातु एवं हाथी दांत क्रमशः हिंदू देवी-देवता, बौद्ध प्रतिमाओं एवं यक्ष-यक्षी के मूर्ति तथा प्रतिमा का निर्माण हुआ है। श्री प्रताप सिंह संग्रहालय में पाषाण पर निर्मित कई प्रतिमाएं हैं, जिनका प्रदर्शन किया गया है एवं विदेशों में स्थापित संग्रहालय जैसे क्लीवलैंड म्यूजियम, मेट्रोपॉलिटन म्यूजियम, बोस्टन म्यूजियम इत्यादि। यहां पर उक्त काल की कई धातु एवं पाषाण से बनी उच्चकोटि की प्रतिमाएं विद्यमान हैं।

हाथी दांत कला

जम्मू-कश्मीर के भौगोलिक क्षेत्र में हस्तकला का विकास स्वयं इस बात को पूर्णता की ओर ले जाता है कि हाथी दांत का आयात अन्य राज्यों से होता होगा, जहां पर हाथी मिलते हैं–जैसे दक्षिण भारत एवं बंगाल। ललितादित्य के शासनकाल में हाथी दांत से निर्मित अप्रतिम सौंदर्य एवं सौष्ठव को निरूपित करते हुए शिल्पकार ने प्रतिमा निर्माण एवं मूर्ति निर्माण किया है, दुर्भाग्य की बात यह है कि कुछ ही मूर्तियां भारत में प्रदर्शित हैं, वे भी संभवतः 3 या 4, जिससे भारत के सामान्य जन इस सौंदर्य से परिचित नहीं हो पा रहे हैं। परंतु गौरव की बात यह है कि अधिकांश मूर्तियां विदेशों के संग्रहालय में शोभायमान होकर 'ललितादित्य मुक्तापीड' के स्वर्णिम इतिहास को स्वयं परिभाषित कर रही हैं। इन्हीं प्रतिमाओं में से कुछ का संक्षिप्त वर्णन यहां किया जा रहा है।

बुद्धतीर्थ के कोष्ठक पर–संगीतकारों एवं नृत्यांगनाओं का अंकन

आठवीं शताब्दी–कश्मीर, हाथी दांत में रंगों का निर्माण

माप-17/16 (3.6 से.मी.) 17/8 (4.8 से.मी.)–क्लीवलैंड म्यूजियम ऑफ आर्ट

क्र.सं. 1988.148.1

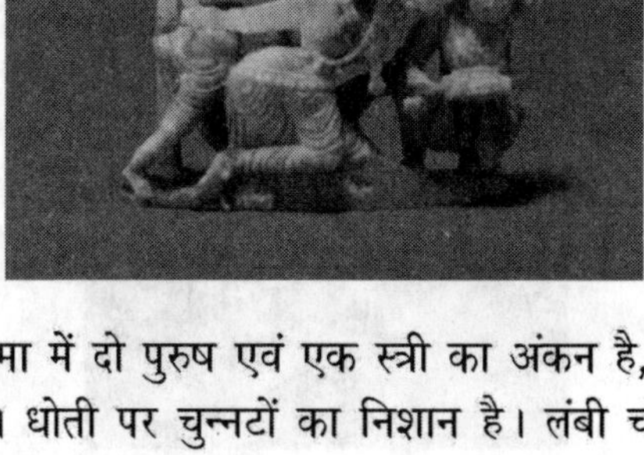

इस प्रतिमा में दो पुरुष एवं एक स्त्री का अंकन है, स्त्री मध्य भाग में त्रिभंगी मुद्रा में है। धोती पर चुन्नटों का निशान है। लंबी चोटी कमर के साथ

मुड़ती हुई, केशों को आभूषण से सजाया गया है। स्त्री के बाईं तरफ पुरुष आकृति प्रत्यालीढ़ मुद्रा में है, जो हाथों में ऊपर की तरफ मंजीरा लेकर बजाता हुआ, जिसकी कमर को स्त्री ने अपने हांथों से पकड़ रखा है। दाईं तरफ का पुरुष प्रलंबपाद आसन में दाहिने हाथ से ढोल बजाता हुआ एवं बायां हाथ ऊपर की तरफ। यह कश्मीरी कला में नृत्य एवं संगीत के प्रदर्शन की अलौकिक प्रतिमा है, जिसकी प्रत्येक भाव-भंगिमा को शिल्पकार ने अत्यंत सूक्ष्मता से उत्कीर्ण किया है।

महिला परिचर–आठवीं शताब्दी–कश्मीर–हाथी दांत

क्लीवलैंड म्यूजियम ऑफ आर्ट–क्र.सं. 1972.35.1

कश्मीर शैली में निर्मित महिला परिचर की वेशभूषा भी कश्मीरी महिला जैसी है। सिर पर दो भागों में केश को मुकुट की तरह बनाया गया है। कानों में कुंडल, गले में हार, बाजूबंद, हाथों में चूड़ी एवं पैजन के साथ, कमरबंद तथा कमर से नीचे पांव तक लड़ी माला का अंकन किया गया है। दाहिने हाथ में गुलाब का फूल एवं बायां हाथ ठुड्डी पर, मुख नीचे की तरफ झुका हुआ एवं चेहरे पर मुस्कान का भाव है।

बोधिसत्त्व–आठवीं शताब्दी–कश्मीर–हाथी दांत

क्लीवलैंड म्यूजियम ऑफ आर्ट–ज्वेलफ 1985 द्वारा प्रदत्त

काष्ठ स्तंभ के बीच में स्थापित है बोधिसत्त्व की प्रतिमा। बोधिसत्त्व पद्मासन मुद्रा में बैठे हुए हैं तथा उनके अगल-बगल एवं ऊपर की तरफ भक्तगण एवं परिचारिकाओं का अंकन है, यह सभी बोधिसत्त्व की तरफ उत्सुकता भरी निगाहों से देख रहे हैं, बोधिसत्त्व उसमें मुकुट एवं आभूषण के साथ अंकित हैं तथा बीच में ऊर्णा का अंकन है। नीचे भक्तगण हाथ जोड़े बैठे हुए हैं।

कार्तिकेय–आठवीं शताब्दी–कश्मीर–हाथी दांत

ब्रिटिश म्यूजियम-कश्मीर संग्रह भाग-2

खोजकर्ता–खोटन/योटन

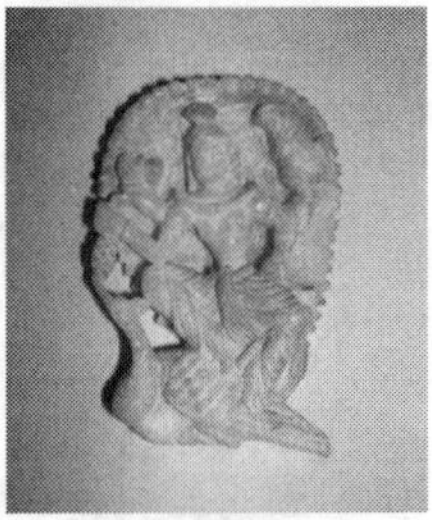

कार्तिकेय अपने वाहन मयूर के साथ अंकित हैं। मयूर की मुद्रा हवा में ऊपर की तरफ उड़ने की ओर इंगित है। कार्तिकेय सिंहासन मुद्रा में दाहिने हाथ में क्रमशः खड्ग एवं पाश लिये हुए हैं तथा बायां हाथ जंघा पर रखा हुआ है एवं अन्य हाथ ऊपर की तरफ, जिसपर कुक्कुट का अंकन है। कार्तिकेय ने मणियुक्त मुकुट, गले में हार एवं बाजूबंद के साथ चुन्नटदार धोती धारण कर रखी है। इनका अंकन भी शिल्पकार ने अत्यंत खूबसूरती के साथ किया है।

धातु कला

शाक्यमुनि–कश्मीर अथवा गिलगिट (वर्तमान में पाकिस्तान अधिकृत लद्दाख)

आठवीं शताब्दी–पीतल, तांबे की आवक, चांदी एवं जस्ते का मिश्रण

एशिया सोसाइटी, न्यूयॉर्क, श्री एवं श्रीमती जॉन डी. रॉकफेलर

थर्ड क्लेक्शन ऑफ एशियन आर्ट, 1979.044

शाक्यमुनि की यह प्रतिमा अलौकिक ही नहीं वरन् शाही संरक्षण के नियमों को भी प्रदर्शित करती है। मूर्ति के नीचे शाही दाताओं को दोनों तरफ प्रदर्शित किया गया है। राजा बाईं तरफ बुद्ध को पुष्पांजलि अर्पित करते हुए एवं दाहिनी तरफ रानी घुटने टेककर हाथ जोड़े हुए भगवान की तरफ ऊपर देख रही हैं। स्त्रियां अपने परिवार की रक्षा हेतु सदैव पूजा-अर्चना करती हैं, यह इस प्रतिमा से स्पष्ट हो रहा है तथा इस सिद्धांत को कश्मीरी शिल्पकारों ने भी उकेरा है। यह प्रतिमा संभवतः एक भव्य आयोजन की थी। शाक्यमुनि ज्ञान मुद्रा में पद्मासन में कमलासीन हैं। बगल में दोनों तरफ स्तूप का अंकन किया गया है एवं माथे पर उर्णा का अंकन है।

मंजूश्री–आठवीं/नवीं शताब्दी–कश्मीर–पीतल एवं चांदी

क्लीवलैंड म्यूजियम ऑफ आर्ट–द्वारा–कॉरल्टन रॉचेल

मंजूश्री की यह एक दुर्लभ प्रतिमा है, जो चतुर्भुज है। यह प्रतिमा कश्मीर शैली का बेहतरीन नमूना है। शरीर की आनुपातिक माप नाभि, मुंह और नाक के आकार, चौड़े रूप में चांदी से निर्मित आकृति अपनी कई विशेषताओं के माध्यम से पहचानी जा सकती है। मंजूश्री दोहरे कमलाकार पर आसीन हैं। दाहिना हाथ वरदमुद्रा तथा दंड, बाएं हाथ में कमल एवं पुस्तक का अंकन, सिर पर मुकुट एवं गले में हार है तथा नीचे मंजूश्री के अभिलेख अंकित किए गए हैं।

शाक्यमुनि, मंजूश्री एवं अवलोकितेश्वर–कश्मीर–आठवीं शताब्दी

पीतल एवं चांदी–क्लीवलैंड म्यूजियम ऑफ आर्ट–द्वारा–क्रिस्टी

शाक्यमुनि बीच में सिंहासनासीन हैं। कश्मीर शैली के ही अनुसार दो शेरों का अंकन नीचे किया गया है तथा बीच में भारवाहक यक्ष है। शाक्यमुनि के दाहिनी तरफ मंजूश्री हैं जिनका दाहिना हाथ वरद मुद्रा में एवं बाएं हाथ में स्क्रॉल है जिसके ऊपर कमल पुष्प का अंकन है। बाईं तरफ अवलोकितेश्वर जिनका दाहिना हाथ वरद मुद्रा में एवं बाएं हाथ में कमलनाल है। शाक्यमुनि का दाहिना हाथ वरद मुद्रा में एवं बाएं हाथ में कुछ पकड़े हुए हैं। सभी पारदर्शक वस्त्र में हैं। शाक्यमुनि के सिर पर घुंघराले केश एवं प्रसणीय का अंकन अवलोकितेश्वर ने मुकुट धारण किया हुआ है। आंखों में चांदी का अंकन किया गया है।

इन प्रतिमाओं के अतिरिक्त भी बुद्ध, पंचध्यावी बुद्ध, तारा एवं मंजूश्री, अवलोकितेश्वर इत्यादि प्रतिमाओं को विभिन्न तरह से कलाकारों ने उत्कीर्ण किया है तथा इसमें कला के हुनर को देखा जा सकता है।

पाषाण कला

गणेश प्रतिमा–आठवीं शताब्दी–पाषाण–वेरीनाग, कश्मीर

श्री प्रताप सिंह संग्रहालय क्र.सं.3092

गणेश की यह प्रतिमा आठवीं शताब्दी में निर्मित है। यह अनंतनाग जिले के वेरीनाग नामक स्थल से प्राप्त हुई है। इस प्रतिमा का निर्माण गहरे भूरे रंग के छिद्र युक्त चमकदार पत्थर से किया गया है। व्याघ्र मुख सिंहासन पर गणेश विराजमान हैं जिसमें बायां पैर पालथी मुद्रा में मुड़ा हुआ है एवं पंजे के पास में नर सेवक का अंकन किया गया है। चतुर्भुज स्वरूप में तीन हाथ बिल्कुल सुरक्षित हैं। एक हाथ आंशिक रूप से खंडित है, दाहिनी भुजा में माला लिये हुए हाथ मुड़ा है। एक हाथ में सर्प दंड का अंकन किया गया है, बायां हाथ मुड़ा परंतु खंडित है। संभवतः चीवर या कोई चीज पकड़े हुए हैं, आगे के हाथ में मोदक से भरा हुआ कटोरा है। दोनों हाथों में कड़े का अंकन किया गया है। गले में बाघ नखरूपी हार अंकित है। पूर्व की भांति यहां पर भी सूंड़ में त्रिनेत्र का अंकन किया गया है। कानों का अंकन सामान्य रूप

से हाथी की तरह है, परंतु अंदर में केले के स्वरूप का रेखांकन प्राप्त होता है। किरीट (मुकुट) की गोलाई रूप में नक्काशीदार अंकन किया गया हैं। यहां यह विचारणीय है कि उत्तर भारत में निर्मित हो रही गणेश प्रतिमा में शिव लांछन का प्रयोग नहीं किया गया है। परंतु यहां पर शिव लांछन जैसे सर्पदंड, त्रिनेत्र, सर्प यज्ञोपवीत का अंकन प्राप्त होता है।

'सप्तमातृका'–आठवीं शताब्दी में सप्तमातृका के अंतर्गत देवी वाराही, वैष्णवी, देवी चामुंडा, देवी इंद्राणी, माहेश्वरी की प्रतिमा प्राप्त होती है, परंतु यहां पर सिर्फ देवी वैष्णवी का उल्लेख किया जा रहा है।

वैष्णवी–आठवीं शताब्दी–पाषाण–कश्मीर

श्री प्रताप सिंह संग्रहालय–क्र.सं.4009

श्री प्रताप सिंह संग्रहालय में प्रदर्शित पांचवीं शताब्दी से लेकर आठवीं शताब्दी तक की मूर्तियों में संभवतः यह पहली मूर्ति है, जिस पर अभिलेख अंकित है। इस मूर्ति पर शारदा लिपि में विवरण लिखा गया है। सातवीं शताब्दी के पूर्व शारदा लिपि का अंकन प्राप्त नहीं होता है। ललितादित्य मुक्तापीड के शासनकाल में निर्मित यह प्रथम प्रतिमा है, जिस पर लेख अंकित है। देवी वैष्णवी दो बाघों के ऊपर अर्द्धपद्मासन मुद्रा में पालथी लगाए हुए विराजमान हैं। देवी के पैरों के नीचे कमल पुष्प का अंकन किया गया है। दाहिनी तरफ बाघ के अंकन से उनकी रौद्रता दिखती है, जैसे वह आक्रमण मुद्रा में दांतों को खोले हुए हैं। बाईं तरफ का बाघ शांत मुद्रा में बैठा हुआ है जिसमें उसका सिर उसके दोनों पैरों के ऊपर आसीन है। देवी चतुर्भुज रूप में हैं, दाहिनी भुजा में पीछे की तरह कमलरूप में चक्र, आगे की तरफ वरद मुद्रा में अक्षमाला है। बाएं हाथ में अमृत घट (कलश) एवं संभवतः शंख को पांच उंगलियों के माध्यम से पकड़े गए हैं। दोनों भुजाओं में तीव्र का अंकन है

एवं कानों में नक्र-कुंडल अंकित किया गया है। सिर पर किरीट मुकुट तथा नेत्र एवं मुस्कान के साथ सौम्यता का भाव। शरीर सौष्ठव पूर्ण रूप से उचित मापदंड के अनुसार उकेरा गया है, जो युवा स्वरूप को दिखा रहा है। कमर पर कटिबंध के साथ पारदर्शक वस्त्रों का प्रयोग किया गया है। संपूर्ण मूर्ति को इसप्रकार से सज्जित किया गया है जैसे मानो देवी संवाद कर रही हैं। सिंह पर आसीन होने के कारण इन्हें सिंहवाहिनी लक्ष्मी भी कह सकते हैं।

अर्द्धनारीश्वर प्रतिमा (निचला भाग)–आठवीं शताब्दी, पाषाण एस.पी.एस. संग्रहालय, श्रीनगर कश्मीर–प्राप्ति स्थल–अवंतीपुरा क्रमांक संख्या 3075

अर्द्धनारीश्वर स्वरूप का धारण शिव जी ने ब्रह्मा को प्रकृति एवं पुरुष के विषय बिंदु को समझाने हेतु किया था। इसका उल्लेख 'विष्णु पुराण' के तृतीय खंड के अनुच्छेद 55 में श्लोक संख्या दो से चार में किया गया है।

अवंतीपुरा से प्राप्त खंडित अर्द्धनारीश्वर की यह प्रतिमा गहरे भूरे रंग के पाषाण से निर्मित है, जिस पर चमकदार पॉलिश की गई है। इस प्रतिमा पर लगी पॉलिश मौर्य काल एकाश्म स्तंभों की याद दिला देती है। शिव के अर्द्धनारीश्वर स्वरूप की इस प्रतिमा में ऊपर का भाग खंडित है। शास्त्रानुसार बाईं तरफ उमा का अंकन किया गया है। उमा के हाथों में नक्काशीदार चूड़ी एवं अंगूठे को अंदर की तरफ मुड़ते हुए देवी की उंगलियां मुद्रा भाव में प्रदर्शित हैं। संभवतः देवी ने घट भी पकड़ा हुआ है। घट के नीचे कार्तिकेय का अंकन किया गया है। कार्तिकेय अपने वाहन मयूर के साथ एवं मण्यादिजीत मुकुट धारण किए हुए हैं। मुख पर अग्नि के समान तेज का अंकन है, दाहिने हाथ में मुद्गल एवं मृसृंठी तथा बाएं हाथ में खड्ग एवं शर का अंकन है। प्रत्यालीढम मुद्रा के साथ वरमाला से सुशोभित दर्शाया गया है। दाहिने तरफ का शिव का भाग जो पूर्णतः खंडित है, परंतु नंदी का बहुत सुंदर अंकन किया गया है। नंदी यहां पर त्रिनेत्रधारी हैं। नंदी के मस्तक पर पंचमोतियों से अलंकरण टीका रूप में किया गया है। नंदी के नीचे प्रलंबपाद मुद्रा

में श्री गणेश विराजमान हैं। कश्मीर की कला की विशेषता के अनुरूप ही गणेश को विशेष मुकुट एवं प्रलंबपाद आसन में दिखाया गया है। गणेश चतुर्भुज हैं जिसमें दाईं एवं बाईं तरफ की एक भुजा घुटने पर रखे हुए हैं तथा बाईं तरफ मोदक पात्र है। सूंड़ में मोदक एवं दाहिने हाथ में भी संभवतः मोदक पात्र को ही पकड़े हुए हैं। गणेश त्रिनेत्री हैं एवं उनके कानों का आकार केले के गुच्छे जैसा है। धोती, यज्ञोपवीत का भी स्पष्ट अंकन है। प्रतिमा में सर्प माला का प्रयोग किया गया है तथा त्रिभंगी मुद्रा में यह प्रतिमा विराजमान है।

लिंगाद्भव मूर्ति–आठवीं शताब्दी, पाषाण–कश्मीर, क्लोराइट

कुकलीन म्यूजियम, यू.एस. ए.–क्रमांक संख्या 78.209

ब्रह्मा एवं विष्णु की सृष्टि–विधातृत्त्व का पारस्परिक झगड़ा चल रहा था कि सहस्त्र ज्वाला वाला अभय स्तंभ प्रकट हुआ। दोनों क्रमशः हंस और कच्छप के रूप को धारण कर पता लगाने लगे कि इस स्तंभ का आदि और अंत कहां है? अथवा विश्व का आदि और अंत कहां है? क्योंकि दोनों लोगों को यही लगता था कि विश्व की उत्पत्ति उन दोनों के द्वारा हुई है। परंतु जब दोनों लोग स्तंभ के चारों तरफ घूमते हुए आदि और अंत का पता नहीं लगा पाए तब थककर स्तंभ लिंग की प्रार्थना करने लगे। तत्पश्चात् महेश्वर का आविर्भाव हुआ और उन्होंने कहा, तुम दोनों ही मुझसे पैदा हुए हो और इसप्रकार हम तीनों एक ही हैं। प्राप्त प्रतिमा में ब्रह्मा एवं विष्णु के जिन गुणों को दर्शाया गया है, वह शिव को लिंगम रूप में देखते हैं। ब्रह्मा, विष्णु एवं शिव देवता हैं। परंपरागत रूप में ब्रह्मा को सृष्टिकर्ता, विष्णु को पालनकर्ता एवं शिव को संहारक के रूप में माना जाता है। ब्रह्मा को एक तपस्वी ब्राह्मण पुजारी के रूप में दिखाया गया है। ब्रह्मा के घुंघराले केश एवं कानों में बड़े-बड़े झुमके हैं। गुप्तकालीन शैली के अनुसार ही संन्यासी जैसे पारदर्शक वस्त्रों का प्रयोग किया गया है। बाएं हाथ में कमंडल, दाहिना हाथ नीचे की तरफ सीधा परंतु खंडित है। पैरों के पास में दो कलश दिखाए गए हैं। केंद्र में शिव का प्रतीक लिंग है तथा दाईं ओर चार भुजाधारी विष्णु

हैं। विष्णु अपनी विशेषताओं के साथ किरीट (मुकुट) एवं कुंडल पहने हुए हैं। गले में हार, दाहिने हाथ में शंख एवं बाएं हाथ में कमल धारित है। पृथ्वी की छोटी छवि को उनके पैरों के बीच दिखाया गया है। विष्णु के पैरों के पास दो भक्तगण हैं, जिसमें दाईं तरफ महिला एवं बाईं तरफ पुरुष आकृति है। 'विष्णु पुराण' के अनुसार इसप्रकार की ब्राह्मण प्रतिमा को सत, तम एवं रजस का प्रतिनिधित्व करने की संज्ञा दी गई है।

त्रिदेव मूर्ति–आठवीं एवं नौवीं शताब्दी–कश्मीर, पाषाण–मेट्रोपॉलिटन म्यूजियम

क्रमांक संख्या 1985.85

कश्मीर कला में निर्मित त्रिदेव की यह मूर्ति अत्यंत अनोखी एवं सुंदर है, जो मेट्रोपॉलिटन म्यूजियम में प्रदर्शित की गई है। ब्रह्मा, विष्णु एवं महेश तीनों देवताओं को यहां त्रिमुखी स्वरूप में दिखाया गया है। यहां पर तीनों प्रतिमाएं त्रिभंगी मुद्रा में हैं। ब्रह्मा के सिर पर जूड़े का अंकन है, जबकि शिव एवं विष्णु मुकुट धारण किए हुए हैं। तीनों देवताओं को वरमाला पहनाई गई है। ब्रह्मा ने संन्यासियों की तरह वस्त्र धारण किया है। आगे की बाईं भुजा खंडित है। दाहिने हाथ में अक्षमाला पकड़े हुए हैं, बाएं पैर के नीचे हंस का अंकन है। हंस ब्रह्मा जी की सवारी है। बीच में शिव दाहिने हाथ में त्रिशूल पकड़े हुए हैं तथा बाएं हाथ में संभवतः रुद्राक्ष माला धारण किए हैं। दाहिने मुख को भैरव रूप में निर्मित किया गया है एवं बाएं मुख को उमा रूप में निर्मित किया गया है। कश्मीरी शैली के अनुसार कानों में लंबा कुंडल एवं गले में हार के साथ यज्ञोपवीत है। दाहिने पैर के नीचे वृषभ का अंकन किया गया है। विष्णु जी के दाहिने तरफ वराह मुख एवं बाईं तरफ कच्छप, मुख्य कानों में कुंडल, गले में हार, दाहिनी तरफ कमल एवं बाएं हाथ का लांछन स्पष्ट नहीं है। बाईं तरफ दंड पुरुष, दाहिनी तरफ भोग देवी एवं विष्णु के पैरों के नीचे पृथ्वी का अंकन किया गया है।

यम अथवा धर्मराज प्रतिमा–पाषाण, आठवीं-नौवीं शताब्दी–कश्मीर

क्लीवलैंड म्यूजियम ऑफ आर्ट–फोटो क्रमांक : आर.वाई.फाई.आर 74

विष्णु धर्मोत्तर पुराण के तृतीय खंड, अनुच्छेद-51, श्लोक संख्या-15 में यम के प्रतिमा आकार का वर्णन किया गया है। यम सूर्यपुत्र हैं एवं दक्षिण दिशा में कपाल होने के नाते इन्हें दक्षिणावर्ती भी कहा जाता है। पुराण में यम के कई नामों का उल्लेख किया गया है जैसे धर्मराज मृत्यु, अंतका, वैयवस्वाता एवं काल आदि। यह प्रतिमा क्लीवलैंड म्यूजियम ऑफ आर्ट में रखी हुई है। प्रतिमा में यम को बीच में बैठाया गया है, इसके बाईं और दो स्त्री प्रतिमा एवं दाहिनी तरफ एक स्त्री प्रतिमा है। परंतु साथ ही दाहिनी तरफ का भाग खंडित भी है। सभी लोग प्रलंबपाद मुद्रा में आसीन हैं। यमराज के केश घुंघराले एवं दो चोटी जैसा केशों का अंकन किया गया है। आंख पूर्ण रूप से खुली हुई हैं, जबकि दोनों घुटनों पर दंड जैसा कुछ रखा हुआ है एवं दाहिने हाथ में लगाम जैसा कुछ पकड़े हुए हैं। बायां हाथ वर मुद्रा में नीचे की तरफ तथा बाएं कंधे पर संघाटी का अंकन है। यम के दाहिनी तरफ की स्त्री के सिर पर मुकुट, दाहिने हाथ में पाश तथा बाएं हाथ में लंबी गोल मुंह वाली कटोरी है। यह पात्र बाकी दोनों स्त्रियों के हाथ में नहीं है। बाईं तरफ की एक स्त्री के दाहिने हाथ में त्रिशूल है। त्रिशूल का आकार ऊपर एवं नीचे दोनों तरफ है। अन्य के हाथ में छोटा खट्वांग है। सभी स्त्रियों ने छोटा टियारा जैसा वस्त्र पहन रखा है एवं इनके क्रमशः नाम हैं–हेमा, माला, सुशीला एवं विजया। यहां पर चित्रगुप्त का अंकन नहीं दिख रहा है। संभवतः चित्रगुप्त की प्रतिमा खंडित हो गई होगी।

दुर्गा महिषासुरमर्दिनी–शैलखट पाषाण–कश्मीर

जेरेमी क्नोव्लेस गैलरी, लंदन

यहां दुर्गा को सोलह भुजाओं (उनमें से अधिकांश टूटी हुई और गायब) में अंकित किया गया है। देवी को यहां पर महिषासुर का वध करते हुए चित्रित किया गया है। आलिड़ा मुद्रा में खड़ी है और अपने वाहन सिंह के साथ हैं। अपने दाहिने हाथ में वह महिषासुर पर एक त्रिशूल (टूटा हुआ और गायब) के साथ हमला करने वाली है। अपने दूसरे दाहिने हाथ में वह एक लंबी खड्ग (तलवार), एक तरकश, जिसमें तीर और एक गदा है। बाएं हाथ में तीर है। बचे हुए हाथों में वह काकड़ा, बेल, धनुष धारण किए हुए हैं, जबकि अन्य बचे हुए हाथ को कात्यालविता मुद्रा में रखा गया है। दुर्गा मुस्कराते हुए शांत हो जाती हैं, क्योंकि वह शक्तिशाली आकाशीय रथ पर सवार सुशोभित हैं। छवि के निचले भाग को आश्चर्यजनक विवरण तथा आश्चर्यजनक रूप से सूक्ष्मता में रचा गया है, जो पहले वर्णित टेंगपुरा छवि के शिल्पशास्त्रीय विवरण से तुलनीय है, इस प्रतिमा में भैंस के रूप में पराक्रमी महिषासुर की उपमा दिख रही है, जो दुर्गा के वाहन सिंह द्वारा आक्रमण से भयाक्रांत भी है तथा बौखलाया भी। महिषासुर के वध के पश्चात् देवी के क्रोध को शांत करने हेतु शिव देवी के पैरों के नीचे लेट जाते हैं। जिस पर देवी का पैर पड़ने से उनका क्रोध शांत हो जाता है।

विष्णु प्रतिमा–विष्णु मधु एवं कैटभ वध–पाषाण–आठवीं शताब्दी- कश्मीर

माप-18 3/4 13 1/2 (47.63X33.02X8.89 से.मी.)–लॉस एंजेल्स काउंटी म्यूजियम ऑफ आर्ट–क्र.सं. (एम 83.72)

विष्णु की यह प्रतिमा हैरी काहन द्वारा एंजेल्स काउंटी म्यूजियम ऑफ आर्ट में उपहारस्वरूप प्रदान की गई थी।

मधु-कैटभ के वध से संबंधित अनेक कथाएं 'हरिवंश पुराण', 'मार्कंडेय पुराण', 'दुर्गा सप्तशती' इत्यादि ग्रंथों में प्राप्त होती हैं। जिसमें वर्णन मिलता है कि विष्णु के कानों के मैल से मधु एवं कैटभ नामक दो दैत्यों का जन्म हुआ, जो ब्रह्मा जी को डराने लगे; तब ब्रह्मा जी ने कमल नाल हिलाकर विष्णु जी को नींद से

जगाया; तब विष्णु ने दोनों दैत्यों से वर मांगने को कहा, जिस पर दैत्यों ने बोला कि हम शक्तिशाली हैं, तुम मुझसे वर मांगो, जिस पर विष्णु जी ने कहा, तुम दोनों की मृत्यु मेरे हाथों से ही हो, दैत्यों ने इसे स्वीकार किया। तब जाकर विष्णु ने मधु एवं कैटभ को अपनी जंघा पर रखकर उनके मस्तक को सुदर्शन चक्र से काट दिया। यह कथा 'महाभारत' के वनपर्व के 'मार्कंडेयसमख्या पर्व' के अंतर्गत अध्याय 203 में बताई गई है।

विष्णु की यह प्रतिमा अप्रतिम सौंदर्य को स्वयं में समेटे हुए है। विष्णु प्रलंबपाद आसन में विराजमान हैं तथा अष्टभुजाधारी हैं। ऊपर के दोनों हाथों में सूर्य एवं चंद्रमा का अंकन है, जिसे पुरुष एवं प्रकृति समझना चाहिए। अन्य हाथ में धनुष एवं बाण का अंकन है। दो भुजाओं से मधु एवं कैटभ को पकड़े हुए हैं तथा अपनी जांघों की तरफ वध हेतु खींचकर ला रहे हैं, जिससे दोनों दैत्यों के चेहरे पर भय स्पष्ट दिख रहा है। सामने के दोनों हाथों में शंख को पकड़े हुए ऊपर की तरफ ऐसे शंखनाद करने की प्रक्रिया में हैं जैसे युद्ध के लिए तैयार हों। विष्णु की प्रतिमा के पीछे प्रभामंडल का अंकन है। विष्णु किरीट मुकुट के साथ कानों में लंबा कुंडल, गले में हार, बाजूबंद, कड़ा, लंबी वनमाला पहने हुए हैं। मुख-मुद्रा शांत एवं सौम्य रूप धारण किए हुए है। दोनों पैरों के नीचे मातृभूमि का अंकन किया गया है। विष्णु की यह प्रतिमा अपने आप में अद्वितीय प्रतिमा है।

गजेंद्र मोक्षाना विष्णु–पाषाण–आठवीं/नवीं शताब्दी

माप-31/4 (8.3 से.मी.) 23/4 (7 से.मी.) 1/2 (1.3 से.मी.)

मेट्रोपॉलिटन म्यूजियम ऑफ आर्ट

गजेंद्र मोक्ष की कहानी को शिल्पकार ने अत्यंत आकर्षण के साथ उकेरा है। चतुर्भुज विष्णु के बाएं हाथ में ऊपर की तरफ गोलाकार पद्म एवं गदा, नीचे के हाथ में शंख तथा उसके नीचे का हाथ गज को सूंड़ से खींचते हुए अंकित है। दाहिना हाथ कुछ पकड़े हुए दर्शाया गया है। विष्णु के सिर पर छोटा-सा मुकुट एवं

कानों में बड़ा-सा कुंडल है। वनमाला कंधे के पीछे से होते हुए दोनों पैरों के बीच में नीचे तक लटकता हुआ है। दोनों पैरों के बीच मातृभूमि का अंकन है। गज के आगे का बायां पैर ऊपर की तरफ उठा हुआ एवं उसके नीचे मकर का अंकन किया गया है। 'नीलमत पुराण' में इस प्रतिमा को गजेंद्र मोक्ष प्रतिमा कहा गया है।[10]

स्थापत्य कला

मार्तंड मंदिर

मार्तंड मंदिर में प्रवेश द्वार के पश्चात् एक कुंड बनाया गया है, जिसमें जल भरा रहता था और सूर्य ग्रहण के पश्चात् उस जल से मंदिर को साफ किया जाता था। इस कुंड का जल प्रत्येक दिन बदला जाता था। इसके निकास के लिए पतली नाली बनी हुई है, जो आज भी द्रष्टव्य है।

मार्तंड मंदिर की बाहरी दीवारों तथा प्रकोष्ठ पर विभिन्न देवी-देवताओं का अंकन किया गया है। स्थानीय लोगों का कहना है कि यहां पर 365 देवी-देवताओं का अंकन किया गया था, जो वर्ष के प्रत्येक दिवस के अनुसार पूजनीय थे। आज भी कृष्ण, गणेश, लक्ष्मी, विष्णु तथा अन्य देवी-देवताओं के अंकन स्पष्ट रूप में प्राप्त होते हैं। इनके साथ ही गंगा तथा यमुना का भी अंकन है। गंगा-यमुना एवं अन्य आकृतियां उचित ढंग से रखरखाव न होने के कारण धूमिल पड़ चुकी हैं। परंतु अभी भी ये आकृतियां विराजमान हैं। गिरे हुए स्तंभ के किनारों पर भारवाहक यक्ष, द्वारपालिका, हाथी जैसे अंकन भी मिलते हैं। स्पष्ट रूप में यहां देवी लक्ष्मी, विष्णु, शिव, गणेश, कृष्ण इन सभी देवताओं की मूर्तियों का कोई भी मनुष्य स्वयं प्रत्यक्ष अवलोकन कर सकता है।

मार्तंड मंदिर स्थापत्य एवं अपनी तकनीकी विशेषताओं के कारण भी निस्संदेह अत्यंत उन्नत कोटि की स्थापत्य शैली का उदाहरण है। मार्तंड मंदिर में शिवलिंग भी देखने को मिलता है और कई शिवलिंग यहां अभी भी प्राप्त होते हैं।

कहने के लिए सूर्य मंदिर था, परंतु इस सूर्य मंदिर में ललितादित्य ने लगभग सभी हिंदू देवी-देवता एवं नवग्रह की स्थापना करवाई। जिस हिसाब से स्तंभों को एक-दूसरे से जोड़ने के लिए तकनीक का प्रयोग किया, नालियों का प्रयोग किया, कुंड का प्रयोग किया; वर्तमान समय में ऐसे अवशेष शायद ही किसी अन्य मंदिर में देखने को प्राप्त होंगे। मार्तंड मंदिर के पीछे के हिस्से में चार पंक्ति का लिखा हुआ अभिलेख भी प्राप्त होता है। गर्भगृह में प्रवेश हेतु ऊंची सीढ़ियों का प्रयोग किया गया है। यहां पर प्रदक्षिणा पथ, भोग मंडप के अवशेष भी मिलते हैं। ऐसा लगता है कि यहां पर नाट्य मंडप भी रहा होगा। इसका आधार यहां से प्राप्त ऊंचा चबूतरा है; संभवतः ऐसा भी प्रावधान रहा हो कि प्रत्येक प्रकोष्ठ में अलग-अलग झांकियां रखी गई होंगी।

शारदा पीठ

शारदा पीठ मंदिर कृष्णगंगा नीलम घाटी पाक अधिकृत जम्मू-कश्मीर में स्थित है। शारदा शब्द का अर्थ जहां सरस्वती देवी है, वहीं प्रभा या धारा भी होता है, क्योंकि यह तीन धाराओं के संगम पर स्थित है। शारदा पीठ न केवल मंदिर था वरन् ऐतिहासिक ग्रंथों से प्राप्त साक्ष्यों के आधार पर ऐसा ज्ञात होता है कि यह एक

प्रसिद्ध अध्ययन केंद्र था, साथ ही यहां एक बड़ा पुस्तकालय भी था। 11वीं शताब्दी में वैष्णव संत स्वामी रामानुज ने 'ब्रह्मसूत्र' का उल्लेख करने के लिए श्रीरंगम से शारदा पीठ की यात्रा की थी। शारदा पीठ का मंदिर रूप में वर्णन सर्वप्रथम 'नीलमत पुराण' से प्राप्त होता है। कुछ इतिहासकारों का विचार है कि शारदा मंदिर का निर्माण प्रथम चरण में कुषाण काल में तथा द्वितीय चरण में ललितादित्य मुक्तापीड के शासनकाल में हुआ था, परंतु अधिकांश विद्वानों का मत है कि शारदा पीठ मंदिर का निर्माण पूर्ण रूप से ललितादित्य मुक्तापीड के द्वारा ही किया गया था। वर्तमान स्थिति में शारदा पीठ पूर्ण रूप से खंडित हो चुका है। केवल गर्भगृह का ही भाग है। उसी प्राप्त भाग की स्थापत्य शैली के अध्ययन से ज्ञात होता है कि यह वही स्थापत्य शैली है जिसका प्रयोग ललितादित्य द्वारा मार्तंड मंदिर में किया गया है। मार्तंड मंदिर का प्रवेश द्वार, मेहराब एवं स्तंभों का जिस प्रकार से प्रयोग किया गया है, ठीक उसी तकनीक एवं वास्तु संरचना का प्रयोग शारदा पीठ मंदिर में किया गया है। प्राप्त अवशेषों के ध्यानपूर्वक अवलोकन से स्पष्ट होता है कि इसकी संरचना मार्तंड मंदिर की तरह है, परंतु इस विषय पर अधिक शोध की आवश्यकता है। वर्तमान परिस्थितियों के कारण इस पर पुरातात्त्विक अध्ययन एवं ऐतिहासिक अध्ययन नहीं हो पाया, लेकिन पुरातात्त्विक आधार को रखते हुए संरचना शैली पर बिना किसी हिचकिचाहट के स्वयं में ही परिलक्षित होता है कि इस मंदिर का निर्माण ललितादित्य द्वारा कराया गया होगा। शारदा पीठ मंदिर की बाहरी दीवार चौड़ी और 11 फीट लंबी है तथा 8 फीट ऊंचाई वाली मेहराब इस मंदिर में अंकित है।

उषकपुर

कल्हण ने अपनी पुस्तक 'राजतरंगिणी' में उषकपुर का वर्णन किया है कि उषकपुर की स्थापना कुषाण राजा हुविष्क द्वारा की गई तथा इसका नाम हुशकपुरा था। हुशकपुरा के लिए स्टीन महोदय ने कहा है कि चीनी यात्री ओ.यू. कांग ने इस स्थल को 'औंग-ती-बी-होओ-लो' कहा है जिसे स्टीन महोदय द्वारा इसी रूप में चिह्नित किया गया है। यह यात्री आठवीं शताब्दी में ललितादित्य के शासनकाल में आया था। 11वीं शताब्दी में आने वाले आगंतुक अलबरूनी ने इस स्थल को उष्कारा के नाम से संबोधित किया है, यह स्थल बारामूला के निकट स्थित है। उष्कारा में एक स्तूप है जिसका अवशेष वर्तमान समय में भी प्राप्त होता है। यह स्तूप ललितादित्य के शासनकाल में बौद्ध धर्मावलंबियों के लिए निर्मित किया गया था।

परिहासपुर

परिहासपुर जिसका शाब्दिक अर्थ है—हंसता अथवा मुस्कराता हुआ नगर। कल्हण ने वर्णन किया है कि परिहासपुर की स्थापना ललितादित्य द्वारा की गई थी।

परिहासपुर में स्थित स्तूप राज विहार एवं चैत्य के विशाल अवशेष अभी भी बिखरे हुए हैं।

स्तूप का निर्माण ललितादित्य की तिब्बत विजय के पश्चात् हुआ। चाकुण नामक एक तिब्बती सैनिक, जो इस विजय के पश्चात् ललितादित्य का विश्वासपात्र बन गया था, को राज्य द्वारा उपहारस्वरूप यह स्तूप प्रदान किया गया। उसे चाकुण अर्थात् मंत्री बनाया गया। स्तूप का आधार चौकोर है, बीच में सीढ़ी के द्वारा ऊपर की तरफ जाने का मार्ग है जिसके दोनों तरफ भारवाहक यक्ष का अंकन किया गया है।

स्तूप के भग्नावशेष के आधार से स्वतः परिलक्षित होता है कि स्तूप कितना विशाल रहा होगा। सम्राट ललितादित्य ने तिब्बत पर विजय प्राप्त की थी। इसका साक्ष्य न केवल 'राजतरंगिणी' में अपितु यहां स्तूप पर चित्रांकित किए हुए ड्रैगन के माध्यम से भी संभवतः स्पष्ट होता है, क्योंकि कोई भी राजा अपनी स्थापत्य शैली में किसी संस्कृति को तब सम्मिलित करता है, जब शासक कहीं और से आया हो या उसने उस स्थल को विजित किया हो। ऐसे बहुत-से उदाहरण कुषाण काल में ही प्राप्त होते हैं। ड्रैगन का अंकन तिब्बत एवं चीन में ही किया जाता है।

परिहासपुर स्तूप पर ड्रैगन का अंकन इस बात का प्रमाण हो सकता है कि ललितादित्य ने तिब्बत विजय की थी।

राज विहार

राज विहार में 26 कोठियों के साक्ष्य वर्तमान में प्राप्त होते हैं। इसके आकार से ही लगता है कि यह मठ काफी बड़ा एवं चौकोर ढांचे वाला रहा होगा। कक्ष के समक्ष एक बड़ा बरामदा है, जिसके सम्मुख एक ऊंचा पठार है तथा व्यापक संख्या में पत्थरों के अवशेष बिखरे हुए हैं। एक मिट्टी के घड़े में रखे हुए चांदी के सिक्के एक कोठरी से प्राप्त हुए थे। ऐसा वर्णन भारतीय पुरातत्त्व सर्वेक्षण से प्रकाशित जम्मू एंड कश्मीर मानव मैंस एंड साइज, नई दिल्ली 2019 के पृष्ठ 57 पर उल्लेखित है।

दो स्तरीय आधार पर चैत्य का निर्माण किया गया है जिसमें एक वर्गाकार गर्भगृह है, जो चारों तरफ से घेरे में है। गर्भगृह के पूर्व की ओर प्रवेश हेतु सीढ़ियां जाती हैं। यहां पर भी प्रवेश द्वार की सीढ़ियों पर ही भारवाहक यक्ष का अंकन किया गया है। भारवाहक यक्ष का अंकन परिहासपुर के स्तूप में भी दिखता है।

ललितादित्य ने अपने शासनकाल में ललित कला को भी पर्याप्त संरक्षण प्रदान किया था। ऐसे कई उदाहरण 'राजतरंगिणी' में प्राप्त होते हैं। लद्दाख क्षेत्र में भी स्थापत्य कला के नमूने यथा स्तूप संरचना मिली है जिसका आधार आठवीं शताब्दी का ही माना जाता है और ऐसा भी प्रतीत होता है कि तिब्बत विजय के पश्चात् ही इस क्षेत्र में यह कार्य किया गया होगा। इस क्षेत्र में स्थापत्य के अनेक साक्ष्य मिले हैं, जो श्रीनगर की धरा से लेकर विदेशों के संग्रहालय में शोभायमान हैं।

साहित्यिक साक्ष्यों में 'राजतरंगिणी' के अतिरिक्त 'फतेहनामा सिंध', अलबरूनी का 'तारीख-ए-हिंद', चीन के टेंग वंश का उल्लेख करने वाली पुस्तक 'जिंग टेंग शु' में ललितादित्य मुक्तापीड के अदम्य शौर्य तथा उसके शासन में संस्कृति के विविध क्षेत्रों में विकास का उल्लेख मिलता है।

आधुनिक युग में रमेश चंद्र मजूमदार तथा अन्य इतिहासकारों ने सर्वप्रमुखता से स्वीकार किया है कि ललितादित्य मुक्तापीड ने कन्नौज सम्राट यशोवर्मन को परास्त किया था जबकि यशोवर्मन एक प्रतापी शासक था। रानी रट्टा ने विदेशी

आक्रमणकारियों से रक्षा हेतु ललितादित्य से सहायता मांगी जिसे ललितादित्य ने पूर्ण किया तथा मित्रता भी की, यह रानी रट्टा और कोई नहीं बल्कि राष्ट्रकूट रानी भवांना थी, ऐसा कई इतिहासकार मानते हैं।

ऐसे अनेक साक्ष्य हैं, जो हमारे इतिहास में धूमिलावस्था में हैं, जिनके संकलन मात्र से स्पष्ट होगा कि सम्राट ललितादित्य मुक्तापीड किसी भी प्रकार से किसी अन्य ख्याति प्राप्त सम्राट से पीछे नहीं थे वरन् वे संभवतः सबसे शक्तिशाली थे, संदर्भ ग्रंथों का उल्लेख नहीं है। कश्मीर के इतिहास के संबंध में और शोध के माध्यम से इस बात को स्पष्ट किया जा सकता है।

संदर्भ सूची–

1. पाठक, विशुद्धानंद, (2011). 'उत्तर भारत का राजनीतिक इतिहास', 190, उत्तर प्रदेश हिंदी संस्थान
2. मिश्र, उमेश कुमार, (2009). 'राजतंरगिणी और कश्मीर नरेश', 55, हिंदुस्तानी एकेडेमी
3. वही, पृ. 55
4. चंद्र, सुनील राय, (1957). 'अर्ली हिस्ट्री एंड कल्चर ऑफ कश्मीर', 47, कलकत्ता
5. कनिंघम, 'एन्सिएंट ज्योग्राफी', पृ. 90-92 एवं विशुद्धानंद पाठक, 5 वही, पृ. 191
6. मजूमदार 'क्लासिकल एज', पृ. 133 एवं भरत सिंह (क्वार्टर की रिव्यू ऑफ दी हिस्टीरिकल स्टडीज, पृ. 89)
7. विरमानी, मदनलाल, 'दिग्विजय सम्राट ललितादित्य मुक्तापीड, पृ. 19
8. पांडेय, रामतेज शास्त्री, (2005). 'राजतरंगिणी', 85-88, वाराणसी : चौखंबा संस्कृत प्रतिष्ठान
9. सिंह, ओंकारनाथ, 'गुप्तोत्तरकालीन उत्तर भारतीय मुद्राएं' (600-1200 ई.), 020-121, वाराणसी : विश्वविद्यालय प्रकाशन
10. Kumari, Dr. Ved, the Nilmat Puran, Jammu and Kashmir Academy of Art Culture and Languages Srinagar 1973, IIV 1199-1207.

□

कला वैशिष्ट्य

अवतार मोटा
अनुवाद–नंदिनी सिन्हा

कश्मीर एक ऐसी जगह है, जो प्राचीन प्राकृतिक सुंदरता से संपन्न है। यहां के विविध मौसमों के माध्यम से इसके वैभव को देखा जा सकता है, जो इसके परिदृश्य पर विभिन्न रंगों को प्रस्तुत करता है। कश्मीर में वसंत का मतलब रंगीन फूलों की बहुतायत है तो हल्की गर्मी में चारों तरफ हरियाली रहती है, राजसी चिनार के पेड़ों के माध्यम से भव्य शरद ऋतु के सुनहरे रंग परिलक्षित होते हैं और सर्दी के मौसम में हर जगह सफेद बर्फ का आकर्षण रहता है। कश्मीर के बारे में, संस्कृत के कवि कालिदास लिखते हैं–"यह जगह स्वर्ग से भी अधिक सुंदर है और यह परम आनंद और खुशी देने वाली है। ऐसा लगता है कि में यहां अमृत की झील में स्नान कर रहा हूं।"

ग्यारहवीं शताब्दी के संस्कृत के कवि बिल्हण कहते हैं कि–"निश्चित रूप से, कविता और केसर (कुमकुम) एक मां से पैदा होने वाले अकेले असली भाई होते हैं। मैंने उन्हें शारदा देश (कश्मीर) को छोड़कर कहीं भी एक साथ बढ़ते नहीं देखा है।"

'राजतरंगिणी' (1148-50) में कल्हण ने कश्मीर को अपनी श्रद्धांजलि इस तरह दी–

"यह एक ऐसा देश है जहां सूर्य हल्के से चमकता है, कश्यप (कश्यप ऋषि) द्वारा निर्मित स्थान, यहां के बड़े और शानदार घर, केसर, बर्फीले ठंडे पानी और दुर्लभ अंगूर की इस स्वर्ग में बहुतायत है। कैलाश (यहां शिव के निवास को नंदिक्षेत्र में संदर्भित करता है) का तीनों लोकों (त्रिलोक) में सबसे उत्तम स्थान है, कैलाश में हिमालय सर्वश्रेष्ठ स्थान है और हिमालय में सबसे उत्तम स्थान कश्मीर है।" कल्हण, नंदिक्षेत्र, द्रास के बर्फ से ढके पहाड़ों के क्षेत्र, महादेव, बालटाल को कैलाश से या कश्मीर में शिव के निवास से जोड़ते हैं।

कश्मीर की यात्रा कर चुके कई यात्रियों और उल्लेखनीय लोगों द्वारा इस विवरण को दोहराया गया है। रचनात्मक क्षेत्रों से जुड़े लोगों के लिए यहां की नदियां, घास के मैदान, पहाड़ियां, बर्फ से ढकी चोटियां, झीलें, फूल, वनस्पतियां और जीव प्रेरणा के स्रोत रहे हैं, जो किसी भी व्यक्ति को प्रकृति से जोड़ने के लिए पर्याप्त हैं। प्राचीन काल से ही विभिन्न क्षेत्रों जैसे साहित्य, कला और कश्मीर की सदियों पुरानी सांस्कृतिक विरासत के रूप में ऐसी प्रेरणा के चिह्न दिखाई देते हैं।

कश्मीर का 'नीलमत पुराण', हमें प्राचीन कश्मीर की मूर्तिकला और चित्रकला के बारे में बताता है। इस पुस्तक में केशव (विष्णु), सेसा, कामदेव, ब्रह्मा, अनंत और बुद्ध के पत्थरों और धातुओं जैसे तांबे, पीतल, चांदी और सोने से बनाए गए चित्रों के कई उद्धरण मौजूद हैं। साथ ही यह भी पुष्टि करता है कि इन चित्रों को चैत्य में सजाए जाने के अलावा, कपड़ों (पट) पर भी चित्रित किया गया था।

'नीलमत पुराण' : "आषाढ़ के महीने में, केशव (विष्णु) की मूर्ति, सेसा के रूप में शय्या पर सोते हुए, पत्थर, मिट्टी, सोना, लकड़ी, तांबा, पीतल, चांदी से बनी होनी चाहिए या उन्हें चित्र में चित्रित किया जा सकता है।" ('नीलमत पुराण', डॉ. वेद कुमारी घई, वॉल्यूम 2, पृष्ठ 109)

"चैत्र के 13वें दिन एक कपड़े पर चित्रित कामदेव की पूजा विभिन्न प्रकार की मालाओं और विविध धूपों के साथ की जानी चाहिए।" ('नीलमत पुराण', डॉ. वेद कुमारी घई, वॉल्यूम 2, पृष्ठ 171)

यह किसी भी संदेह से परे सिद्ध है कि शिल्पशास्त्र, नाट्यशास्त्र और वास्तुशास्त्र के मूलभूत सिद्धांतों का उपयोग प्राचीन और मध्यकालीन कश्मीर में कला और शिल्प, मंदिर वास्तुकला, चित्र, मूर्तिकला और हिंदू मूर्ति शिल्प (आइकॉनोग्राफी) में किया गया था। इस संदर्भ में, चित्रसूत्र और नाट्यशास्त्र का प्रभाव कश्मीर के चित्रों और मूर्तियों में स्पष्ट रूप से देखने को मिलता है।

कई विद्वानों और कला इतिहासकारों द्वारा यह माना गया है कि मंदिर निर्माण, चित्रकारी और चित्र कला पर सबसे प्राचीन पाठ, जिसे 'विष्णुधर्मोत्तर पुराण' के चित्रसूत्र के रूप में जाना जाता है, का संकलन कश्मीर के विद्वान ब्राह्मणों द्वारा किया गया था। यह प्राचीन भारत के हिंदू मूर्ति शिल्प पर सबसे विस्तृत पाठ है। यह पाठ एक मूल मार्गदर्शिका है, जिसमें बताया गया है कि कैसे पुरुषों और महिलाओं को एक पेंटिंग में चित्रित किया जाना चाहिए। कलाकारों के लिए चित्रसूत्र में स्पष्ट दिशा-निर्देश दिए गए हैं कि देवताओं, राजाओं और अन्य

लोगों की छवियों से संबंधित व्यापक विशेषताएं कैसे बनाई जानी चाहिए। हमें बताया गया है–

1. "एक महिला की आकृति को एक पैर के साथ दर्शाते हुए कैसे एक शांत मुद्रा में बनाया जाना चाहिए और कूल्हों तथा फैले हुए कमर के भाग के साथ कामुक क्रीड़ा करते हुए दर्शाना चाहिए।"
2. "आंखों को सुकून देने के लिए बनाई गई चित्रकला को बड़ी बुद्धिमत्ता और सरलता के साथ उकेरा गया है और इसके गुण खुशी देने वाले होते हैं, जिसमें सुंदरता और आकर्षण उल्लेखनीय हैं।

चित्रसूत्र में विस्तृत दिशा-निर्देशों के अलावा, कश्मीर के कलाकारों और मूर्तिकारों को नाट्यशास्त्र का अच्छा ज्ञान था। कश्मीर में बनाई गई पत्थर या धातु की मूर्तियां नाट्यशास्त्र में बताई गई स्थायीभाव और रस पर आधारित हैं। मूर्तियों में भी मानव आकृतियों के चेहरे, पोज, स्टांस और बॉडी लैंग्वेज पर ध्यान देने वाली बात स्थायीभाव और रस को प्रकट करती है। कश्मीर में अवंतीपोरा की मूर्तियां और नक्काशी नाट्यशास्त्र का पर्याप्त प्रभाव दिखाती हैं। पांचवीं और छठी शताब्दी ई. से संबंधित कुछ टेराकोटा छवियों में नाट्यशास्त्र के दिशा-निर्देश मिले हैं। हालांकि इनमें से अधिकांश कीमती खजाने कश्मीर से बाहर ले जाए गए हैं, जिसे दुनिया भर में कई व्यक्तियों या संग्रहालयों के संरक्षण में रखा गया है। यह उल्लेख करना काफी प्रासंगिक है कि नाट्यशास्त्र पर अभिनव भारती का सबसे अधिक अध्ययन किया गया है जिसे कश्मीर के अभिनवगुप्त द्वारा लिखा गया है, जिन्होंने नाट्यशास्त्र को नाट्यवेद के रूप में संदर्भित किया है।

डॉ. जॉन गाइ, सीनियर क्यूरेटर, मेट्रोपॉलिटन म्यूजियम ऑफ आर्ट, न्यूयॉर्क, बताते हैं–"भारत में कश्मीर से शुरू हुई मंदिर की मूर्तियां दक्कन तक भरतमुनि के नाट्यशास्त्र के अनुरूप नृत्य रूपों को दर्शाती हैं। प्राचीन काल से मंदिर वे स्थान हैं, जिनमें उस विशेष क्षेत्र में प्रचलित कई नृत्य रूपों का वर्णन किया गया था।"

ऐसी भूमि जो इतनी सुंदर है, वह अपने वास्तविक अभ्यास से अनभिज्ञ नहीं रह सकती है। यह भी एक तथ्य है कि प्राचीन भारतीय सौंदर्यशास्त्र में कश्मीर मूल के कुछ सबसे बड़े योगदानकर्ता थे।

प्राचीन और प्रारंभिक मध्ययुगीन कश्मीर अब पूरे दक्षिण एशिया में कला के इतिहास में सबसे महत्त्वपूर्ण केंद्र के रूप में पहचाना जाने लगा है। कला की यात्रा, अनिवार्य रूप से मूर्तियां (पीतल, कांस्य और पत्थर), चित्रकला, सचित्र

पांडुलिपियां और कश्मीर से तिब्बत, चीन और मध्य एशिया तक की दीवार पेंटिंग अब एक तथ्य के तौर पर मौजूद है। गुप्त काल के बाद के मध्य एशिया और अफगानिस्तान के कुछ हिस्सों के साथ कश्मीर के मजबूत संबंध भी स्थापित हुए थे। कल्हण ने अपनी पुस्तक 'राजतरंगिणी' के काव्य श्लोकों में कश्मीर में कई धातु की मूर्तियों और प्रतिमाओं के बारे में बताया है। पीतल, कांस्य और पत्थर की कई मूर्तियों को श्रीनगर के एस.पी.एस. संग्रहालय में रखा गया है, जबकि कई मूर्तियों को दुनिया भर के संग्रहालयों में देखा जा सकता है। बोधिसत्त्व के कई चित्र (पेंटिंग) लद्दाख, तिब्बत और पश्चिमी हिमालय के मठों में पाए गए हैं, जिन्हें कश्मीर में वापस देखा जा सकता है।

बौद्ध धर्म के साथ संबद्धता

ज्ञान और बौद्ध धर्म का प्रसार करने के लिए कश्मीर से कई विद्वान वर्तमान कोरिया की तरह अन्य दूर देशों में गए। उन सभी को दुनिया भर में वर्तमान बौद्ध विद्वानों द्वारा उच्च सम्मान दिया गया। तिब्बती विद्वान-अनुवादक रिनचेन जंगपो की जीवनी कश्मीर, तिब्बत, लद्दाख, गिलगिट और अन्य स्थानों के बीच प्राचीन और मध्ययुगीन सभ्यता और संस्कृति पर अधिक प्रकाश डालती है। जंगपो (958-1055 ई.) कश्मीर के शैव विद्वान अभिनवगुप्त के समकालीन थे। यह पुस्तक हमें बताती है कि कश्मीरी ब्राह्मणों ने हिमालय में दीवार पेंटिंग, छवि और भित्ति निर्माण और परचित्र बनाने की कला विकसित की। यह जंगपो था, जिसने कश्मीरी चित्रकारों को दीवार पेंटिंग और मूर्तियां बनाने की कला से जोड़ा। तिब्बत, लद्दाख और हिमाचल प्रदेश की पहाड़ियों में कुछ मठों के साथ कश्मीर में उपलब्ध मूर्तियों या चित्रित पैनलों के बीच शैलियों और रूपों की समानता निर्णायक रूप से एक कड़ी को स्थापित करती है। तिब्बत में उपलब्ध सबसे प्रबुद्ध पांडुलिपियां कश्मीरी शैलियों के लिए पर्याप्त गवाही देती हैं।

कोलंबस में ओहियो स्टेट यूनिवर्सिटी में प्रोफेसर सुसान एल. हटिंगटन और 'द आर्ट ऑफ एनशिएंट इंडिया : बौद्ध, हिंदू, जैन' के लेखक लिखते हैं : "कश्मीर की बौद्ध कला ने उत्तरी और पूर्वी आंदोलनों के लिए कल्पना और प्रभाव के स्रोत के रूप में कार्य किया। चीन में यूकांग (Yunkang) गुफाओं, आंतरिक एशिया के विभिन्न स्थलों से दीवार पेंटिंग, विशेष रूप से क्विझल (Qizil) और तुन-हुआंग (Tun-huang) और जापान से कुछ मूर्ति-भजन संबंधी (आइकॉनोग्राफिक) पांडुलिपियों का मूल्यांकन कश्मीर को एक संभावित स्रोत के रूप में, ध्यान में रखते हुए किया जाना चाहिए। एशिया के माध्यम से बौद्ध कला के प्रसारण की पूरी

समझ कश्मीरी कला के अधिक से अधिक ज्ञान को विकसित करने पर निर्भर है।''

गिलगिट पांडुलिपि पेंटिंग्स की खोज ने 7वीं शताब्दी और पहले की अवधि से संबंधित कश्मीर की पेंटिंग्स की व्याख्या के लिए एक विश्वसनीय आधार प्रदान किया। इस काल की कश्मीरी पत्थर की मूर्तियां गिलगिट पांडुलिपि चित्रों के साथ शैली और विषय में समानताएं रखती हैं। इस अवधि के चित्रों और मूर्तियों में शरीर की मांसपेशियों, गहने, वेशभूषा और शरीर के अंगों को उजागर करने जैसी विशेषताएं पाई जाती हैं, जबकि दोनों की प्रतिमा भारतीय परंपरा में निहित है। मंग-नग (Mang-Nang) की दीवार पेंटिंग और थालिंग (Thaling) की पांडुलिपि के चित्र, जिसकी खोज पश्चिमी तिब्बत में की गई, उन्हें कश्मीर के चित्रकारों द्वारा बनाए जाने की बात को अब स्वीकार किया गया है। इन चित्रों ने चित्रकारों के कश्मीर के साथ स्पष्ट संबंध को बताया है। इन चित्रों में कश्मीर में उस समय की कांस्य छवियों का पर्याप्त प्रतिबिंब है, इसके अलावा समकालीन डिजाइनों और आभूषणों के साथ समकालीन कश्मीरी परिधान हैं।

कश्मीर में सम्राट ललितादित्य और अवंतिवर्मन के काल में कला

ललितादित्य ने दक्षिण कश्मीर में मट्टन शहर के पास पठार पर मार्तंड सूर्य मंदिर का निर्माण किया। मंदिर का स्थान उस काल के कश्मीरी शिल्प कौशल की योग्यता और विशेषज्ञता को साबित करता है। ऐसा कहा जाता है कि इस मंदिर से पूरी लिद्दर घाटी और वर्तमान के बिजबेहरा शहर के पास स्थित विजयेश्वर मंदिर परिसर को देखा जा सकता है।

ऐसा माना जाता है कि मार्तंड सूर्य मंदिर चित्रों से सजाया गया था। माना जाता है कि यह सूर्य मंदिर, रोमन, बाइजेंटाइन, सासानी और गुप्त काल की धाराओं का परिणाम है। दुर्भाग्य से, कई मंदिरों की तरह, कश्मीर के सुल्तान सिकंदर बुतशिकन के शासन के दौरान इसका विध्वंस कर दिया गया।

ललितादित्य ने श्रीनगर शहर के पास एक पठार पर परिहासपुर नामक नगर की स्थापना की जिसमें विष्णु, शिव और बुद्ध की पत्थर की नक्काशीदार मूर्तियां और चित्र थे। कल्हण की 'राजतरंगिणी' के चौथे तरंग के 136 से 216 श्लोक के अनुसार, इस बस्ती के मंदिरों में परिहासकेशव, मुक्त केशव और गोवर्धनधरा की छवियां थीं, जो चांदी और सोने से बने गरुड़ (विष्णु का प्रतीक) के साथ होती थीं। वर्तमान में संपूर्ण परिहासपुर एक खंडहर बन चुका है।

ललितादित्य के बाद अवंतिवर्मन (855-883 ई.) के शासन के दौरान कश्मीर की काफी समृद्धि हुई। अवंतिवर्मन ने दो मंदिरों का निर्माण करवाया और

उन्हें कश्मीर के ब्राह्मणों को भेंट में दिया। अवंतिस्वामिन विष्णु को समर्पित था, जबकि अवंतिश्वर शिव को। श्रीनगर शहर से लगभग 20 किलोमीटर दूर अवंतिपुरा में श्रीनगर-जम्मू राजमार्ग पर स्थित अवंतिस्वामिन और अवंतिश्वर मंदिरों की खुदाई में कुछ दिलचस्प मूर्तियों की खोज की गई थी। अवंतिस्वमिन मंदिर से नक्काशी की हुई मूर्तियां बड़ी संख्या में प्राप्त हुईं। मंदिर की संरचनाएं वर्तमान में एक खंडहर में तब्दील हो गई हैं। अवंतिपुर में खुदाई की गई पत्थर की छवियों की जांच से यह ज्ञात होता है कि कश्मीर ने अवंतिवर्मन के शासन के दौरान मूर्तिकला में एक विशिष्ट शैली को अपनाया था। दोनों मंदिर एक-दूसरे के करीब हैं।

श्रीनगर-बारामूला मार्ग पर पट्टन के पास अवंतिवर्मन के पुत्र शंकरवर्मन द्वारा निर्मित नक्काशीदार पत्थर के चित्रों के साथ सुगंदेश और शंकर गौरीसा मंदिरों के खंडहरों को भी देखा जा सकता है।

श्रीनगर के एस.पी.एस. संग्रहालय और देश के कुछ अन्य संग्रहालयों के अलावा, मैंने यू.एस. के कई संग्रहालयों में कश्मीर की धातु (विशेष रूप से पीतल और कांस्य) की मूर्तियां देखीं। न्यूयॉर्क के मेट्रोपॉलिटन म्यूजियम ऑफ आर्ट में कश्मीर की पत्थर और धातु की मूर्तियों का समृद्ध संग्रह है। न्यूयॉर्क के 17वीं स्ट्रीट वेस्ट में स्थित रुबिन म्यूजियम में मध्ययुगीन कश्मीर, पश्चिमी हिमालय और तिब्बत की कुछ दुर्लभ कलाकृतियां हैं। कश्मीर की गजदंत मूर्तियों को तब तक पहचान नहीं मिली जब तक कि अमेरिका और यूरोप के विभिन्न संग्रहालयों में कुछ ऐसी कलाकृतियां नजर नहीं आने लगीं।

कश्मीर की चित्रकला

कश्मीर में चित्रकला की यात्रा को इस भूमि के इतिहास को जानने के बाद अच्छे से समझा जा सकता है। हम इसे चार चरणों की यात्रा के रूप में संक्षेप में प्रस्तुत कर सकते हैं : विकासक्रम, विकसितक्रम, दमन और अंततः पुनर्जन्म। इन अवधियों को इसप्रकार विभाजित किया जा सकता है; जिसमें प्राचीन में विकासक्रम, मध्ययुगीन में विकसित होना, 14वीं शताब्दी से 16वीं शताब्दी के अंत तक दमन और उपेक्षा (सुल्तान जैनुल आब्दीन के शासन के अपवाद के साथ) और अंत में मुगलों के आगमन के साथ शुरू हुआ पुनर्जन्म।

कश्मीर की कलात्मक परंपरा की उपेक्षा और दमन 14वीं शताब्दी से शुरू हो गया जब कश्मीर का सिंहासन सुल्तानों के हाथों में आ गया। आधिकारिक संरक्षण की कमी और धार्मिक उत्पीड़न ने इस अवधि के दौरान कला के ह्रास में महत्त्वपूर्ण भूमिका निभाई। सुल्तान सिकंदर 'बुतशिकन' के शासन के दौरान मंदिरों

के विध्वंस और उसके बाद कश्मीर के कलात्मक खजाने के साथ खिलवाड़ हुआ। पुराने हिंदू और बौद्ध कलात्मक साक्ष्य कश्मीर घाटी के परिदृश्य से लगभग मिट गए। इतिहास की किताबों में कई संदर्भ सामने आते हैं, जो हमें बताते हैं कि कश्मीर घाटी में अनगिनत मूर्तियां थीं, जिनमें सुंदर मूर्तियां, पत्थर की नक्काशी और दीवार पर की गई चित्रकारी थी। चूंकि मंदिरों को ध्वस्त कर दिया गया था और जमीन पर गिरा दिया गया था, इसलिए कोई भी दृश्य प्रमाण कहीं भी मौजूद नहीं है। इस अवधि को कश्मीर में दृश्य कला के लिए काला समय कहा जा सकता है। इतिहास की किताबों में या और कहीं कश्मीर के किसी भी मध्यकालीन सुल्तान के बारे में उल्लेख करने लायक कोई भी संदर्भ नहीं पाया जा सकता है, जो कला और मूर्तिकला को प्रोत्साहित करता है, शानदार सुल्तान जैनुल आब्दीन को छोड़कर जब यह कश्मीर की पारंपरिक कलाओं जैसे शॉल बनाया, अखरोट की लकड़ी पर नक्काशी, पेपर मैशे, कालीन की बुनाई, नमदा बनाना और तांबे की नक्काशी को निखारा गया। हमें सुल्तान जैनुल आब्दीन के शासन के दौरान इतिहास की पुस्तकों में चित्रों के कुछ संदर्भ मिलते हैं। मुल्ला जामिल, उनके दरबारी संगीतकार भी एक प्रसिद्ध संगीतकार थे।

कश्मीरी लोगों के सौभाग्य से एक विकसित कागज उद्योग है। पेपर मैशे उद्योग में कागज का इस्तेमाल कच्चे माल के रूप में कई शताब्दियों से किया जाता था। पेपर मैशे फ्रेंच भाषा का शब्द है जिसका मतलब चबाया हुआ कागज है। पेपर मैशे एक मिश्रित सामग्री है जिसमें कागज के गूदे के साथ गोंद मिलाया जाता है, जो सूखने पर जम जाती है, और फिर एक कुशल कलाकार द्वारा उस पर पेंट किया जाता है। पेपर मैशे में अभी भी सोने की पेंट के साथ अति सुंदर पेंटिंग की जाती है, जिसमें शाखाओं और पत्तियों या पुरुषों और जानवरों की आकृति के साथ छोटे पेड़ों की श्रृंखला को बनाया जाता है। यह कला ज्यादातर कश्मीर में शिया समुदाय द्वारा की जाती थी, जो बहुत विस्तृत होती है।

अपने शासन के दौरान सुल्तान जैनुल आब्दीन ने कई धार्मिक ग्रंथों को प्रकाशित और चित्रित करवाया। मध्य एशिया और यूरोप के कुछ संग्रहालयों या पुस्तकालयों में, सुल्तान जैनुल आब्दीन के काल से संबंधित कश्मीरी मूल की सचित्र पांडुलिपियां रखी गई हैं। ये पांडुलिपियां कश्मीर में इस उदार सुल्तान के शासन के दौरान संरक्षण और समृद्ध कला के बारे में बताती हैं, जो खुद कला शिल्प के महान संरक्षक थे। सुल्तान जैनुल आब्दीन के शासन के दौरान हुए शिल्पगत कार्यों को कागज पर दर्ज किया गया, तदुपरांत उनका दस्तावेजीकरण

किया गया, जिसका उपयोग बाद में कारीगरों ने वास्तुकला, कालीन बुनाई, शॉल बनाने, अखरोट की लकड़ी की नक्काशी और पेपर मैशे पर बनाई पेंटिंग में किया। यह शाही संरक्षण उनकी मृत्यु के बाद गायब हो गया और इस कला और शिल्प का विकास व्यक्तियों (कलाकारों) पर छोड़ दिया गया।

मुगल शासन के दौरान कश्मीर में कला

मुगलों के आने के बाद ऐसा प्रतीत होता है कि कश्मीरी कलाकारों ने एक बार फिर से अपनी कोशिश शुरू की। मुगल राजा कश्मीर घाटी की अपनी यात्रा पर कई दरबारी चित्रकारों को अपने साथ ले आए। उन्होंने घाटी में चित्रकारी की और फारसी में पांडुलिपियों को तैयार किया। स्थानीय कलाकारों के साथ उनकी बातचीत कहीं भी दर्ज नहीं की गई, हालांकि कई किताबें हमें बताती हैं कि अकबर, जहांगीर और शाहजहां के पास कश्मीर के कई कलाकार थे। इस श्रेणी में कुछ प्रमुख नाम मुहम्मद हुसैन जरीन कलम, जैनुल आब्दीन, कमल कश्मीरी, हैदर कश्मीरी, दाउद कश्मीरी और याकूब कश्मीरी हैं। जहांगीर के दरबार में कुछ कश्मीरी कलाकार थे।

मुगल शासन में कला के पुनरुद्धार के बाद, कश्मीरी कलाकारों द्वारा कश्मीर में या कश्मीर के बाहर किए गए चित्रों को शारदा, गुरुमुखी, फारसी और संस्कृत में लिपिबद्ध सचित्र/प्रबुद्ध धार्मिक पांडुलिपियों में देखा जा सकता है। इन पांडुलिपियों में 'रामायण', 'महाभारत', 'गुरु ग्रंथ साहिब', 'शिव पुराण', 'भागवत पुराण' और हिंदू व सिख धर्मों से संबंधित कई संदर्भ हैं। इन चित्रों को हाफिज शेख सादी, निजामी, खमसा और कई अन्य चित्रकारों ने बनाया जिसे फारसी ग्रंथों की सचित्र/प्रबुद्ध पांडुलिपियों में भी देखा जा सकता है। ये पेंटिंग ज्यादातर अज्ञात कश्मीरी ब्राह्मण या मुस्लिम कलाकारों द्वारा बनाई गई हैं। इन सभी पांडुलिपियों में पेंटिंग का श्रेय कश्मीरी चित्रकारों और शास्त्री को दिया गया है, जो कश्मीर घाटी में या वहां से बाहर रहते थे। ये पेंटिंग कश्मीरी पंडितों की पुरानी कुंडली में भी देखी जाती हैं। कश्मीर के लघुचित्रों को सजावटी रूपांकनों और पैटर्न से जोड़ा गया था, जो आमतौर पर मुख्य विषय के ढांचे का गठन करते थे।

मोटे तौर पर, कश्मीर के चित्रों की कुछ प्रमुख विशेषताएं हैं–

1. इनमें कई शैलियों का सम्मिश्रण है। एक पहाड़ी सार के साथ मुगल तत्त्वों के निशान दिखाई देते हैं।
2. चित्रों में सजावट या फूलों का किनारा होता है, लेकिन अक्सर कलाकार इन किनारों के भीतर अपने मूल कार्य को नहीं करता है।

3. इन कलाकारों के पास चित्रों में जगह की कमी की धारणा है।
4. कलाकार का यथार्थवाद या प्रकृति के प्रति प्रतिबद्धता भी सख्त नहीं है।
5. इनमें मानव आकृतियां छोटी होती हैं और कुछ कहानियों या धार्मिक कहानियों को बताने पर ज्यादा जोर देते हैं।
6. कश्मीरी चित्रों में इस्तेमाल किए गए रंग विशिष्ट हैं। केसरिया, हरा, हल्का पीला और नीले रंगों का उदारतापूर्वक उपयोग किया जाता है।
7. आमतौर पर, कालोफोन पर हस्ताक्षर करने की अनिच्छा कलाकारों में होती है और अधिकतर अज्ञात रहना ही चुनते हैं।

17वीं से 19वीं शताब्दी में निर्मित विशिष्ट कश्मीरी कला में पहाड़ी, बौद्ध, फारसी, अफगान और मुगल शैलियों का सम्मिश्रण था। चूंकि ये पेंटिंग इतने सारे स्थानों पर फैली हुई हैं और विभिन्न संग्रहालय और पुरालेख में या व्यक्तियों के पास हैं, इसलिए उन सभी को देखना और उनके विकास पर टिप्पणी करना आसान काम नहीं है।

प्राचीन और मध्ययुगीन काल के दौरान किए गए कश्मीरी चित्र गांधार, गुप्त और बौद्ध प्रभावों से भरे हैं, जो इस अवधि की मूर्तिकला के साथ मिलकर चल रहे हैं। इस अवधि की मूर्तियों और चित्रों में, महिलाओं को मांसल और कुशल विशेषताओं के साथ दर्शाया गया है। उनके शरीर के अंग जैसे पैर और स्तन को उजागर किया गया है। उनकी आंखें धनुषाकार भौंहों के साथ बादाम के आकार की दर्शायी गई हैं। वे आभूषण पहनती हैं। उनके लंबे और सुनहरे बाल चित्रों में देखे जा सकते हैं, वहीं उनके मोटे होंठ और गाल होते हैं। कलाकारों द्वारा बनाए गए चित्रों में एक स्पष्ट उत्साह है, जो शरीर की रूपरेखा को आकार देता है। यह चित्रसूत्र दिशा-निर्देशों के सख्त कार्यान्वयन का परिणाम प्रतीत होता है। यह उस चीज के विपरीत है जिसे हम कश्मीर के चित्रों में बाद में 17वीं से 20वीं शताब्दी के बीच में देखते हैं।

कश्मीर की इस्लामिक कला के बारे में सुल्तान जैनुल आब्दीन द्वारा संरक्षित किए गए हस्तशिल्प, कालीन बुनाई, पेपर मैशे कला, अखरोट की लकड़ी पर नक्काशी आदि की कहानी, कश्मीर में मुगलों के आने तक लगभग एक जैसी है। इसका कारण राजनीतिक अशांति और उथल-पुथल है। मुगलों के कश्मीर पर विजय प्राप्त करने के बाद इस कला को नया आयाम मिला। प्रसिद्ध निशात और शालीमार बाग की बारादरी (गर्मियों के घरों) में मुगल काल से संबंधित कश्मीर की दीवार चित्रकारी के उदाहरण अब भी मौजूद हैं।

मंदिरों की चित्रकारी एकदम से पूरी तरह समाप्त नहीं हुई। बीसवीं सदी में किसी भी मंदिर में फ्रेस्कोस या चित्रकारी देखी जा सकती थी। मैंने इसे अली कदल राम जी मंदिर, रैणावारी, शिव मंदिर, श्री रामचंद्र जी मंदिर बर्बर शाह, बाबा धर्म दास मंदिर, प्रतापेश्वर मंदिर, राम कौल मंदिर (हारी पर्वत) और कई और मंदिरों में देखा है, जो डोगरा शासन के दौरान 19वीं शताब्दी में या 20वीं शताब्दी की शुरुआत में बनाए गए थे।

भले ही 14वीं शताब्दी के बाद कश्मीर स्कूल ऑफ आर्ट कायम नहीं रहा, लेकिन यह अन्य माध्यमों से कायम रहा। कश्मीरी पंडितों के परिवार में चित्रकला और कला अनुष्ठानों का एक हिस्सा बन गई है। गौरी तृतीया के दिन कुल के पुरोहित के द्वारा (परिवार के पुजारी) यजमान को एक पेंटिंग दी जाती थी। गौरी तृतीया के दिन एक कश्मीरी ब्राह्मण परिवार में प्रत्येक लड़के और लड़की को परिवार के पुजारी के द्वारा चमकीले रंग के देवी-देवताओं के चित्रों को दिया जाता था। हिंदू विक्रम पंचांग के अनुसार माघ शुक्ल पक्ष के तीसरे दिन गौरी तृतीया-पर्व मनाया जाता था। गौरी तृतीया के पहले दिन को 'रंग दोई' के नाम से जाना जाता था। रंग दोई कश्मीरी पंडितों द्वारा सफेद कागज पर हाथी, मोर, पेड़, हंस और सरस्वती देवी की रंगीन छवियां बनाने के लिए समर्पित थी।

इसी तरह विवाह और मेखला (पवित्र धागा) समारोहों के दौरान दरवाजे और खिड़कियों पर पुष्प डिजाइन चित्रित किए जाते थे। इन चित्रों को क्रोल के रूप में जाना जाता है। विवाह के दौरान आंगन में रंगीन रंगोली का चित्रण कश्मीरी पंडितों के बीच एक बहुत पुरानी परंपरा है। रंगोली हमेशा ब्रह्मांडीय चक्र पर बनाई जाती थी।

क्रूल (Krool) घर के मुख्य द्वार या दरवाजे पर बनाई गई कलात्मक सजावट है। यह विवाह समारोह की शुरुआत से ठीक पहले की जाती है। आमतौर पर प्रवेश द्वार पर शुभ आभा देने के लिए चमकीले रंगों में फूल, पत्तियां और शाखाएं खींची जाती हैं। यह भी माना जाता है कि क्रूल बनाने से दंपत्ति का वैवाहिक जीवन आनंदित रहेगा। व्यूग (Vyoog) का उल्लेख कश्मीर के 'नीलमत पुराण' में मिलता है। इस प्रथा को प्राचीन कश्मीर में भूमि-शोभा के नाम से जाना जाता था। द्वार-शोभा (कश्मीरी में क्रूल [krool]) और भूमि-शोभा (कश्मीरी में व्यूग (Vyoog)) का उल्लेख हिंदुओं के कई प्राचीन ग्रंथों में मिलता है।

मुगल शासन के बाद कश्मीर में की गई लघु चित्रकारी, विभिन्न शैलियों का एक मिश्रण है। ये फारसी और पहाड़ी प्रभाव को अवशोषित करते हुए बौद्ध

काल की पुरानी परंपरा को आगे बढ़ाती हैं। कश्मीर के धार्मिक लघु चित्रों में सचित्र/प्रकाशित पांडुलिपियों की एक लंबी और समृद्ध परंपरा है। कई अज्ञात चित्रकारों ने श्रीकृष्ण के जीवन के दृश्यों को दर्शाने वाले चित्रों के साथ 'श्रीमद्भगवद्गीता' और 'भागवत पुराण' सहित कई चित्र और प्रबुद्ध धार्मिक ग्रंथ तैयार किए हैं।

मुगल शासन से मानव शरीर के अलावा, पुष्प डिजाइन, पशु, पक्षी, वनस्पति और जीव, परिदृश्य आदि कश्मीर के चित्रों में दिखाई देने लगे। यह मुगल शैली का प्रभाव हो सकता है, जो कला की साफविद (Safavid) परंपरा से उत्पन्न हुई है। हालांकि, लघु कला में, साफविद कलाकारों ने मानव शरीर की उपेक्षा नहीं की।

दुर्भाग्य से कश्मीर के चित्रों के इस समृद्ध खजाने को न तो सावधानी से संरक्षित किया जा सका और न ही इसने कला इतिहासकारों और आलोचकों का ध्यान आकर्षित किया। जम्मू और कश्मीर राज्य में आधिकारिक स्तर पर इस क्षेत्र में किसी भी शोध के लिए कोई पहल न की गई थी और न की गई है जिससे एक गंभीर प्रयास के रूप में इसका पुनरुद्धार हो।

चित्रों को संगृहीत करने के लिए इंदिरा गांधी राष्ट्रीय कला केंद्र, नई दिल्ली द्वारा कुछ उपयोगी कार्य किया गया है। कश्मीर के 343 चित्रों को एक रेप्रोग्राफी रूप (स्लाइड्स) में कैप्चर (Capture) करके और एक डिजिटल रिकॉर्ड बनाकर रखा गया है। ये स्लाइड जे. एंड के. अकादेमी ऑफ आर्ट, कल्चर एंड लैंग्वेजेज, कश्मीर यूनिवर्सिटी (सेंटर फॉर सेंट्रल एशियन स्टडीज), जे. एंड के. स्टेट आर्काइव्स और एस.पी.एस. म्यूजियम श्रीनगर द्वारा रखे गए संग्रहों से बनाए गए हैं। यह चित्रकारी ज्यादातर 18वीं और 19वीं शताब्दी के बीच की अवधि से संबंधित है।

हिमाचल प्रदेश की पहाड़ी कला और कश्मीर

कला इतिहासकार एम.एस.रंधावा लिखते हैं–"औरंगजेब के शासन के अंतिम वर्षों के दौरान इस्लाम की समृद्धि अपने चरम पर थी। 17वीं शताब्दी की अंतिम तिमाही और 18वीं शताब्दी की पहली तिमाही में, कई कश्मीरी ब्राह्मण कश्मीर से कांगड़ा घाटी में चले गए और कांगड़ा एवं अन्य पहाड़ी राज्यों के राजाओं के दरबार में आश्रय की तलाश की। इस बात की काफी संभावना है कि पंडित शिव उनमें से एक था।"

परिवार के मुखिया पंडित शिव रैणा कला की पाला शैली और मुगल शैली में पारंगत थे। उन्होंने गुलेर के राजा दलीप सिंह (1695-1741 ई.) से शरण

मांगी। नैनसुख (नाना) और माणकू (माणा) उनके पुत्र थे जिन्होंने बाद में गुलेर, बशोली, जसरोटा और पश्चिमी हिमालय के विभिन्न पहाड़ी राज्यों में शामिल होकर पहाड़ी कला में क्रांति ला दी।

क्या पंडित सिव (शिव) रैणा मुगल दरबार में कुछ काम कर रहे थे या वह सीधे कश्मीर से आए थे? यह एक चकित करने वाला प्रश्न है, लेकिन निश्चित रूप से, शिव रैणा को यह पता नहीं था कि उनके बेटे और उनकी प्रजा पहाड़ी कला के इतिहास की रचना करेंगे जिसकी आज हिमाचल प्रदेश में एक पहचान है। रैणा-राजदान कबीले, जिन्होंने पश्चिमी हिमालय के विभिन्न राज्यों में दरबारी चित्रकारों के रूप में काम किया, उनमें अत्र, निक्का, रांझा (राम दयाल), छज्जू, हरकू, सौदागर, काम, गोधू, चेतु, खुसाल, किरु, गुरुसहाय और फत्तू शामिल हैं।

कश्मीर के प्रवासी ब्राह्मणों का यह समूह शायद देश के मैदानी इलाकों की ओर नहीं बढ़ पाया, क्योंकि नादिर शाह और अहमद शाह अब्दाली के आक्रमणों से मृत्यु और विनाश का मंजर कायमें था। वे वर्तमान हिमाचल प्रदेश के पहाड़ी राज्यों तक ही सीमित रहे। कश्मीरी पंडित वंश के इन कलाकारों ने पहाड़ी स्कूल ऑफ मिनिएचर आर्ट यानी लघु कला के विकास में पर्याप्त योगदान दिया। कलाकार पी.एन. काचरू लिखते हैं–

"पंडित शिव रैणा की छह पीढ़ियों में लगभग छत्तीस बच्चों का जन्म हुआ जिसमें वे सभी कलाकार थे, जिन्होंने अपनी प्रतिभा को हिमाचल रियासतों के मील के पत्थर के रूप में बहुत गहराई तक प्रवेश किया। उनके सभी ट्रैक को सहेजने के लिए अभी भी एक ग्रंथ की आवश्यकता है। नैन सुख इस रैणा कबीले के सबसे प्रमुख और प्रभावशाली चित्रकार हैं।"

पंजाब में कश्मीरी कलाकार

19वीं और 20वीं शताब्दी की शुरुआत में पंजाब में कश्मीर के कई अज्ञात कलाकार और लेखक सक्रिय थे। वे या तो पंजाब में सर्दियों के दौरान आते थे या तो स्थायी रूप से अमृतसर, लाहौर, गुजरांवाला, सियालकोट और कई अन्य शहरों में निवास कर रहे होते थे। उन्होंने धार्मिक पांडुलिपियों या चित्रों, चित्रित/प्रकाशित करके अपनी आजीविका अर्जित की। कश्मीरी शैली में इन अज्ञात कलाकारों द्वारा निर्मित कई चित्रों और प्रबुद्ध/सचित्र पांडुलिपियां, दुनिया भर के विभिन्न संग्रहालयों में प्रदर्शित हैं। कई को देश के विभिन्न संग्रहालयों में देखा जा सकता है।

19वीं शताब्दी में पंडित हरदास कौल तोता, पंडित दया राम कौल तोता

और पंडित राजा राम कौल तोता (जिसे हरदास तोता नक्काश, दया राम तोता नक्काश और राजा राम तोता नक्काश भी कहा जाता है) और कौल तोता परिवार में कुछ और प्रसिद्ध चित्रकार, सुलेखक थे, जो लाहौर में बसे कश्मीर के कलाकारों में से थे। उनके चित्र और प्रबुद्ध/सचित्र पांडुलिपियां कुछ निजी संग्रहकर्ताओं के पास होने के अलावा दुनिया के कुछ संग्रहालयों में प्रदर्शित हैं। तोता कलाकारों को फारसी आती थी। राजा राम कौल तोता ने 'राजतरंगिणी' का फारसी में अनुवाद कर प्रकाशित किया, जो कि रागमाला के राष्ट्रीय पुस्तकालय में प्रदर्शित है, यहां राजा राम कौल तोता द्वारा प्रकाशित एक और पांडुलिपि है।

राजा राम कौल तोता लाहौर के कोहिनूर प्रेस में एक सुलेखक थे। वह बहुत अच्छे कलाकार थे। उन्होंने गुरु गोविंद सिंह का जफरनामा लिखा। इस पुस्तक में सभी चित्र और दृष्टांत उनके द्वारा निर्मित हैं। उनके द्वारा किए गए कामों में गुलगाशात-ए-पंजाब (Gulgashat-esa-Punjab) है, जिसे 1864 ई. में लिखा गया। यह 1849 ई. में पंजाब की उद्घोषणा के पहले से पंजाब का इतिहास है। इसके बाद फिर दीवान किरपा राम द्वारा लिखित 'गुलाबनामा' और 'गुलजार-ए-कश्मीर' को उनके द्वारा प्रेषित किया गया था। 'महाशिव-पुराण' की पांडुलिपि संवत् 1929 में लाहौर साम्राज्य के संरक्षण में राजा राम कौल तोता के पिता दया राम कौल तोता द्वारा तैयार की गई थी।

कश्मीर में कलात्मक परंपरा का पुनर्जागरण और आधुनिक कला में अनावरण

हालांकि 20वीं शताब्दी की पहली तिमाही के अंत तक, वान गाग, एडवर्ड मानेट, पॉल गाउगिन, पॉल सेजेन, क्लाउड मोनेट जैसे कलाकारों द्वारा बनाई गई पेंटिंग में आधुनिक रुझान और बहुत कुछ कश्मीर में लगभग अविदित थे, फिर भी घाटी के कई प्रतिभाशाली व्यक्ति वहां गतिविधियों से परे देखने की इच्छा रखते थे। कुछ उद्यमी व्यक्तियों ने इस दिशा में कदम उठाया और कुछ कर गुजरने का साहस किया। 20वीं शताब्दी की पहली और दूसरी तिमाही में, कई व्यक्ति लाहौर, ग्वालियर, कोलकाता और अन्य शहरों में संगीत और अन्य ललित कला सीखने के लिए गए। उस काल में कला के क्षेत्र में एक प्रमुख नाम पंडित महेश्वर नाथ धर (1888-1971) का है, जो 1910 में ग्वालियर में चित्रकला का कौशल सीखने गए थे। कश्मीर में एक कलाकार सह मूर्तिकार नारायण काचरू मूर्तगर थे, जो 19वीं के उत्तरार्द्ध और 20वीं शताब्दी के शुरुआत में थे।

महाराजा प्रताप सिंह के शासन के दौरान, श्रीनगर में सर अमर सिंह तकनीकी संस्थान का उद्घाटन कश्मीर की कलात्मक परंपराओं के पुनरुद्धार के लिए

उठाया गया एक ऐतिहासिक कदम था। इस संस्थान ने स्थानीय लोगों को आधुनिक कलात्मक प्रवृत्तियों और शैलियों को उजागर करने में महत्त्वपूर्ण भूमिका निभाई। नया खोला गया यह संस्थान, द सिटी एंड गिल्ड्स इंस्टीट्यूट, लंदन से मान्यता प्राप्त था। इस संस्थान द्वारा छात्रों को फाइन आर्ट्स में डिप्लोमा प्रदान किया गया। इस संस्थान का नेतृत्व फ्रेड्रिक एच. एंड्रयूज ने किया, जिन्होंने 1923 में भारत छोड़ा था। उनके बाद जे.सी. मुखर्जी, ललित कला के क्षेत्र में एक और सक्षम और प्रतिभाशाली व्यक्ति थे। वे बंगाल स्कूल के जाने-माने कलाकार थे। उनकी वजह से स्थानीय कलाकार बंगाल स्कूल से परिचित थे। शिव नाथ रैणा, संसार चांद बारू, केशव मलिक, पी.एन. काचरू, सत लाल कम्पासी, जे.एन. सप्रू, जे.एन. मट्टू, मोहन रैणा, डी.एन. वल्ली, सोमनाथ खोसा, मनोहर कौल, काशीनाथ भान, नीलकंठ जाडू, कैलाश नाथ फोतेदार, अमर नाथ वैष्णवी, मोहिउद्दीन, गुलाम रसूल, सोमनाथ मुंशी, शंभू नाथ भान, राधा कृष्णन रैणा और मेहराज उद्दीन इस संस्थान के कुछ उल्लेखनीय छात्र थे। जून 1942 में सर अमर सिंह तकनीकी संस्थान को अमर सिंह महाविद्यालय में परिवर्तित कर दिया गया।

सैयद हैदर रजा की कश्मीर यात्रा प्रगतिशील कलाकार संघ के गठन के रूप में पराकाष्ठा पर पहुंची। उनकी यात्रा ने एक उत्प्रेरक कारक के रूप में काम किया। उन्होंने कला के आधुनिक रुझानों में कश्मीर के कुछ युवा कलाकारों को प्रशिक्षित करके अग्रणी काम किया। 1948 में एस.एच. रजा और पर्सी ब्राउन, तीन युवा कलाकारों (जिनके नाम हैं) : एस.एन. बट, त्रिलोक कौल और पी.एन. काचरू के समर्थन से द प्रोग्रेसिव आर्टिस्ट एसोसिएशन का गठन किया गया। मई 1949 में, इस एसोसिएशन ने अपनी पहली कला प्रदर्शनी श्रीनगर में आयोजित की। अक्टूबर 1949 में, इस एसोसिएशन ने राज्य के बाहर एक प्रमुख कला प्रदर्शनी का आयोजन किया। नई दिल्ली में अक्टूबर 1949 में आयोजित प्रदर्शनी का उद्घाटन प्रोफेसर हुमायूं कबीर ने किया था। श्रीनगर में मई 1949 की प्रदर्शनी में एस.एच. रजा ने भी भाग लिया, जो पहले से ही बॉम्बे प्रोग्रेसिव आर्टिस्ट ग्रुप के सदस्य थे जिसमें एम.एफ. हुसैन, एस.के. बाकरे, एफ.एन. सौजा, एच.ए. गेड और कई अन्य सदस्य थे।

आधुनिक कला को कश्मीर में लाने के लिए डॉ. पर्सी ब्राउन की भूमिका महत्त्वपूर्ण थी। उन्होंने लाहौर संग्रहालय के संग्रहाध्यक्ष (क्यूरेटर) और मेयो कॉलेज ऑफ आर्ट, लाहौर (1899-1909) के प्रमुख के रूप में एक बहुत ही सराहनीय काम किया था। बाद में उन्होंने गवर्नमेंट कॉलेज ऑफ आर्ट्स एंड क्राफ्ट्स, कोलकाता के प्राचार्य के रूप में पदग्रहण किया।

अपनी सेवानिवृत्ति के बाद, डॉ. पर्सी ब्राउन अपनी पत्नी के साथ कश्मीर में बस गए। पर्सी ब्राउन की कश्मीर में उपस्थिति स्थानीय कलाकारों खासकर त्रिलोक कौल, पी.एन. काचरू, एस.एन. बट और डी.एन. वल्ली के लिए काफी मददगार साबित हुई। वह कश्मीर के कुछ ज्ञात कलाकारों और चित्रकारों के संपर्क में रहे, जो अक्सर उनसे मार्गदर्शन लेने के लिए उनके पास जाया करते थे। डॉ. पर्सी ब्राउन की मृत्यु 1955 में हो गई, उन्हें श्रीनगर के अमीरा कदल के शेख बाग कब्रिस्तान में दफनाया गया। पर्सी ब्राउन के अलावा एन.एस. बेंद्रे, हर्मन गोएत्ज, एच.ए. गेड और मुल्कराज आनंद जैसे प्रसिद्ध कलाकारों और कला इतिहासकारों ने भी कश्मीर का दौरा किया और कुछ समय तक वहां रहे। वे स्थानीय कलाकारों के लिए प्रेरणा का एक बड़ा स्रोत थे।

बड़ौदा के लड़के

1951 में, रतन परिमू कश्मीर से बड़ौदा जाने वाले पहले व्यक्ति थे जहां उन्होंने कला में स्नातक और स्नातकोत्तर की पढ़ाई पूरी की। 1959 में वे एम.एस. विश्वविद्यालय, बड़ौदा में एक संकाय सदस्य के रूप में शामिल हुए और कला इतिहास और सौंदर्यशास्त्र विभाग के प्रमुख बने। विख्यात कलाकार नैना दलाल से उन्होंने शादी की।

रतन परिमू के बाद त्रिलोक कौल आए। त्रिलोक कौल को जम्मू और कश्मीर राज्य में आधुनिक कला का एक अग्रणी नाम माना जाता है। त्रिलोक कौल के बाद जी.आर. संतोष और किशोरी कौल आए।

गयूर हसन, वी.आर. खजूरिया, मंजूर राथर, शुबन काव, भूषण कौल, जहूर जरगर, कुलदीप कौल, वीर मुंशी, ए.आर. जॉन, किशन जी काव, नसरीन मोहसीन, सुनील वेसिन, प्रीति वेसिन और कई और लोग बड़ौदा कला सीखने के लिए गए।

1947 के बाद राज्य में कला परिदृश्य में बेहतरी के लिए बदलाव आए। 1958 में जे. एंड के. अकादेमी ऑफ आर्ट, कल्चर एंड लैंग्वेजेज की स्थापना के साथ संगीत और ललित कला संस्थान के शुरू होने से राज्य में कला को पर्याप्त प्रोत्साहन मिला। कश्मीर में आयोजित नियमित कला शिविरों से स्थानीय कलाकारों को काफी मदद मिली। एम.एफ. हुसैन, लक्ष्मेंण पाई, बीरेन डे, शांति दवे, तैयब मेहता, के.के. हेब्बर, जतिन दास, वी.एस. गायतोंडे, बाल छाबड़ा, बिमल गुप्ता, राम कुमार, होमी पटेल, जे. स्वामीनाथन, रतन परिमू, जी. एम. शेख, कश्मीरी खोसा, मनू पारीख, किशोरी कौल, शमशाद हुसैन, बी.सी. सान्याल, जी.आर. संतोष जैसे दिग्गजों ने इन

शिविरों में भाग लिया। अकादेमी ऑफ आर्ट कल्चर एंड लैंग्वेजेज ने भी कलाकारों के कार्यों को अर्जित करना शुरू कर दिया।

बीसवीं शताब्दी के अंत में राज्य में द स्कूल ऑफ डिजाइन की शुरुआत पारंपरिक हस्तशिल्प का डिजाइन विकसित करने के लिए की गई। इस स्कूल में पुराने डिजाइनों के पुनरभिविन्यास के अलावा नए डिजाइन बनाए गए। स्कूल ऑफ डिजाइन ने हजारों नए डिजाइन तैयार किए, जिससे डिजाइन या क्राफ्ट म्यूजियम का एक खजाना घर तैयार हो गया। इस स्कूल में प्रगतिशील कलाकार तिकड़ी–त्रिलोक कौल, एस.एन. बट और पी.एन. काचरू कार्यरत थे। बाद में सूरज विकू, ए.के. रैणा कुछ और सहित कलाकारों ने स्कूल ऑफ डिजाइन में पदग्रहण किया।

सरकार ने जम्मू और श्रीनगर में संगीत और ललित कला संस्थान खोला। दोनों संस्थानों में चित्रकला और मूर्तिकला का एक स्वतंत्र विभाग है। 1950 के बाद इन व्यापक पहलों के परिणामस्वरूप, हमारे पास राज्य में चित्रकला और मूर्तिकला के क्षेत्र में इतने प्रतिभाशाली कलाकार हैं जिन्होंने राज्य या राष्ट्रीय या अंतरराष्ट्रीय कला परिदृश्य पर एक छाप छोड़ी।

आखिर कश्मीर की कला कहां गई?

सदियों से भारत में कला, लूट की शिकार होती रही है। कड़े कानूनों के बावजूद इस क्षेत्र में सक्रिय अपराधी देश से बहुमूल्य कला-संपदा को बाहर भेजने में कामयाब हो रहे हैं। कश्मीर में, बौद्धों और हिंदू काल की प्राचीन कलाकृतियों, चित्रों और मूर्तियों की लूट की हदें बहुत हद तक स्पष्ट हैं। बहुत बार ऐसा हुआ भी है। कश्मीर में कलात्मक विरासत के नुकसान की भयावहता को समझने के लिए, दुनिया के विभिन्न संग्रहालय का दौरा करने की आवश्यकता है।

कई इतिहासकारों का मानना है कि कश्मीर के कलाकारों और शिल्पकारों की एक बड़ी संख्या जुल्चू (Zulchu) (1323 ई.) के आक्रमण के दौरान नष्ट हो गई। जुल्चू की लूट के बाद कश्मीर घाटी में कला की बर्बादी और लूट शुरू हुई और कलाकारों को भूखे मरने की नौबत आ गई।

चौदहवीं सदी के कश्मीर ने हिंदुओं के दमन और उनके पूजा स्थलों के बड़े पैमाने पर विध्वंस को देखा है। यह विध्वंस और विनाश 15वीं शताब्दी में अन्य शासकों और उनके सहयोगियों द्वारा फिर से किया गया था। इन मंदिरों में पड़ी कई सुंदर मूर्तियां और आकृति बर्बाद हो गईं। इन विध्वंसों का ब्योरा फारसी क्रोनिकल्स बहारिस्तान-ए-शाही, तोहफतउल अहबाब, वकात कश्मीर,

त्वारिख-ए-कश्मीर जैसे कई ऐतिहासिक ग्रंथों में दिया गया है। इन सभी फारसी राजवंशों का विभिन्न विद्वानों द्वारा अंग्रेजी में अनुवाद किया गया है। कश्मीर में कुछ भव्य मंदिरों को जमीन पर गिरा दिया गया और पूरी तरह से नष्ट कर दिया गया। कश्मीर घाटी के कुछ प्रमुख पुरातात्त्विक स्थलों की वर्तमान स्थिति को देखकर, इतने बड़े पैमाने पर हुए विध्वंसों के लिए पर्याप्त गवाही मिलती है। इसके अलावा कश्मीरी पंडितों के बीच प्रचलित कई लोकगीत भी इस इतिहास से जुड़े हैं। ये उस समय को दर्शाते हैं, जब कश्मीर के एक मध्यकालीन सुल्तान ने धार्मिक ग्रंथों को झील के पानी में डुबोकर डल झील का तटबंध बनाया।

नित्यानंद शास्त्री, कश्मीर अनुसंधान संस्थान, नई दिल्ली द्वारा प्रकाशित 'उन्मेष' (Unmesh) पत्रिका के जनवरी 1998 के अंक में अपने लेख में लिखते हैं—

कश्मीर स्कूल ऑफ आर्ट का कोई व्यवस्थित अध्ययन अब तक नहीं किया गया है और न ही किसी ने भी इन लघुचित्रों की एल्बम को तैयार करने का काम किया है, इसके बावजूद भारतीय कला के इतिहास के समग्र संदर्भ में उनके महत्त्व को देखते हुए, कांगड़ा और पहाड़ी शैली (Style) की शाखा के रूप में कायम हैं। जबकि बड़ी संख्या में ऐसी पेंटिंग खो गई हैं। उनके बेईमान मालिकों या अन्य लोगों द्वारा विदेशों में या निजी कला संग्राहकों को सबसे अधिक बेची जाती हैं। इस संस्थान ने लगभग दो दर्जन कश्मीरी चित्रों और एन.एस.के.आर. आई. (NSKRI) का अधिग्रहण करने में कामयाबी हासिल की है और आगे और अधिक कामयाबी पाने के लिए प्रक्रिया में है।

19वीं शताब्दी से यूरोपीय आगंतुक कश्मीर आने लगे। एक भी आगंतुक खाली हाथ नहीं गए। कुछ पांडुलिपियां, कला के कुछ टुकड़े या कुछ मूर्तियां या तो उन्हें उपहार में दी गईं या उनके द्वारा स्वतंत्र रूप से ले जाई गईं, क्योंकि इस महत्त्वपूर्ण विरासत के संरक्षण या संरक्षण जैसा कुछ भी कश्मीर घाटी में मौजूद नहीं था। पश्चिम के व्यक्ति नियमित रूप से कश्मीर आते रहे और इन पुरानी पांडुलिपियों और चित्रों की खोज करते रहे हैं।

यह जानकर दुःख होता है कि कश्मीर में चित्रकला के शानदार स्कूल होने के बावजूद पत्थर, धातु, टेराकोटा और लकड़ी (हिंदू और बौद्ध दोनों धर्मों के लिए बनाईं गईं) डेल कृतियों में कुछ भी उद्देश्यपूर्ण तथ्यात्मक सामग्री बची नहीं। इनमें से कई मूर्तियों को संग्रहालय में देखा जा सकता है, इनमें कई मूर्तियां टूटी हुई हैं और ध्वस्त मंदिरों के स्थलों से पुनः प्राप्त की

गईं। दुनिया का शायद ही ऐसा कोई संग्रहालय हो जिसमें कश्मीरी पेंटिंग या कलाकृतियां प्रदर्शित न हों।

श्रीनगर के एस.पी.एस. संग्रहालय में कई बार (1917, 1937, 1973, 1989 और 2003) सेंध मारी गई और कुछ अमूल्य सामान चोरी कर लिये गए। 1995 में, शालीमार के चंदूपोरा में एक संदिग्ध आतंकवादी ठिकाने पर छापे के दौरान सुरक्षा बलों ने 8वीं से 10वीं शताब्दी ई. के बीच की 35 प्राचीन वस्तुओं को बरामद किया। इन्हें नई दिल्ली स्थानांतरित कर दिया गया और राष्ट्रीय संग्रहालय को सौंप दिया गया।

हालांकि, यह संतोषजनक है कि यूरोप और अमेरिका के अधिकांश संग्रहालयों के द्वारा कश्मीर की बेशकीमती पांडुलिपियों, चित्रों, मूर्तियों और अन्य कलाकृतियों के संरक्षण के लिए प्रयास किए गए हैं। क्या इस अनमोल खजाने की कुछ सूची कभी बनाई जा सकती है? क्या यह कभी कला के इतिहास में अपना उचित स्थान पाएगी?

'में एक संस्कृत श्लोक, जिसे मंगल मंत्र के नाम से जाना जाता है, के साथ समापन करता हूं'–

स्वस्तिप्रजाभ्यःपरिपालयन्तांन्यायेनमार्गेणमहींमहीशाः।
गोब्राह्मणेभ्यःशुभमस्तुनित्यंलोकाःसमस्ताःसुखिनोभवन्तु ॥

अर्थात् ईश्वर करे कि हरेक व्यक्ति सदैव प्रसन्न और सुरक्षित रहे, जिनके पास शक्ति हो, वह न्याय करे! ज्ञानी और गुणी जन सफल रहें, विश्व में सभी प्राणी सुखी व संपन्न हों।

□

कश्मीरी कलाकृतियां

श्रीमद्‌भगवद्‌गीता का एक पन्ना 19वीं शताब्दी में विक्टोरिया के मेलबोर्न के नेशनल गैलरी ऑफ आर्ट में है जिसे एक कश्मीरी चित्रकार द्वारा चित्रित किया गया था।
(स्रोत : इंटरनेट)

ध्वस्त मार्तंड सूर्य मंदिर के अवशेष (फोटो : अवतार मोटा)

पंडित राजा राम कौल तोता द्वारा चित्रित फारसी 'राजतरंगिणी' की एक कलाकृति
(सौजन्य : विनायक राजदान)

1650 ई. में चित्रित 'एक राजकुमार का शिकार के दौरान साधु से मुलाकात' की तस्वीर, जो कला संस्थान, शिकागो में सुरक्षित है।
(सौजन्य : आर्टनेट)

कश्मीर की लघु चित्र शैली में बनी एक कलाकृति, जिसमें भगवान श्रीकृष्ण को कलिनाग मर्दन का वध करने के बाद दिखाया गया है। (सौजन्य : नित्यानंद शास्त्री, कश्मीर अनुसंधान संस्थान)

एक कश्मीरी पंडित द्वारा लघु चित्र शैली में बनाई गई जन्म कुंडली की एक कलाकृति। (फोटो : अवतार मोटा)

पैपियर माचे के डिब्बे के ढक्कन पर बनाई गई कलाकृति
(फोटो : अवतार मोटा)

1860 ई. में पंचमुखी शिव या शिव योगेश्वरा की लघु चित्र शैली में बनाई गई कलाकृति।
(सौजन्य : इंटरनेट)

□

सांगीतिक वैभव

अप्रमेय मिश्र

ऐसा कहा जाता है कि महर्षि भरत हिमालय के आस-पास (संभवतः कश्मीर) के निवासी थे। यह अनायास ही नहीं है कि नाट्यशास्त्र के टीकाकार भट्टोदभट्ट, लोल्लट, मातृगुप्त, शंकुक, भट्टनायक, अभिनवगुप्त, भट्टयंत्र इत्यादि सभी आचार्य कश्मीरी थे और उसमें भी विशेष बात यह है कि गीत, वाद्य, नृत्य के आदि ग्रंथ के रूप में प्रतिष्ठित भरत का 'नाट्यशास्त्र' भारतीय संगीत की आत्मा को शास्त्र में निरूपित करने वाला एकमात्र ग्रंथ है जिसमें कला-शास्त्र का निरूपण विशुद्ध वैज्ञानिक प्रणाली के द्वारा हुआ है। इसी परंपरा के अग्रगण्य शिष्य बारहवीं शताब्दी के महान आचार्य शारंगदेव के नाम पर प्रायः यह पढ़ने और सुनने को मिल जाता है कि उनकी पैदाइश क्योंकि दक्षिण में हुई, फलतः वे दाक्षिणात्य संगीत के विद्वान थे। इस बात को कहने वाले यह भूल जाते हैं कि आचार्य शारंगदेव का परिवार विशुद्ध कश्मीरी परंपरा के उन गिने-चुने महान आचार्यों का रहा जिनकी ज्ञान की धारा संपूर्ण भारत के साथ दक्षिण में तो बही पर उसका बिंदु स्थान कश्मीर ही रहा। यह सर्वविदित ही है कि ग्यारहवीं-बारहवीं शताब्दी के आस-पास भारत के उत्तरी भाग की राजनीतिक स्थिति अत्यंत गंभीर थी। यवनों के आक्रमण के फलस्वरूप कश्मीर से विद्वानों का विस्थापित होना स्वाभाविक था। बहुत सारे विद्वान परिवारों ने अपने जीवन की अमूल्य पूंजी अर्थात् ग्रंथों को छुपाए दक्षिण की शरण ली। उन्हीं परिवारों में से एक आचार्य शारंगदेव का परिवार भी था जिन्होंने दक्षिण की शरण ली थी। भारतीय संगीत परंपरा की अंतःधारा के सूत्र, जो एक समय में कपोल-कल्पित कहकर नकार दिए गए थे, वे आज इसीलिए भारतीय गौरव के बोध समझे जा रहे हैं, क्योंकि इन आचार्यों ने उसे हर संभव प्रयास से बचाए रखा। आचार्य भरत से पल्लवित हुई यह परंपरा महान वीणावादक एवं शास्त्रकार अभिनवगुप्त से पुष्पित होती हुई मतंग तक और फिर आचार्य शारंगदेव

तक सुरक्षित हाथों में रही। भारतीय सांगीतिक तत्त्वों की अविरल धारा ने जिन आर्ष स्वरूपों एवं तत्त्वों को अपने शास्त्र में संयोजित रखा, उसे उसी रूप में भारत को देने के कर्तव्य को निभाने में आचार्य शारंगदेव ने कोई कसर नहीं छोड़ी। उस समय की परिस्थिति को अगर ध्यान में लाया जाए तो इस बात से अंदाजा लगाया जा सकता है कि आचार्य शारंगदेव ने अपने पूर्वजों की महती परंपरा को निर्जीव होने से कैसे बचाए रखा! आचार्य शारंगदेव के समय तक भरत की संगीत प्रणाली का प्रयोग न्यूनतम रह गया था। दिल्ली के दरबार हों अथवा समस्त दक्षिण भारतीय संगीत में ईरानी संगीत का मिश्रण बहुतायत में होने लगा था। नवाबों एवं श्रोताओं के 'कान' इसी मिश्रित प्रणाली के संगीत को सुनने-सुनाने के अभ्यस्त हो चुके थे। तमाम दरबारों में ऐसे गायकों का अपना ही दबदबा था। ऐसे में विशुद्ध भरत संगीत को आधार बनाकर कलाकारों को जीवनयापन करना कितना मुश्किल रहा होगा, इसका सहज ही अनुमान लगाया जा सकता है। जीवन को चलाने और अपने आर्ष सिद्धांतों को बचाए रखने तथा उसकी स्थापना हेतु तत्कालीन समय में आचार्य शारंगदेव के समक्ष यह विकट समस्या रही होगी कि वे संगीत संबंधी अनेक असंगत मतों का निराकरण करें। कश्मीर से निकले हुए संगीतकार, जिसकी परंपरा में शारंगदेव अन्यतम हैं, उनके शास्त्र में सुरक्षित मूर्च्छना पद्धति का ज्ञान दक्षिण के महान विद्वान संगीत शास्त्री गोपाल नायक को भली-भांति था। भारत में एक खेमा बार-बार यह कहते हुए नजर आता है कि दक्षिण के प्रसिद्ध संगीतकार गोपाल नायक को अमीर खुसरो के निमंत्रण पर दिल्ली आना पड़ा था, जहां भारतीय स्वर पद्धति और ईरानी मुकाम पद्धति के बीच स्वरों और श्रुतियों की वैज्ञानिक स्थिति पर बात रखने और उनके प्रयोगों को सिद्ध करना था; जिसमें गोपाल नायक हार गए थे और उन्होंने ईरानी पद्धति से भारतीय संगीत की प्रयोगधर्मिता को स्वीकार कर लिया था। वहीं दक्षिण में ऐसी मान्यता है कि अमीर खुसरो को भारतीय स्वर-सारणा पद्धति समझ में ही नहीं आई थी और उन्होंने गोपाल नायक की बात स्वीकार कर संगीत के भारतीय मानकीकरण को स्वीकार कर कुछ ईरानी पद्धति को भी उसमें शामिल किया था।

यह धारणा संगीत जगत् में आम है कि दोनों पद्धतियों के आपसी संयोगों के फलस्वरूप आधुनिक गान शैली ने आज अपना एक अलग ही रूप ग्रहण किया है। इसका कारण भी है, भारतीय संगीत के आधार तत्त्व, जो कि भरत सिद्धांत में सुरक्षित हैं, उन्हें समझना कालानुक्रम में प्रयोग में न आ पाने के कारण इतना दुरूह हो चला कि उन्हें सार्वजनिक तौर पर कपोल-कल्पित धारणा समझकर

अपना पिंड छुड़ा लिया। पूर्वजों की असीम अनुकंपा ने भारतीय संगीत के आधार तत्त्वों को समझाने के लिए कुछ ऐसे शिष्यों को अपना कृपा-पात्र बनाया जिन्होंने सभी आचार्यों की पुनर्प्रतिष्ठा कर समस्त भारतीयों का हृदय गौरव से भर दिया। आचार्य अभिनवगुप्त की 'अभिनव भारती' तथा बारहवीं शताब्दी के आचार्य शारंगदेव की 'संगीत रत्नाकर' के सिद्धांत इसलिए भी संगीत जगत् में आप्त वचन-से लिये जाते हैं, क्योंकि ये दो ऐसे भवन हैं जहां प्राचीनता और आधुनिकता के द्वार खुलते हैं।

बीसवीं शताब्दी के महान आचार्य भातखंडे ने भारतीय शास्त्रीय संगीत की शास्त्र परंपरा को एकत्रित व संकलित करने का जो बीड़ा उठाया, उसका प्रयोजन अधुना प्रचलित रागों के नियमों तथा रचनाओं के स्पष्टीकरण और संकलन से था। तत्कालीन प्रचलित भारतीय संगीत जिसे मानक के तौर पर लिया जा रहा था, उसके बहुविध आयामों, नियमों और मर्यादाओं का स्पष्टीकरण पारंपरिक शास्त्र की कसौटी पर कहां तक ठीक है और जो नए आधार उसमें आकर जुड़ चुके थे, उसकी उपादेयता, वैज्ञानिकता, सौंदर्यबोध, शास्त्रज्ञता कला की दृष्टि से परखने के साथ-साथ पारंपरिक बंदिशें, जिसका स्वरूप जाति गायन से होता हुआ प्रबंधों तक और फिर ध्रुवपद तथा खयाल तक आया, उनमें गान के बदलते स्वरूप को समझकर उसे संगीत जगत् के लोगों की सहमति से प्रतिष्ठित करना भी था।

प्रचलित संगीत को सुनने और उसके पारंपरिक शास्त्र को देखकर कोई भी संवेदनशील व्यक्ति यह सहज ही अनुमान लगा सकता था कि शास्त्र और प्रयोग में काफी अंतर है। यही नहीं, नवीन सिद्धांतों को भाषा के स्तर पर संस्कृतनिष्ठ करके जो प्रमाण के रूप में उसे स्थापित करने का प्रयास अपने-अपने हिसाब से किया जा रहा था, उसे भी सर्वसम्मति से स्थापित करना था। इस लिहाज से आचार्य भातखंडे ने आधुनिक एवं पारंपरिक संगीत के भेद को समझकर उसे एक सूत्र में पिरोने का जो कार्य किया, वह नित्य स्मरणीय है। यह दिखने में आसान पर विस्मय में डाल देने वाला तथ्य है कि प्राचीन संगीत शास्त्र में निबद्ध जिस संगीत के आधार को आचार्य बृहस्पति ने रेखांकित किया और नवीन सिद्धांतों के बीच उन्हें तर्कों एवं प्रमाणों द्वारा पुनर्स्थापित किया, उसकी प्रतीक्षा आचार्य भातखंडे सहित तमाम पंडित वर्ग तथा साथ ही साथ समस्त भारत के लोगों के बीच हजारों वर्षों से थी।

आचार्य शारंगदेव ने जिस भारतीय परंपरा के सप्तक के प्राण को पकड़े

रखा, वह आधुनिक संगीत में अपना रूप बदलकर अर्थात् अष्टक स्वर सिद्धांत के आधार पर विकसित हुआ और इसे कहने में कोई गुरेज नहीं कि इसका सप्रयोग उद्घाटन प्रमाणों सहित आचार्य बृहस्पति की प्रतिभा के द्वारा ही संपन्न हुआ। पुराने और व्यर्थ कहे जा रहे शास्त्रों की तरफ पुनः पंडितों का ध्यान आकृष्ट हुआ। फलस्वरूप नए-नए तथ्य संगीतकारों के बीच आने लगे। अब लोगों का नजरिया अपने पूर्वजों के लिए बदल चुका था, जिस शास्त्र को निरुपयोगी कहकर बहिष्कृत किया जा रहा था, उसके विषय में अब बड़े गर्व से यह कहा जाने लगा कि 'जिस संगीत को आज हम सुनकर मंत्रमुग्ध हुए जा रहे हैं, वह तो केवल मूल संगीत के समक्ष अंश मात्र है।'

आचार्य भातखंडे ने अपने अदम्य साहस के बल पर संपूर्ण भारत का भ्रमण किया और अपनी जिजीविषा के बल पर कई खंडों में संपूर्ण भारत में प्रचलित संगीत के विधि-विधानों-विधाओं को एकत्रित कर उसकी व्याख्या की। प्रचलित संगीत को देखने से जो एक बिंदु स्पष्ट तौर पर दिखाई पड़ता है, वह उसके कालानुक्रम विधान के अंतर्गत सर्जना का भी प्रतिफल माना जा सकता है, किंतु भारतीय आत्मा के मूल में उपस्थित अध्यात्म और सांगीतिक तत्त्वों का आर्ष विमर्श एवं उसे समझने और प्राप्त करने की उत्कंठा शास्त्रों में निरूपित होती हुई प्रयोग के आधार पर जस की तस बनी रही, जिसे देखकर कोई भी आश्चर्य में न पड़ जाए, ऐसा संभव नहीं लगता। आचार्य भरत से लेकर अभिनव तक और फिर शारंगदेव तक तथा आधुनिक समय में आचार्य बृहस्पति तक, यह वही परंपरा है जिसने संगीत के स्वरों में मोक्ष मूलक तत्त्व को देखा। नाद-ब्रह्म की अवधारणा और उसका आध्यात्मिक अर्थ संगीत के प्रयोग में कैसे सुरक्षित रह पाए, इसका तंत्र ही सर्जना के आधार पर और संगीत के आधार पर हमेशा से निबद्ध किया जाता रहा। यह अनायास ही नहीं है कि भारत के महान तंत्र उपासक एवं महान वीणावादक आचार्य अभिनवगुप्त भारतीय संगीत शास्त्र के कीलित हुए विधानों को संगीत शास्त्र तथा आध्यात्मिकता के आधार पर उत्कीलित करते हुए भारतीय हृदय को एक विशेष रूप में संस्कारित कर रहे थे। आचार्य भातखंडे इन सब तथ्यों से परिचित थे। उन्होंने हिंदुस्तानी संगीत-पद्धति के अंतिम भाग के उपसंहार में यह बात बहुत विनम्रता से स्वीकार की है कि ''आचार्य शारंगदेव कृत 'संगीत रत्नाकर' को अभी स्पष्ट किया जाना शेष है। मेरी खोज से अभी किसी निर्णय तक नहीं पहुंचा जा सकता। अतः उन तथ्यों के विषय में निर्णयात्मक स्थिति तक पहुंचना भावी पीढ़ी का कर्तव्य है।''

मैं जब भी भारतीय संगीत को समग्रता में देखने की कोशिश करता हूं तो मेरा मन अनायास ही आह्लादित हो उठता है। जिसका मूल कारण समग्र भारत में इतनी विविधताओं-विभिन्नताओं के बावजूद शास्त्रीय संगीत ही वह एकमात्र धारा रही जो कभी अलग नहीं रही। आज जो दो धाराएं 'उत्तर भारतीय संगीत' एवं 'दक्षिण भारतीय संगीत' हमें दिखाई पड़ती हैं, उसे दो न मानकर अगर संगीत की भाषा में कहूं तो 'स्थायी' और 'अंतरा' के भेद में रखकर समझ लिया जाए तो बहुत सारे प्रश्नों के अर्थ स्वयं ही उद्घाटित हो जाएंगे। यह विस्मय में डाल देने की बात है कि भारतीय समाज के इतने विशाल विविध रहन-सहन, कहन के बीच 'राग' गायन के व्याकरणिक आधारों में कभी कोई अंतर नहीं दिखाई पड़ा। शायद इसीलिए भारतीय समाज ने इस परंपरा को श्रुति परंपरा में रखते हुए आज तक जीवित रखा है।

संपूर्ण जगत् की सांगीतिक परंपराओं में 'राग' जैसी कोई परंपरा कभी नहीं रही और अगर कभी होगी भी तो उसे भारतीय लोक की आत्मा से ही दीक्षित होना पड़ेगा। जीवन को भौतिकता की आंख से देखने वाले लोगों के ध्यान में जब तक 'भाव' के विज्ञान का अर्थ प्रकट नहीं हो जाता तब तक 'राग' का साक्षात्कार उन्हें न हो सकेगा। भारतीय परंपरा ने रागों को देवी-देवता की तरह पूजा है। उनके ध्यान स्वरूप को मंत्रों की तरह अभ्यानर्षण किया है। एक-एक स्वरों को बीजाक्षर मंत्र की तरह उद्घाटित करते हुए सुबह-दोपहर-शाम उनका आह्वान किया है। यहां यह स्मरण दिलाने में मुझे हर्ष का अनुभव हो रहा है कि दुनिया में सर्वप्रथम धैवत और निषाद स्वर का दर्शन भारतीय आर्ष परंपरा के आचार्य 'तुंबुरु' को हुआ था और स्वरों की वैज्ञानिक प्रणाली से जो लोग परिचित हैं, वे यह जानते हैं कि इन दो स्वरों का आगमन तभी संभव है (विशेष क्रम के आधार पर) जब इसके पहले के स्वरों की प्राप्ति (षड्ज, ऋषभ इत्यादि) की जा चुकी हो। इस प्रसंग में पुनः आचार्य शारंगदेव की कृति 'संगीत रत्नाकर' को इसलिए भी स्मरण में लिया जाना चाहिए, क्योंकि स्वरों के नामकरण के वैज्ञानिक तथा ऐतिहासिक क्रम की ओर उन्होंने शास्त्रकारों का ध्यान आकृष्ट कराया। धैवत शब्द की व्युत्पत्ति मतंग द्वारा हुई, यह तो लोक में प्रचलित रहा, पर इसके प्रमाण को खोजने के लिए मतंग कृत 'बृहद्देशी' को देखेंगे तो वह पाठ वहां से लुप्त मिलेगा। आचार्य बृहस्पति ने इस ओर इशारा करते हुए कहा है कि यह तो देवाधिदेव की अत्यंत कृपा है कि 'कल्लिनाथ की टीका (संगीत रत्नाकर की टीका)' में यह पाठ सुरक्षित है। धैवत स्वर का अर्थ है 'धीवान' (बुद्धिमान) व्यक्तियों से संबंध रखने वाला स्वर। यहां

यह ध्यान में रखने वाली बात है कि धैवत स्वर की यह प्राप्ति संपूर्ण सारणा सिद्धांत के ऐतिहासिक प्रयोग की कुंजी है, जिसमें सप्तक के आधार पर मूर्च्छना पद्धति एवं षड्ज-मध्यम ग्राम में मध्यम स्वर की वैज्ञानिकता का सूत्र निबद्ध है। बहुत समय तक मध्यम ग्राम को भी गांधार ग्राम के सदृश कल्पना और दुरूहता के आग्रह में उपेक्षित किया जा चुका था। 'गांधार ग्राम' की चर्चा भरत तथा भरत के मानने वालों ने नहीं की है जिसका आशय बाद के लोगों ने यह लगाया कि यह भी विशुद्ध कल्पना का ही रूप है। यह ध्यान में रखने की बात है कि आचार्य भरत जिस प्रयोजन से नाट्यशास्त्र लिख रहे थे, वहां नाट्य, संगीत एवं नृत्य के तथ्यों को प्रयोगात्मकता की दृष्टि से भी विकसित करना था। अभिनवगुप्त ने गांधार ग्राम के इस परित्याग का कारण इस ग्राम की अतिमंद्रता, अतितारता और विस्वरता बताया है। स्वर और श्रुति के भेद को जानने वाले यह जानते हैं कि कोई भी अनुरणनात्मक ध्वनि चाहे वह रंजक हो अथवा अरंजक, श्रुति के अंतर्गत ही आएगी, जबकि स्वर की रंजकता ही उसका प्रमाण है। इस आधार पर गांधार ग्राम में श्रुतियों एवं स्वरों का निर्धारण लोक में प्रयोग के स्तर पर थोड़ा कठिन तो है पर असंभव नहीं। यहां यह भी ध्यान में लाने की आवश्यकता है कि जिस नाट्य को आधार बनाकर आचार्य भरत ग्रामों की चर्चा कर रहे थे, उसका आधार इनके संप्रदाय में प्रचलित गान विधाओं की ध्वनियों का ग्राम के अंतर्गत वर्गीकरण से था। उस समय प्रचलित सभी ध्वनियां इन दो ग्रामों में व्यवस्थित हो चुकी थीं, फलतः गांधार ग्राम की आवश्यकता ही नहीं पड़ी। आचार्य बृहस्पति ने इस ग्राम के ऋषभ और धैवत को भरत के ऋषभ धैवत से एक-एक श्रुति उतरा हुआ तथा इसके निषाद और गांधार भरत के निषाद-गांधार से एक-एक प्रमाण श्रुति चढ़ा हुआ बताया है।

यह ध्यान में रखने की बात है कि कश्मीर के इन महान आचार्यों अभिनवगुप्त एवं शारंगदेव के शास्त्रों के आधार पर ही यह गुत्थियां कालांतर में सुलझाई जा सकीं। मध्यम स्वर की 'मध्यम-अवस्था' का इन ग्रंथों के सहारे ही सूत्र निकल पाया। श्रुति-स्वर संवाद के गहनतम अर्थ भी इसी मध्यम-स्थिति के अर्थ को जानकर ही आसान हो पाए। कहा जाता है कि मध्यम की इस मध्यमत्व की स्थिति की समझ से ही ऋषि 'तुम्बुरु' को यह धैवत की ध्वनि उपध्वनि के रूप में सुनाई पड़ी जिसकी चर्चा 'संगीत रत्नाकर' में उपलब्ध है।

भारतीय संस्कृति के विविध पक्षों के आलोक में कश्मीर की सांगीतिक परंपरा का अन्वेषण जिन आधारों पर किया जाना चाहिए उसे प्राथमिक स्तर पर

वाद्यों, सांगीतिक विधाओं एवं उसमें प्रयुक्त विशेष शैली के आधारों तथा शास्त्रकारों, चिंतकों के योगदान पर दृष्टि डालने से तो प्राप्त होगा ही, पर उससे भी महत्त्वपूर्ण वह 'रूप', 'तत्त्व' जिसको अपरोक्ष रूप से शब्दों में नहीं, अपितु क्रियाओं में, प्रयोग में तंत्रित करने का काम हमारे पुरोधाओं विशेषकर कश्मीरी ऋषियों ने चुपचाप किया, उसे भी समझना होगा। आज इन पक्षों को समझना और उसकी खोज करना शोध की दृष्टि से हमारे दायित्वों को और भी बढ़ा देता है। आधुनिक समय के तथाकथित कलाकारों, बुद्धिजीवियों के सांगीतिक व्याख्याओं को देखने पर यह सहज ही अनुमान लगाया जा सकता है कि उन्होंने गंभीरता से अपनी परंपरा को पलटकर देखने की जहमत नहीं उठाई। भारतीय प्रशासनिक सेवाओं की परीक्षा से लेकर बैंक मैनेजरों की भर्ती तक के पर्चों को देखने से तो इसी प्रमाण पर पहुंचा जा सकता है, जहां सितार से लेकर तबले तक और खयाल गायकी से लेकर ठुमरी गायकी तक सभी को या तो बाहर से आयातित घोषित कर दिया अथवा उसे किसी बड़े गायक की प्रतिभा के नाम समर्पित कर दिया गया। इस प्रसंग में आचार्य बृहस्पति की एक टिप्पणी उल्लेखनीय है, जहां उन्होंने कहा है कि– "आचार्य भरत ने श्रुति स्थापन हेतु जिस स्वर सारणा के प्रयोग हेतु आधार वाद्य की बात कही है, उसमें 'मत्तकोकिला' का स्थान सर्वोपरि है। यह वही वाद्य है जिसे नारद का वाद्य 'महती' वीणा के नाम से जाना जाता है। मुझे तुम्हारे युग के चित्रकारों पर दया आती है, जो मुंडित सिर पर एक खड़ी हुई शिखा बनाकर किसी बाबा जी के कंधे पर सितार रख देते हैं और नारद की तथाकथित आकृति बना डालते हैं।" कश्मीर का यह लोक वाद्य हजारों सालों से, जिसे हम आज स्वरमंडल के आधार पर समझ सकते हैं, वही संतूर में कुछ बदले हुए रूप में देखा जा सकता है। भरत द्वारा निर्दिष्ट संगीत एवं दसवीं शती के आस-पास आचार्य अभिनवगुप्त द्वारा व्याख्यायित वृत्ति की परंपरा को आचार्य शारंगदेव ने न केवल समझकर निर्दिष्ट किया अपितु विशुद्ध संगीतज्ञों- ग्रंथकारों (मतंग इत्यादि) द्वारा शास्त्रीय संगीत में चली आ रही नवीन सर्जनात्मक प्रक्रिया की विविध पद्धतियों को संगृहीत व शास्त्रबद्ध किया। संगीत की दृष्टि से नाट्यशास्त्र ग्रंथ का मूल सिद्धांत विशेषतया नाट्य को आधार बनाए हुए संगीत की क्रियात्मकता और उसके अनुशीलन को केंद्र में रखे हुए था। वहीं आचार्य अभिनव, भरत मत के दुरूह हो गए लक्षणों को पुनर्स्थापित कर रहे थे। आचार्य अभिनवगुप्त (दशम शती ई.) के समय में यह समझा जाता था कि नाट्य-संबंधी प्रमुख संप्रदाय तीन हैं–ब्रह्ममत, सदा-शिव मत एवं भरत मत (इन्हें क्रमशः वैदिक परंपरा, आगम-पुराण-परंपरा एवं

आर्ष परंपरा कहा जा सकता है)। पंडितों का एक वर्ग ऐसा मानता रहा कि भरत का नाट्यशास्त्र दरअसल तीन अलग-अलग संप्रदायों की विशेषताओं का संग्रह किया हुआ ग्रंथ मात्र है। आचार्य बृहस्पति ने अपने ग्रंथ 'भरत का रस सिद्धांत' में इस मान्यता को विभिन्न तर्कों के आधार पर खंडित किया है। अभिनवगुप्त ने भी इस आशय पर इन लोगों को 'नास्तिकधुर्य' कहा है। सामान्य रूप से ऐसा देखने में आता है कि एक विशेष वर्ग, जो पदार्थों को केंद्र मानकर अपनी वैज्ञानिकता का दंभ भरता आ रहा है, उनके समक्ष जब भी पदार्थों की सूक्ष्मतम अवस्था की बात को लाया जाता है तो वह इसे कल्पना कहकर उपहास का विषय बना डालते हैं। पंद्रहवीं शती के उत्तरार्द्ध में मालवा के सुल्तान गयासुद्दीन खिलजी (राज्यकाल 1469-1500 ई.) के दरबार में संगीतज्ञों की एक समिति ने भी आचार्य भरत से लेकर शारंगदेव तक की श्रुति-सिद्धांत पद्धति का उपहास किया था, जिसे 'संगीत रत्नाकर' के ही प्रसिद्ध टीकाकार विट्ठल के पिता ने बाईसों श्रुतियों का प्रदर्शन करके संतुष्ट किया था और एक सहस्र स्वर्ण-मुद्राएं प्राप्त की थीं। अस्तु, भारतीय शास्त्रीय संगीत में कश्मीर उस गंगोत्री की तरह है, जहां से संगीत की गंगा प्रवाहित होती है। यह और बात है कि लोक में आकर उसमें अनेक धाराएं जुड़ती गईं, किंतु जैसे गंगा अपने आप में आध्यात्मिक देवापगा है, उसी तरह शास्त्रीय संगीत भी न केवल मन का रंजक है अपितु आत्मा का आनंद भी है, जो परम रस परमात्मा का बोध कराता है।

□

कश्मीरी नाटकों का इतिहास : एक विहंगम दृष्टि

शशिशेखर तोषखानी

पंडित नंद लाल कौल के पौराणिक विषय पर आधारित नाटक 'सतूच क'हव'ट' (सत्य की कसौटी) में पारसी रंगमंच के प्रभाव के अंतर्गत शिल्प, शैली और संवेदना का जो धरातल उभरता है, वह धीरे-धीरे बदलकर मुहीउद्दीन हाजिनी के 'ग्रीस्त सुंद गर' (किसान का घर) में कुछ अधिक यथार्थवादी रंग ग्रहण करता है, लेकिन 'ग्रीस्त सुंद गर' आधुनिक कश्मीरी नाटक का प्रारंभ नहीं माना जा सकता, जैसा कि शफी शौक और नाजी मुनव्वर ने कश्मीरी साहित्य के अपने इतिहास में सिद्ध करने को कोशिश की है। सतूच क'हव'ट' की शैली में लिखे नाटकों का सिलसिला बहुत देर तक चलता रहा। इनमें दीनानाथ द्वारा लिखे गए 'हब्बा खातून', 'अक, नन्बुन', 'सत्यवान सावित्री' तथा सर्वानंद भान का 'औलाद' आदि नाटक शामिल हैं। 1945 में 'इप्टा' (इंडियन पीपुल्स थियेटर एसोसिएशन) की स्थानीय शाखा स्थापित करने के प्रयत्नों के बीच कश्मीरी में मौलिक यथार्थवादी नाटकों की आवश्यकता अत्यंत तीव्रता से महसूस की गई। इस संदर्भ में प्रायः प्रेमनाथ परदेसी द्वारा लिखे नाटक 'बत् हर' (रोटी की लड़ाई) का नाम लिया जाता है जिसके गीत कथित रूप से महजूर ने लिखे थे। यह भी कहा जाता है कि खाद्य समस्या को लेकर लिखे गए इस नाटक को कश्मीर के तत्कालीन गवर्नर ने मंचित होने की अनुमति नहीं दी और लेखक को इसे नष्ट करना पड़ा, लेकिन लगता है कि इस नाटक के लिखे जाने और कागज से मंच पर उतरने के असफल प्रयास की कहानी सिर्फ एक कहानी है।

प्रेमनाथ परदेसी के नाटक

कश्मीर में कबाइली आक्रमण के बाद 1947-48 में एक ऐसा बदलाव आया जिसने यहां के राजनीतिक, साहित्यिक और सांस्कृतिक जीवन को एक नई

गति प्रदान की। एक नए स्वर्ण-युग के स्वप्न देखे गए और भारतव्यापी प्रगतिवादी आंदोलन के अंतर्गत लेखन को उसे (स्वप्न) साकार करने का उपकरण माना गया। प्रगतिवादी विचार-दृष्टि के प्रक्षेप के लिए यहां 'कौमी-कल्चरल महाज' नाम की संस्था की स्थापना हुई, जो बाद में 'कल्चरल कॉन्फ्रेंस' और 'कल्चरल कांग्रेस' के नाम से सांस्कृतिक गतिविधियों को प्रेरित-प्रभावित करती रही। नाटक को अपने वैचारिक आग्रहों के प्रचार का एक सशक्त माध्यम मानते हुए इस संस्था ने कश्मीर में एक नया रंगमंच शुरू किया जिसके अंतर्गत परदेसी का ही नाटक 'शहीद शेरवानी' 1949 में व्यापक स्तर पर मंचित हुआ। कबाइली आक्रमण का विरोध करते हुए नृशंसता से मारे गए मकबूल शेरवानी के जीवन पर केंद्रित इस नाटक में हिंदू-मुस्लिम संबंधों का आदर्श रूप प्रस्तुत करने का प्रयत्न है। नाटक का स्पष्ट प्रचारवादी तेवर सामंती शासन को समाप्त करके सत्ता संभालने वाली लोक सरकार की स्थिति को सुदृढ़ करने के प्रयोजन के साथ जुड़ा है। यह नाटक कई देहातों में भी खेला गया और वहां के दर्शकों में इसको खासी लोकप्रियता मिली, पर जहां तक नाटकीय शिल्प-संरचना का संबंध है, 'शहीद-शेरवानी' एक बेहद शिथिल नाटक था। वस्तु-संयोजना की दृष्टि से भी यह एकदम सतही रचना थी। परदेसी के और दो नाटक 'डालर साहब' और 'त्रे बटा चोर' (तीन बटा चार) पूरे विचारधारात्मक जोश के साथ जगह-जगह खेले गए। इनकी सीधी प्रचारात्मकता इनके साहित्यिक महत्त्व को बिल्कुल नगण्य बना देती है। पहले नाटक में 'डालर साम्राज्य' की साजिश और उसके राजनीतिक उद्‌देश्य को नंगा किया गया है। दूसरे में किसानों में जमीन पर अपने अधिकार के प्रति चेतना फैलाने की कोशिश की गई है। भूमि-सुधारों को विषय बनाकर लिखे गए इस नाटक का संदेश है कि किसान फसल के तीन चौथाई भाग का मालिक है। परदेसी के ये तीनों नाटक प्रकाशित नहीं हुए। इन्हें कश्मीरी नाटक साहित्य के अंतर्गत नहीं बल्कि कश्मीरी रंगमंच के संदर्भ में देखा जाता है।

गीत-नाट्य

अपनी अत्यंत धीमी यात्रा में कश्मीरी नाटक 1953 में एक नए मोड़ पर आ पहुंचा जब दीनानाथ नादिम ने 'बोम्बुर यम्ब रजल' (भंवरा और नरगिस) लिखकर गीत-नाट्यों का एक सिलसिला शुरू किया। इन गीत-नाट्यों में प्रायः स्थानीय लोक-कथा अथवा लोक-विश्वासों का प्रगतिवादी दौर की राजनीतिक मान्यताओं के प्रतिपादन के लिए नारेबाजी के स्तर पर प्रयोग किया गया है। 'बोम्बुर यम्ब रजल' में शांति के मसले को रूपकबद्ध किया गया है और यह दिखाया गया है कि शांति

की युद्ध पर, सत्य की असत्य पर और न्याय की अन्याय पर सदा विजय होती है। युद्धकामी और शांति-समर्थक शक्तियों की उसमें एक विशिष्ट दृष्टिकोण से व्याख्या की गई है। जिससे कश्मीर की तत्कालीन राजनीतिक स्थिति के संदर्भ में पक्षधरता की एक स्पष्ट भंगिमा प्रकट होती है। भौंरे और नरगिस के विरुद्ध तूफान और पतझड़ के संघर्ष का गुललाला तथा अन्य फूलों की सहायता से विफल हो जाना और नव-वसंत के आगमन पर उनके मिलन का जो दृश्य इस गीत-नाट्य में प्रस्तुत किया गया है, वह अपनी समस्त प्रतीकात्मकता के बावजूद एक अत्यंत स्पष्ट सरलीकरण मात्र है। फिर भी संगीतात्मकता और गान के तत्त्व 'बोम्बुर यम्ब रजल' में काफी सफलता से विन्यस्त हैं और इसे एक विशिष्ट कृति बना देते हैं। पूर्व नियोजित ही सही, प्रतीक पात्रों की क्रिया-प्रतिक्रिया और घात-प्रतिघात के कारण नाटकीयता का एक धरातल भी उसमें उभरता है। 'बोम्बुर यम्ब रजल' कश्मीरी में लिखा गया पहला गीत-नाट्य है। मंच पर इसका तेरह बार प्रभावी प्रस्तुतीकरण किया जा चुका है। इनमें रूसी नेताओं, बुल्गानिन और ख्रुश्चेव के कश्मीर आगमन के अवसर पर किया गया प्रस्तुतीकरण भी शामिल है।

1956 में दीनानाथ नादिम ने नूर मुहम्मद रोशन के सहयोग से एक और गीत-नाट्य 'हीमाल-ना गराय' (हीमाल और नागराय) लिखा। यह गीत-नाट्य कश्मीर की एक प्रसिद्ध लोक-कथा पर आधारित है। शिल्प और गठन की दृष्टि से यह गीत-नाट्य उतना ही कमजोर है, जितना कि गीतात्मकता की दृष्टि से सशक्त है। गीत-नाट्य, छाया-नाटक और मंचीय नाटक—इन तीनों विधाओं की तकनीक के एक साथ प्रयोग ने इसे असंतुलित बना दिया है। इसके अतिरिक्त 'नीकी बंदी' (नेकी-बदी) नाम का एक अन्य गीत-नाट्य नादिम ने लिखा, जिसका कथ्य नेकी की बदी पर विजय और मनुष्य और मनुष्य के बीच स्नेहपूर्ण संबंधों की स्थापना है।

नादिम ने अपने गीत-नाट्यों का सिलसिला 'व्यथ' (वितस्ता), 'सफरत, शेहंजार' (सफर और छाया) तथा 'शिहिल्य कुल' (छायादार वृक्ष) लिखकर आगे भी जारी रखा। इनमें 'व्यथ' (वितस्ता) विशेष रूप से उल्लेखनीय माना जा सकता है। इस गीत-नाट्य में, जो 1970 में लिखा गया, नादिम ने वितस्ता नदी को शांति व सौंदर्य और बंधुत्व का प्रतिनिधित्व करनेवाली कश्मीर की सांस्कृतिक परंपरा के प्रतीक के रूप में प्रस्तुत किया है। कश्मीर को एक भूखंड नहीं, एक विशिष्ट सांस्कृतिक चेतना का प्रतीक बनाकर नादिम ने इस गीत-नाट्य में वह गहराई लाने की कोशिश की है, जो उनके पहले के गीत-नाट्यों में नहीं मिलती। संगीत, नृत्य, गान और नाटक का रंगमय परिदृश्य इसमें एक विशिष्ट प्रभाव के साथ प्रस्तुत किया गया है। तकनीक की दृष्टि से यह पूर्वी और पश्चिमी शैली दोनों की विशेषता से युक्त है।

गीत-नाट्य लिखने का प्रयोग अमीन कामिल और रहमान राही ने भी किया। कामिल ने एक कश्मीरी लोक-कथा पर आधारित 'बो'म्बुर-लोलरे' नाम के गीत-नाट्य की रचना की जिसमें रोमानी काव्यमयता ने नाटकीय स्थिति को उभरने का कोई अवसर नहीं दिया है। शायरी भी अनेक स्थानों पर सतही और सपाट है।

राही के गीत-नाट्य 'ये' लि मोत लोलस फो 'र' (जब मौत ने प्रेम को लूटा) में भी विषय और संवेदना का धरातल रोमानी है। गोर्की की कविता पर आधारित यह रचना राजनीतिक दृष्टिकोण के सीमित दायरे से मुक्त है, लेकिन नाटकीय संवेदना की तीव्रता का कोई एहसास नहीं दे पाती। वस्तुतः इन गीत-नाट्यों का कश्मीरी नाटक के विकास के संदर्भ में उल्लेख केवल ऐतिहासिक है और कश्मीर में रंगमंच के अभियान से संबंधित है।

कश्मीर उत्सव और अख्तर मुहीउद्दीन के नाट्य-प्रयास

गीत-नाट्यों की यह बाढ़ मंच के लिए उपयुक्त नाट्य-आलेखों के उपलब्ध न होने के कारण ही उमड़ आई थी। तत्कालीन सरकार द्वारा जश्ने-कश्मीर अथवा कश्मीर-उत्सव के आयोजन से उस दौर के कुछेक रंगमंचीय नाटक भी कश्मीर-उत्सव की ही उपज कहे जा सकते हैं। इनमें अख्तर मुहीउद्दीन के नाटक 'शीश-त-सं' गिस्तान' (शीशा और पत्थर) तथा 'नस्ति हुंद सवाल' (नाक का सवाल) इस दृष्टि से उल्लेखनीय हैं कि इनमें यथार्थ के अपेक्षाकृत अधिक विश्वसनीय धरातल का स्पर्श है। 'नस्ति हुंद सवाल' (नाक का सवाल) एक यूनानी मिथक पर आधारित प्रतीकात्मक नाटक है। इसकी गति बहुत धीमी है और चरित्रांकन सपाट और शिथिल है। अख्तर मुहीउद्दीन ने अपनी ही एक कहानी 'आपन होर जंग' (आपा ने जंग हारी) का नाट्य रूपांतरण भी किया। यह एक प्रहसन था जिसमें मध्यवर्गीय परिवेश में पली-बढ़ी स्त्रियों के आचरण पर व्यंग्य है।

प्रोत्साहन के सरकारी प्रयास

इससे पूर्व 1955 में राज्य सरकार द्वारा बाढ़-पीड़ितों की सहायता के लिए शुरू किए गए अभियान के अंतर्गत अली मोहम्मद लोन का नाटक 'विज छ सा'न्या'(बेला हमारी है) और पुष्कर भान के 'यातन या तडाख' मंचित हुए, जो बेहद मामूली स्तर के हैं।

इस बीच 1960 में रवींद्र शतवार्षिकी के अवसर पर एक प्रेक्षागृह टैगोर हॉल की स्थापना हुई जिससे कश्मीर में नाटकों के मंचन और प्रस्तुतीकरण के लिए रंगकर्मियों को विशेष सुविधा प्राप्त हुई। राज्य की सांस्कृतिक अकादेमी ने भी वार्षिक नाट्योत्सवों तथा नाट्य-आलेख प्रतियोगिताओं का आयोजन करके कश्मीरी

लेखकों को मंच के लिए नाटक रचने का प्रोत्साहन देने का प्रयत्न किया। इससे कश्मीरी नाटक को गति अवश्य मिली किंतु परिणाम बहुत अधिक प्रेरणाजनक नहीं रहा। हद से हद यही कहा जा सकता है कि सरकार की ओर से किए गए इन प्रयत्नों से नाटक के क्षेत्र में रचनाशीलता के लिए एक प्रेरक वातावरण तैयार हुआ।

अकादेमी के नाट्योत्सव और रहबर के नाटक

अकादेमी के नाट्योत्सवों के लिए लिखने वालों में अवतार कृष्ण रहबर ने नाटक की दिशा में अपनी रचनात्मक क्षमता का परिचय दिया। उनके 'तलाश' बछुसचर' (मैं एक चोर हूं) 'बो' ल ह 'रिश' (उलझाव) और 'अवलाद' (औलाद) की मंच पर सफलता यद्यपि उनकी साहित्यिक श्रेष्ठता का प्रमाण नहीं मानी जा सकती, इन कृतियों ने आधुनिक यथार्थवादी नाट्य-शिल्प के अनुरूप रचना-प्रवृत्ति को प्रेरित करने में एक भूमिका जरूर निभाई है। गठन और संरचना की दृष्टि से ये नाटक पूर्ववर्ती कश्मीरी नाटकों से अलग और विशिष्ट हैं। रहबर का एक ऐतिहासिक नाटक 'बडशाह' भी मंचित हुआ, लेकिन बिखराव के कारण वह अधिक प्रभावकारी नहीं रहा। रहबर के ये नाटक अभी तक प्रकाशित नहीं हुए हैं, इस कारण विस्तार से उनकी परख प्रस्तुत नहीं की जा सकती। फिर भी इनमें 'तलाश' का कथ्य और शिल्प की दृष्टि से एक महत्त्व है। इस नाटक में आदमी के अमानवीकरण को निर्ममता से उघाड़ने की कोशिश की गई है।

कुछ अप्रकाशित किंतु सफल मंचीय नाटक

रहबर ही नहीं अन्य कई लेखकों के नाटकों का मंचित होकर भी अप्रकाशित रहना उन्हीं तक सीमित एक घटना न होकर कश्मीरी नाटक के संपूर्ण परिदृश्य का एक दिलचस्प पक्ष है। बहुत कम कश्मीरी नाट्य आलेख ऐसे भी हैं, जो मंचित होने के साथ प्रकाशित भी हुए हैं। इनमें से अधिकांश यद्यपि चर्चित होने के योग्य नहीं, कुछेक नाटक ऐसे अवश्य हैं जिनका अपना महत्त्व है। जैसे अली मुहम्मद लोन का नाटक 'तकदीर साज', मोतीलाल क्यमू का 'नगर बौ'दा'स्य' (उदास नगर) और हरिकृष्ण कौल का 'नाटक क'रिव बन्द' (नाटक बंद करो)। लोन के 'तकदीर साज' में आज की राजनीतिक पैंतरेबाजी और जल का मुखौटा उतारने की कोशिश है। जनता के भाग्य विधाता बन बैठे समाज के तथाकथित प्रतिष्ठित व्यक्तियों की सिद्धांतहीनता पर इस नाटक में चोट की गई है। मोती लाल क्यमू का 'नगर बौ'दा'स्य' एक ऐतिहासिक नाटक है, लेकिन इसमें इतिहास मानवीय संबंधों के तनावों को प्रस्तुत करने के लिए एक पार्श्वभूमि मात्र है। हरिकृष्ण कौल ने राम-कथा में हनुमान के चरित्र को वर्तमान संदर्भ में प्रस्तुत करते

हुए एक नया आयाम प्रदान किया है और उसके माध्यम से हर अन्याय और असत्य को निर्विरोध सहने वाले आज के आम आदमी के अपनी स्थिति के प्रति विद्रोह और मोहभंग को उद्घाटित किया है। तीनों नाटकों में वस्तु और शिल्प की प्रयोगात्मकता तथा भंगिमाएं विशेष रूप से द्रष्टव्य हैं। इनका अब तक प्रकाशित न हो पाना भी कश्मीरी नाट्य साहित्य की स्थिति की ओर एक तरह का इंगित है।

रेडियो नाटक

कश्मीरी में नाटक मंच से अधिक प्रसारण माध्यम का आश्रय लेकर विकसित हुआ है। पिछले तीन-चार दशकों में कश्मीरी में रेडियो-नाट्य विधा इस तीव्रता से विकसित हुई है कि कश्मीरी नाटक की कोई भी चर्चा उसे केंद्र में रखे बिना करना असंभव है। साहित्य के इतिहास में उनका उल्लेख कहां तर्कसंगत है, यह कहना मुश्किल है, पर रेडियो की तृप्ति के लिए लिखे गए सैकड़ों नाटकों में से कुछेक ऐसे अवश्य हैं, जो अपनी रचनाशीलता के कारण महत्त्वपूर्ण हैं। इनमें अली मुहम्मद लोन के 'म्यानि जिगरिकि दादि वौथ' (ओ मेरे दिल के दर्द जाग), अख्तर मुहीउद्दीन के 'आदम छु अजब जाथ' (एक अजब जीव है आदमी), शंकर रैणा के 'हरुद' (सतझड़), हरिकृष्ण कौल के 'ये'लि बतन छु खुर इवान' (जब राहें उलझ जाती हैं) और शांत के 'येलि पन रोव' (खोया हुआ सूत्र) में कश्मीरी में नाट्य-रचना की संभावना और उपलब्धि का एक पूरा क्षितिज उभरता है। सोमनाथ जुत्शी और वंशी निर्दोष के भी कुछ ऐसे नाटक रेडियो से प्रसारित हुए हैं, जो उल्लेखनीय माने जा सकते हैं। इनमें जुत्शी का 'विजिवाब' और निर्दोष का 'दा'न थ'र' (अनार का गाछ) काफी चर्चित हुए हैं। अनेक नाटक राष्ट्रीय प्रसारणों में भी स्थान पा चुके हैं, जिनमें अली मुहम्मद लोन का 'सुय्या' और मोती लाल क्यमू का 'लल ब' द्रायस लोलरे' पहले रेडियो पर प्रसारित हुए हैं और बाद में मंच पर प्रस्तुत किए गए।

पुष्कर भान का 'मचामा' प्रहसन

लोकप्रियता को अगर कसौटी माना जाए तो पुष्कर भान की 'मचामा' शृंखला का कश्मीरी रेडियो नाटकों में विशेष स्थान माना जा सकता है। इसका कारण संभवतः इसकी रेडियो प्रस्तुति में भाग लेने वाले कलाकारों के अभिनय की निजी विशेषताएं हो सकती हैं। इस नाट्य-शृंखला को रंगमंचीय नाटकों का भी रूप दिया गया और इसका पुस्तक के रूप में प्रकाशन भी किया गया, जिस पर भान को साहित्य अकादेमी पुरस्कार भी प्राप्त हो चुका है। इन नाटकों का केंद्रीय पात्र मचामा एक ऐसा व्यक्ति है जिससे कश्मीर के आम लोगों ने अपना तादात्म्य-सा अनुभव किया, क्योंकि उसकी कमजोरियों और आकांक्षाओं में उन्होंने अपने आप को देखा। मचामा

स्वयं लेखक के शब्दों में "लाखों का कारोबार करने वाला अथवा नैतिकता की अपने मतलब से व्याख्या करने वाला नायक नहीं, बल्कि वह ऐसा नायक है जो अपने आप को और अपने परिवार को खुश देखना चाहता है। आकाश छूने वाली अट्टालिकाओं के अंदर जिसका दम घुटता है, जिसने फाके सहे हैं, जिसकी बीवी कार्तिक के चांद-सी पीली पड़ी है। मेरा नायक अपने मां-बाप की अंतिम आशा है। मेरे नायक को भी अपने जीवन में एक छोटे से बंगले की चाह है, वह अच्छे कपड़े पहनना चाहता है। कब तक वह धन वालों के चेहरे की ओर देखता रहेगा...।"

'मचामा' प्रहसन को कश्मीरी हास्य और व्यंग्य साहित्य की विशिष्ट देन कहना प्रशंसा का अतिरेक है। यह इस बात पर निर्भर करता है कि हास्य और व्यंग्य के बारे में इसके प्रशंसकों की परिकल्पना क्या है। स्वयं भान ने हास्य को कभी खाने का जायका बढ़ाने वाली चटनी कहा है तो कभी एक ऐसा तीर जिसकी चुभन आदमी कभी भूल ही नहीं सकता। जहां तक उनके प्रहसन का संबंध है, उसके प्रस्तुतीकरण का स्तर चाहे जो रहा हो, उसके हास्य का स्तर केले के छिलके पर फिसलने पर हंसनेवाले का-सा है–सामान्य और कहीं-कहीं बहुत भोंड़ा। उर्दू अथवा अंग्रेजी शब्दों के गलत उच्चारण से पैदा हास्य का स्तर क्या हो सकता है, इस पर टिप्पणी की आवश्यकता नहीं। जीवन की विसंगतियों और विद्रूपताओं को नंगा करने वाले व्यंग्य का रूप इसमें कहीं उपलब्ध नहीं होता। 'मचामा' हद से हद एक कैरिकेचर है जिसकी सृष्टि करते हुए लेखक की दृष्टि मनोरंजन की अवधारणा से आगे नहीं गई है। प्राणकिशोर के शब्दों में वह "हंस-हंसकर लोट-पोट कर देने वाला पात्र है।" 'मचामा' की प्रशंसा में लिखे गए शब्द अनजाने में ही इसके बारे में सब कुछ कह गए हैं। इसका उद्‌देश्य हल्की गुदगुदाहट है, जीवन की विद्रूपताओं को उघाड़कर तिलमिलाहट पैदा करना नहीं।

मोती लाल क्यमू की रंग-यात्रा

कश्मीरी नाटक को समकालीन जीवन की वास्तविकता से जोड़कर उसे नए और सार्थक शिल्प प्रयोगों में प्रस्तुत करने में मोती लाल क्यमू (जन्म 1933) विशेष रूप से सफल रहे हैं। क्यमू आधुनिक एब्सर्ड नाटक तथा कश्मीरी लोक-नाट्य रूप 'भांड पा'थर' के रंग तत्त्वों के अनोखे समन्वय द्वारा अपने आस-पास के जीवन की बेहूदगियों को नाटक में पकड़कर अपनी रचनाशीलता का एक प्रभावशाली आयाम उद्‌घाटित करते हैं। वस्तुतः कश्मीरी रंगमंच को अपने विशिष्ट रंग-प्रयोगों द्वारा गति देने में क्यमू की भूमिका सर्वाधिक महत्त्वपूर्ण रही है। आधुनिक पश्चिमी नाटक और समकालीन भारतीय लोक तथा साहित्यिक नाटकों से भी वे बखूबी परिचित हैं और अपने शिल्प में आवश्यकतानुसार उनके तत्त्वों को विन्यस्त करते हैं। □

हिंदी सिनेमा में कश्मीर का अवदान

अवतार मोटा
(अनुवाद–पूजा तिवारी)

प्राचीन एवं मध्य काल में सौंदर्यशास्त्र, कविता, दर्शन, कला, संस्कृत, साहित्य, नाटक, चिकित्सा, संगीत, शैव दर्शन के साथ-साथ हिमालय के क्षेत्र एवं मध्य एशिया में बौद्ध दर्शन के प्रसार में कश्मीरियों के योगदान से सभी परिचित हैं और इस संदर्भ में समुचित लेखन भी हुआ है। एक और क्षेत्र जहां कश्मीरियों ने विशेष योगदान दिया है वह है - सिनेमा। संभवतः हिंदी सिनेमा के विकास में कश्मीरियों विशेषकर कश्मीरी पंडितों के योगदान का उचित मूल्यांकन नहीं किया गया है और न ही इस पर ध्यान दिया गया है। भारत में सिनेमा के आगमन के समय से ही बहुत से कश्मीरी सक्रिय रूप से सिनेमा से जुड़े रहे इनमें से अधिकतर अभिनेता के तौर पर रहे हालांकि इस श्रेणी में निर्देशक, छायाकार और लेखकों का नाम भी लिया जा सकता है।

1940 से 1960 के दशक में बहुत से ऐसे लेखक, अभिनेता और निर्माता हुए जिन्होंने कश्मीरी होने को गर्व से स्वीकार किया। इस श्रेणी में हम सआदत हसन मंटो (लेखक), आगा जानी कश्मीरी (लेखक), नवाब कश्मीरी (अभिनेता), हरि कश्मीरी और अन्य बहुत से लोगों का नाम गिना सकते हैं। यहां तक कि साहिर लुधियानवी को भी आधा कश्मीरी कहा जा सकता है क्योंकि उनकी मां (सरदार बेगम) कश्मीरी परिवार की थीं। इस आधार पर कटरीना कैफ और सोनी राजदान को भी अर्ध-कश्मीरी कहा जा सकता है क्योंकि दोनों के पिता कश्मीरी थे।

इस बात से बहुत से लोग अनभिज्ञ हैं कि रामानंद सागर, बलराज साहनी, परीक्षित साहनी, विधु विनोद चोपड़ा, अरुण कौल, सोनिया साहनी जैसे दिग्गज, कश्मीर से ही संबंधित थे। एम.के. रैना, के.के. रैना, ओमकार आयमा, तारिक शाह, वीरेंद्र राजदान, संजय सूरी, अशोक पंडित (भारतीय फिल्म एवं

टेलीविजन डायरेक्टर्स एसोसिएशन के अध्यक्ष) और युसुफ भट्ट भी कश्मीर से ही हैं। एम.के. रैना ने कुछ फिल्मों में अभिनय भी किया किंतु उन्होंने थियेटर अभिनेता के रूप में ख्याति अर्जित की। के.के. रैना ने भी कुछ फिल्में कीं और थियेटर से जुड़े रहे। तारिक शाह ने कुछ फिल्में कीं और निर्देशन और फिल्म निर्माण में भी कदम रखा। सुप्रसिद्ध अभिनेता राज जुत्सी भी कश्मीरी हैं।

प्रसिद्ध समानांतर सिनेकार मणि कौल (1944-2011) भी कश्मीरी थे। उनकी फिल्मों 'उसकी रोटी', 'दुविधा' और 'आषाढ़ का एक दिन' ने उन्हें अंतरराष्ट्रीय स्तर का सिनेकार बनाया। हिंदी सिनेमा के एक अन्य प्रमुख फिल्मकार महेश कौल (1911-1972) भी कश्मीरी थे। महेश कौल ने फिल्म निर्माण और निर्देशन के अलावा पटकथा लेखन भी किया। 1961 में आई उनकी फिल्म 'प्यार की प्यास' के लिए उन्हें राष्ट्रीय फिल्म पुरस्कार भी मिला। उनके द्वारा निर्देशित आखिरी फिल्म 'अग्नि रेखा' थी जिसमें संजीव कुमार ने मुख्य भूमिका निभाई थी। अवतार कृष्ण कौल जिनकी मृत्यु एक दुर्घटना में हुई थी को आज भी फिल्म '27 डाउन' के निर्माण और निर्देशन के लिए याद किया जाता है। अवतार कृष्ण कौल की फिल्म '27 डाउन' ने कई पुरस्कारों के साथ सर्वश्रेष्ठ सिनेमेटोग्राफी के लिए राष्ट्रीय फिल्म पुरस्कार भी प्राप्त किया। इस फिल्म में एम.के. रैना और राखी मुख्य भूमिका में थे।

करन राजदान भी कश्मीर से संबंधित प्रसिद्ध अभिनेता, लेखक और निर्देशक हैं। करन ने 'गर्ल फ्रेंड', 'हवस', 'सौतन' और 'उमर' जैसी फिल्मों का निर्देशन किया। उन्होंने 'त्रिमूर्ति', 'दीवाने' और 'दिलजले' जैसी फिल्मों की पटकथा भी लिखी।

प्रसिद्ध कलाकार कश्मीरी खोसा के पुत्र एवं कलाकार सोम नाथ खोसा के प्रपौत्र राजन खोसा की फिल्म 'गट्टू' बर्लिन फिल्म फेस्टिवल में प्रदर्शित किये जाने के अतिरिक्त कई अंतर्राष्ट्रीय पुरस्कारों से नवाजी गई। 'गट्टू' को 2012 के 'न्यूयार्क इंडियन फिल्म फेस्टिवल' में बेस्ट फीचर फिल्म घोषित किया गया।

कुनाल खेमू (जन्म-1983) कश्मीर के एक अन्य प्रतिभाशाली अभिनेता हैं जिन्हें 'कलयुग' (2005), 'ढोल' (2007), '99' (2009), 'जय वीरू' (2009), 'गोलमाल' (2010) 'गोलमाल रिटर्न्स' (2017), 'गो गोवा गॉन' (2013), 'कलंक' (2019), 'मलंग' (2020) और 'लूटकेस' (2020) जैसी फिल्मों में शानदार भूमिकाओं के लिए जाना जाता है। 1987 से 2005 तक कुनाल ने कई फिल्मों में बाल अभिनेता के रूप में भी काम किया है। उन्होंने सोहा अली खान से विवाह किया है।

यदि हम युवा पीढ़ी के अभिनेताओं जैसे संदीप धर, एकता कौल, विनीत रैना, हिना खान, कांची कौल, जायरा वसीम, आमिर बसीर, मोहित रैना, सनी मोजा, जुनैद शेख, मीर सरवर, अबरार जहूर, सादिया खतीब, भाषा सुम्ब्ली और कई अन्य को सम्मिलित कर लें तो यह सूची लंबी हो जाएगी। तद्नुसार प्रस्तुत लेख में पिछली शताब्दी के आठवें दशक तक सक्रिय रहे दिग्गज और जाने-माने कलाकारों को ही सम्मिलित करूंगा। इस लेख में मैंने उन प्रमुख अभिनेताओं को सम्मिलित किया है जो मूक फिल्मों के समय से सक्रिय रहे हैं और जिनका अभिनय के क्षेत्र में महत्त्वपूर्ण योगदान है।

(1) श्यामा जुत्सी (1910-1953)

श्यामा जुत्सी पहली कश्मीरी महिला थीं जिन्होंने 1934 में फिल्म क्षेत्र में कदम रखा। उन्होंने कई फिल्मों में अभिनय किया जो अग्रलिखित हैं—1 शिव भक्ति (1934), 2 मंजू (1935), 3. कारवां ए हयात (1935) 4. खूनी जादूगर (1939)

उनकी फिल्म 'खूनी जादूगर' का गीत 'दिल से तेरी निगाह', जिसे के. एल. सहगल ने गाया था, काफी प्रसिद्ध हुआ। के. एल. सहगल और पहाड़ी सान्याल के द्वारा गाया गया एक अन्य युगल गीत 'कोई प्रीत की रीत बता दे' भी काफी लोकप्रिय हुआ।

श्यामा जुत्सी लाहौर के एक संपन्न परिवार से ताल्लुक रखती थीं। उनके पिता लाडली प्रसाद जुत्सी एक बड़े वकील थे। वह काफी सफल और लोकप्रिय अभिनेत्री थीं लेकिन उन्होंने अचानक ही फिल्मों से किनारा कर लिया और राजनीति और स्वतंत्रता संग्राम में कूद पड़ीं। श्यामा कांग्रेस की नेता थीं और अपनी मां और बहनों के साथ प्रमुख स्वतंत्रता सेनानी बनीं। उनका परिवर गांधी जी के अहिंसा के विचारों से प्रभावित था।

(2) यशोधरा काट्जू (जन्म 1927)

यशोधरा काट्जू लाहौर के एक प्रतिष्ठित कश्मीरी पंडित परिवार से ताल्लुक रखती थीं जो बाद में लखनऊ चला गया, जहां उनके पिता जीवन लाल काट्जू को ब्रिटिश सरकार द्वारा एक वरिष्ठ प्रशासनिक पद पर नियुक्त किया गया। काट्जू ने बाद में अपनी सरकारी नौकरी से इस्तीफा दे दिया और देश के स्वतंत्रता संग्राम से जुड़ गए। वह उत्तर प्रदेश के एक प्रसिद्ध कांग्रेस नेता थे। उनकी माता का नाम कैलाशवती था। कैलाशवती प्रसिद्ध उर्दू कवि और इलाहाबाद के न्यायाधीश आनंद नारायण मुल्ला की बेटी थीं। यशोधरा ने अंग्रेजी माध्यम स्कूलों में पढ़ाई की थी और अंग्रेजी, हिंदी और उर्दू तीनों धाराप्रवाह जानती थीं।

वह गायन और नृत्य दोनों में समान रूप से पारंगत थीं। कुछ समय के लिए उन्होंने लखनऊ के प्रसिद्ध भातखंडे संगीत संस्थान में भी प्रवेश लिया, किंतु नृत्य के प्रति अधिक समर्पित होने के कारण उन्होंने एक पेशेवर नर्तकी (कथकली, कथक और मणिपुरी) के रूप में लखनऊ के कुछ प्रशिक्षकों से नृत्य सीखा। बाद में उन्होंने मुंबई में भी नृत्य सीखा था।

यशोधरा काट्जू कई फिल्मों जैसे 'महात्मा विदुर' (1942), 'दुल्हन' (1943), 'विजयलक्ष्मी' (1943), 'ढोलक' (1951), 'नौजवान' (1951), 'बाज' (1953), 'साहब' (1954), 'अधिकार' (1954), 'तीरंदाज' (1955), 'कारवां' (1956), 'किस्मत के खेल' (1956), 'अमरसिंह राठौड़' (1957), 'तलाक' (1958), 'श्रवण कुमार' (1960), 'अमृत मंथन' (1961), 'प्यार की प्यास' (1961), 'हरे राम हरे कृष्णा' (1971), 'सीमा' (1971), 'पराया धन' (1971), 'दो फूल' (1973), 'अग्नि रेखा' (1973) में अपनी भूमिकाओं के लिए लोकप्रिय हुईं।

फिल्मों में मुख्य अभिनेत्री के रूप में शुरुआत करते हुए उन्होंने चरित्र भूमिकाओं को भी निभाया और 1950 के दशक में उन्होंने एक प्रसिद्ध हास्य अभिनेत्री के रूप में पहचान बनाई। उनके छोटे-मोटे कद और शरारती आंखों ने उन्हें नायिका से हास्य अभिनेत्री बनने में मदद की। उन्हें हिंदी सिनेमा के बेहतरीन हास्य कलाकारों में गिना जाता था।

(3) चंद्र मोहन वत्तल (1904-1949)

नीली आंखों वाले चंद्र मोहन वत्तल 1930 से 1940 के बीच भारतीय सिनेमा के एक महान अभिनेता थे। वह उस दौर के सितारे थे। यह कहा जाता है कि जब वी. शांताराम ने उन्हें पहली बार देखा, तो उन्होंने कहा कि "उसका व्यक्तित्व राजसी है। मैं उसे किसी भी कीमत पर पाना चाहता हूं।" और इसके बाद वी. शांताराम ने उन्हें 1934 में आई फिल्म 'अमृत मंथन' में राजगुरु की मुख्य भूमिका दी। इसके बाद 'अमर ज्योति' और 'धर्मात्मा' फिल्म में भी उन्हें मुख्य भूमिका दी गई जिसे वी. शांताराम ने ही बनाया था। 'अमर ज्योति' में उनके अभिनय ने उन्हें लोकप्रिय बना दिया और पूरा भारत उनका प्रशंसक हो गया। विशेषकर 1939 में आयी सोहराब मोदी की फिल्म 'पुकार' में काम करने के बाद उनका नाम बॉक्स ऑफिस पर सफलता का एक आश्वासन सा बन गया। बॉक्स ऑफिस पर उनकी सफल फिल्मों में 'गीता' (1940), 'रोटी' (1942 गायिका बेगम अख्तर और अख्तरी बाई फैजाबादी ने भी इसमें अभिनय किया था), 'तकदीर' (1943), शकुंतला (1943), 'नौकर' (1943), 'रौनक' (1944), 'पन्ना दाई' (1945), हुमायूं (1945), 'मुमताज महल' (1945), 'शालीमार' (1946), 'शहीद'

(1948) के साथ 'रामबाण' और 'दुखियारी' आदि का नाम लिया जा सकता है। चंद्र मोहन मराठी जानते थे और उन्होंने कई मराठी फिल्मों में भी काम किया था।

चंद्र मोहन एक संपन्न कश्मीरी पंडित परिवार से थे, जो मूल रूप से इलाहाबाद के रहने वाले थे। उनके पिता जगन्नाथ सहाय वत्तल 1900 के आस-पास ग्वालियर चले गए, वहां उन्होंने महाराजा माधव राव सिंधिया (प्रथम) के यहां काम किया। पंडित जगन्नाथ सहाय वत्तल सर तेज बहादुर सप्रू के चचेरे भाई थे। उनका विवाह मुशरान की एक लड़की के साथ हुआ था जो ग्वालियर के एक परिवार की थी और बचपन में ही मां का निधन होने के कारण नन्हें चंद्र मोहन का पालन-पोषण उनके ननिहाल में ही हुआ। उनका ननिहाल नरसिंहपुर (एम.पी.) में था।

1935 में बाबू राव पटेल जो कि 1947 से पूर्व की एकमात्र अंग्रेजी पत्रिका 'फिल्म इंडिया' का संपादन करते थे, ने एक अंक इस तारक को समर्पित करते हुए प्रकाशित किया था। चंद्र मोहन के करीबी मित्रों में उल्हास, के.एन. सिंह, पृथ्वीराज कपूर, राजन हकसर और मोतीलाल शामिल थे। वे रेस के घोड़े खरीदने, सट्टा लगाने और बेहतरीन गुणवत्ता की स्कॉच व्हिस्की पीने के शौकीन थे। उनके घुड़दौड़ मित्रों में कश्मीर के महाराजा हरीसिंह और ग्वालियर के महाराजा जीवाजी राव सिंधिया शामिल थे।

(4) उल्हास

उल्हास का वास्तविक नाम एम.एन. कौल था। वे अजमेर के कश्मीरी पंडित परिवार के थे। 1937 में वो पुणे गए और वहां एक अभिनेता के रूप में 'प्रभात फिल्म्स' से जुड़े। बतौर अभिनेता 'वहां' उनकी पहली फिल्म थी। उन्होंने ए.आर. करदार और सोहराब मोदी जैसे दिग्गजों के साथ काम किया।

1930 से 1940 के दशक के एक अन्य अभिनेता चंद्र मोहन वत्तल ने उन्हें फिल्मों में पैर जमाने में मदद की। दरअसल में उन्होंने 'वहां' में उनकी भूमिका के लिए वी. शांताराम से अनुरोध किया था। 1949 में अपनी मृत्यु तक उल्हास, चंद्र मोहन वत्तल के इस सहयोग के लिए आभारी रहे।

जब बॉम्बे टॉकीज ने अपनी नई फिल्म 'बसंत' शुरू करने का फैसला किया तब उल्हास और मुमताज शांति की जोड़ी को मुख्य भूमिका के लिए साइन किया गया। 'पर्वत पे अपना डेरा' फिल्म के लिए उन्हें पुनः नायक के रूप में साइन किया गया। इसके बाद उन्होंने चरित्र भूमिकाएं करना शुरू किया। उन्होंने 'गाइड', 'अमर', 'आदमी', 'शमा परवाना', 'सेहरा', 'जिद्दी', 'गूंज उठी शहनाई', 'रानी

रूपमती', 'ढाका की मलमल', 'सम्राट पृथ्वीराज चौहान', 'हीर', 'मिर्जा गालिब', 'झांसी की रानी', 'नई उमर की नई फसल', 'संघर्ष', 'प्रेम पुजारी', 'बड़ी दीदी', 'दो आंखें बारह हाथ', 'अमर', 'जोहर महमूद इन गोवा' जैसी फिल्मों में यादगार चरित्र भूमिकाएं निभाईं। अपने 38 वर्षों की यात्रा में उन्होंने कई हिट फिल्मों में काम किया। उनकी आखिरी फिल्म 'सवाल' (1982) थी। 56 वर्ष की आयु में उनका निधन हो गया।

(5) राजन हकसर

एक और कश्मीरी जो हिंदी सिनेमा में चरित्र कलाकार के रूप में लोकप्रिय हुए, वह थे–राजन हकसर। वे ग्वालियर के एक कश्मीरी पंडित परिवार से थे। हकसर परिवार ग्वालियर जाने से पूर्व मूलतः श्रीनगर के टंकीपोरा में रहते थे। कश्मीर में पठान शासन के दौरान इन्होंने सिंधिया दरबार में रोजगार ढूंढ लिया था। राजन ने 1947 के पूर्व ही मुंबई में अपने करियर की शुरुआत कर दी थी। मुंबई में एक परोपकारी और साथी अभिनेता चंद्र मोहन वत्तल ने उनकी सहायता की। उन्होंने ही काम दिलाया और व्यवस्थित होने में सहायता की। राजन हकसर ने मनोरमा (वास्तविक नाम ईरिन इसाक डेनियल) नाम की एक अदाकारा से विवाह किया जो कि अर्ध आयरिश और अर्ध ईसाई थीं।

1947 में 'दो भाई' फिल्म से शुरुआत करके राजन हकसर ने विभिन्न भूमिकाएं निभाते हुए लगभग 204 फिल्मों में काम किया, जिसमें से उनकी अंतिम फिल्म 'आखिरी संघर्ष'(1999) थी। युवा बैजनाथ (बैजू बावरा 1952), मोतीलाल (महल 1969), श्याम सुंदर (सत्यकाम 1969), इंस्पेक्टर सावंत (शर्त 1969), रणधीर सिंह (गोरा और काला 1972), डॉ. शर्मा (बनारसी बाबू 1973), ठाकुर भंवर सिंह (प्राण जाए पर वचन न जाए 1974), पुलिस इंस्पेक्टर (पंडित और पठान 1977), किशन जे.जे. एम्प्लॉयर (डॉन 1978), मदन (मेरी आवाज सुनो 1981), जगन्नाथ 'जग्गू' खन्ना (संबंध 1982), रघु राय (मंगल पांडेय 1983) और ठाकुर विजय बहादुर सिंह (कसम सुहाग की 1989) आदि उनके द्वारा निभाए प्रमुख किरदार थे। उन्होंने 'जंगली' (1961), 'अर्जुन पंडित' (1976), 'चोरों की बारात' (1980), 'जानवर' (1983), 'बिंदिया और बंदूक' (1983), 'शराबी' (1984) और 'मेरी जंग' (1985) में भी यादगार अभिनय किया।

राजन ने फिल्म निर्माण भी किया और तीन फिल्मों 'आधी रात के बाद' (1965), 'प्यार का सपना' (1969) और 'रेशम की डोर' (1974) के उप-निर्माता भी रहे।

उनकी इकलौती पुत्री रीता हकसर ने भी फिल्मों में अभिनय किया। उन्होंने 'सूरज और चंदा' फिल्म में संजीव कुमार के साथ अभिनेत्री के रूप में मुख्य भूमिका निभाई। उन्होंने एक इंजीनियर से विवाह किया और हमेशा के लिए दुबई चली गईं। 2008 में मनोरमा की मृत्यु हो गई जबकि राजन का इससे पूर्व ही निधन हो गया।

(6) प्रेम अदीब (1917-1959)

प्रेम अदीब एक ऐसे भारतीय फिल्म अभिनेता थे जिन्हें 1940 के दशक के शीर्ष बॉलीवुड अभिनेताओं जैसे पहाड़ी सान्याल, पी. सी बरुआ, अशोक कुमार और मास्टर विनायक के समान प्रशंसित किया गया। अदीब को 'भरत मिलाप' (1942) और 'राम राज्य' (1943) में भगवान राम की भूमिका के लिए याद किया जाता है। इन फिल्मों में शोभना समर्थ के साथ उनकी जोड़ी ने दोनों को 'पवित्र प्रेम' और 'पारंपरिक भारतीय मूल्यों' के अवतार और प्रतीक के रूप में प्रतिष्ठित कर दिया। अदीब और समर्थ ने आगे भी 'रामबाण' फिल्म में राम और सीता की जोड़ी के रूप में काम किया। 1943 से 1950 तक अदीब और समर्थ की जोड़ी इतनी लोकप्रिय हो गई कि उन्हें धार्मिक प्रकाशनों के आवरण और हजारों कैलेंडर पर प्रदर्शित किया जाने लगा, जिन्हें हिन्दू मंदिरों में पूजन सामग्री के रूप में रखा जाने लगा। 'स्टेशन मास्टर' (1938), 'निराला हिंदुस्तान' (1938), 'तलाक' (1938), 'राज्य' (1942), 'भरत मिलाप' (1942), 'चूड़ियां' (1942), 'पुलिस' (1943), 'चांद' (1944), 'आम्रपाली' (1944), 'वीरांगना' (1946), 'सुभद्रा' (1945), 'मां का प्यार' (1948), 'अनोखी अदा' (1948), 'लवकुश' (1949), 'भोली' (1949), 'मोरध्वज' (1951), 'चंडी पूजा' (1952), 'महा पूजा' (1952), 'भगवत महिमा' (1954) 'गंगा मैया' (1955), 'सम्राट पृथ्वीराज चौहान' (1957), 'भक्त राज' (1959) और 'अंगुलिमाल' (1960) आदि प्रेम अदीब की कुछ प्रमुख फिल्में हैं।

(7) डी. के. सप्रू (1916-1979)

"आप कहां से आए हैं? आप एकदम यूरोपियन लगते हैं। कृपया बैठिए। मैं आपसे बात करना चाहता हूं।" यह बात वी. शांताराम ने 1944 में उस लड़के से कही थी जो जालंधर से प्रभात स्टूडियो पूना आया था। उस समय शांताराम, बाबू राव पटेल और शेख फतेहलाल प्रभात स्टूडियो के भागीदार थे।

उनके चेहरे को देखने और सामान्य परिचय के बाद वी. शांताराम ने नीली आंखों वाले दया किशन सप्रू को उनकी अगली फिल्म 'राम शास्त्री' के लिए

साइन कर लिया। उनके द्वारा निभाया गया पेशवा का किरदार काफी लोकप्रिय हुआ और फिल्म भी हिट हुई। इस कंपनी के द्वारा उन्हें नायक के रूप में तीन हजार रुपये मासिक पर साइन कर लिया गया जो कि उस समय किसी भी अभिनेता को दी जा रही सबसे बड़ी रकम थी। यह उनके राजसी जीवन के लिए पर्याप्त रकम थी। यह लगभग 1945-46 के आस-पास की बात है।

उनके पास फिल्मों की बाढ़-सी आ गई। उन्होंने 'रोमिओ एंड जूलियट' (नर्गिस के साथ) में अदाकारी की। नर्गिस की मां जद्दन बाई, सप्रू की प्रशंसक थीं। यह फिल्म नर्गिस के भाई अख्तर हुसैन के द्वारा निर्मित की गई थी। उन्होंने 'झांसी की रानी', 'कालापानी', 'हम हिंदुस्तानी', 'साहब बीबी और गुलाम', 'मुझे जीने दो', 'लीडर और शहीद' में यादगार भूमिकाएं कीं। 'मुझे जीने दो' में जमींदार की भूमिका ने उन्हें पुनः बुलंदी पर ला दिया। हमने उन्हें फिल्मों जैसे 'नया दौर', 'प्रेम पुजारी', 'ज्वेल थीफ', 'क्रोधी', 'कुदरत', 'धर्मवीर', 'ड्रीम गर्ल', 'जंजीर', 'पाकीजा' और कई अन्य फिल्मों में अद्भुत भूमिकाएं करते हुए देखा है। यह एक ऐसा दौर था जब कहानी लेखक कहानी या पटकथा में उनको ध्यान में रखकर भूमिकाएं लिखा करते थे। आगे की अधिकतर फिल्मों में वे या तो जमींदार या पुलिस कमिश्नर या जज की भूमिका में ही दिखाई दिए।

उन्होंने 350 से अधिक फिल्मों में काम किया जिनमें से 50 से अधिक में उन्होंने मुख्य भूमिका निभाई। इसके अतिरिक्त उन्होंने कुछ गुजराती और पंजाबी फिल्मों में भी अभिनय किया।

दया किशन सप्रू कश्मीर के एक संपन्न परिवार से थे और उनके पिता महाराजा के खजाने में कार्यरत थे। इसी कारण उनके परिवार को सदह्ल के समय में जम्मू और लाहौर जाना पड़ता था। सप्रू मराठी अदाकारा और इप्टा की कार्यकर्ता हेमवती से मिलें और उन दोनों को प्रेम हो गया। उन्होंने 1948 में विवाह किया। हेमवती ने पृथ्वी थियेटर्स में भी काम किया था। उन्होंने 'संगम' में अशोक कुमार और नलिनी जयंत के साथ मुख्य भूमिका निभाई थी। उन्होंने 'मोहन' में देव आनंद के साथ, 'घर घर की कहानी' में मुबारक और रेणुका के साथ और 'जेल यात्रा' में राज कपूर के साथ भी काम किया। 'दीवार' नामक एक नाटक में हेमवती और राज कपूर मुख्य भूमिका में थे और यह नाटक मंचन के लिए उन दिनों काफी मशहूर हुआ था।

सप्रू की संताने भी फिल्म क्षेत्र में ही हैं। उनकी सबसे बड़ी पुत्री रीमा प्रसिद्ध पटकथा लेखक हैं जबकि दूसरी पुत्री प्रीति एक सफल पंजाबी अभिनेत्री हैं जबकि पुत्र तेज, जाने-माने फिल्म और टी.वी. अभिनेता हैं।

(8) जीवन (1915-1987)

जब वे मात्र तीन वर्ष के थे तभी उनके पिता की मृत्यु हो गई। उनके बाईस भाई और एक बहन थी। जब उनका जन्म हुआ उसी समय उनकी मां का भी देहांत हो गया। इसलिए ओमकार नाथ जिन्हें फिल्मों में जीवन के नाम से जाना गया; का पालन-पोषण उनके चाचा-चाची ने किया। उनकी प्रारंभिक शिक्षा कश्मीर और लाहौर में हुई।

उनके पिता दुर्गा प्रसाद धर महाराजा प्रताप सिंह के शासन काल में गिलगित के वजीर ए वजारत थे। उनके परिवार का व्यापार श्रीनगर, पहलगाम और लाहौर में था। उनकी मां चंपा देवी प्रसिद्ध सप्रू परिवार की थीं और राय बहादुर जय कृष्ण सप्रू की बेटी थीं। जीवन ने राजदान परिवार की कश्मीरी पंडित लड़की किशन (किश्नी) से विवाह किया था।

श्रीनगर में तीन महीने की कॉलेज की छुट्टी के कारण फिल्मों और फोटोग्राफी से प्रभावित होकर उन्होंने कुछ समय के लिए मुंबई जाने का फैसला किया। अपनी जेब में छब्बीस रुपये लेकर यह युवा फोटोग्राफी सीखने के लिए मुंबई पहुंच गया ताकि वापस आकर वह इस व्यवसाय में अपने परिवार का सहयोग कर सके। संयोग से उस समय मुंबई में रह रहे उनके बड़े भाई जिन्हें धर कश्मीरी के नाम से जाना जाता था, ने उन्हें डी.एन. मधोक (1902-1982) से मिलवाया। डी.एन. मधोक हिंदी सिनेमा के प्रतिष्ठित गीतकार, पटकथा लेखक, निर्देशक और संवाद लेखक थे।

डी.एन. मधोक के प्रयास से वे मोहन सिन्हा के स्वामित्व वाले एक फिल्म स्टूडियो में शामिल हो गए। कुछ समय तक तो ऐसा कुछ नहीं हो सका जिससे उनके जीवन में कुछ बदलाव हो। उन्हें न ही फोटोग्राफी सीखने का कोई मौका मिल सका और न ही उन्हें किसी ने अभिनय के लिए कोई भूमिका ही दी। विवश होकर उन्होंने 'रेफ्लेक्टर ब्यॉय' के रूप में काम किया। उनका काम लाईट रिफ्लेक्टर को ले जाना और उसे कैमरामैन या निर्देशक के निर्देशानुसार फोकस करना था। और तब 1935 में जाकर मोहन सिन्हा ने उन्हें अपनी फिल्म 'फैशनेबल इंडिया' में एक भूमिका दी जिसके बाद इस कलाकार ने कभी पीछे मुड़कर नहीं देखा। कई नामी-गिरामी फिल्म निर्माताओं की तरफ से उन्हें प्रस्ताव आते रहे। 'कानून', 'मेला', 'तराना', 'घर की इज्जत', 'सब से बड़ा रुपैया', 'दिल ने फिर याद किया', 'रोटी', 'जीत', 'लावारिस', 'दो फूल', 'फूल और पत्थर', 'शरीफ बदमाश', 'आज का महात्मा', 'दीवार', 'अमर अकबर एंथोनी', 'जॉनी मेरा नाम', 'कोहिनूर', 'धर्मात्मा', 'ताज और बुलंदी' आदि उनकी कुछ यादगार फिल्में हैं।

उन्होंने 350 से अधिक फिल्मों में काम किया और और 'नारद मुनि' के रूप में तो 60 से अधिक फिल्मों में काम किया।

60 से 70 के दशक में जीवन ने बड़ी संख्या में फिल्मों में खलनायक की भूमिका निभाई। उनकी अनोखी नाक मटकाने की शैली, हाव भाव और संवाद अदायगी ने उन्हें हिंदी सिनेमा के कुलीन कलाकारों में ला खड़ा किया। उनकी लगभग सभी नकारात्मक भूमिकाएं (जो उन्होंने अपनी विशेष शैली में की) चाहे वह मुनीम या लाला की हो, दीवान साहब, मामाजी, गांव का सरपंच या मकान मालिक हो, सभी को दर्शकों द्वारा सराहा गया।

एक कलाकार के रूप में वे समय के बहुत पक्के और अनुशासित थे। मूल रूप से वे एक सामाजिक व्यक्ति थे। वे एक अन्य कश्मीरी कलाकार डी.के. सप्रू के घनिष्ठ थे। यहां तक कि काफी समय तक दोनों के परिवार पड़ोसी के रूप में बांद्रा में रहे थे।

(9) राज कुमार (1926-1966)

कुलभूषण पंडित के रूप में जन्मे राज कुमार 'हम' और 'जानी' जैसे शब्दों पर जोर देने वाली अपनी अनूठी संवाद शैली के कारण अविस्मरणीय हो गए। उनके कुछ यादगार संवाद अग्रलिखित हैं–

(1) "चिनाय सेठ, जिनके अपने घर शीशे के हों, वो दूसरों के घरों पे पत्थर नहीं फेंकते।" (फिल्म- वक्त)

(2) "आपके पांव देखे। बहुत हसीं हैं। इन्हें जमीन पे मत उतारिएगा। मैले हो जाएंगे।" (फिल्म- पाकीजा)

इसी तरह 'तिरंगा', 'सौदागर', 'बुलंदी' और कुछ और फिल्मों के संवाद भी काफी पसंद किए गए।

फिल्मों में आने से पहले उन्होंने मुंबई पुलिस में सब-इंस्पेक्टर के पद पर सेवा दी और वे माहिम पोलिस स्टेशन पर तैनात थे। वे सामान्यतः नायकों की तरह सुंदर नहीं थे, न ही बहुत लंबे थे और फूट टैपिंग या नृत्य कौशल का उन्हें बिल्कुल भी ज्ञान नहीं था। इन सब कमियों के बावजूद अपनी फिल्मों में अपने आपको प्रस्तुत करने का उनका एक अनोखा अंदाज था।

1960 में उन्होंने जेनिफर (एक आंग्ल भारतीय लड़की और पूर्व एयर होस्टेस) से विवाह किया जिसका नाम बाद में उन्होंने 'गायत्री' रख दिया।

राज कुमार एक कश्मीरी पंडित परिवार के थे जिसे विभाजन के कई वर्षों पूर्व पिता के काम की वजह से बलूचिस्तान जाना पड़ा। उनकी प्रारंभिक शिक्षा

बलूचिस्तान के लोरालाई में हुई थी। राज कुमार लेखक सुरेंद्र कौल के भतीजे और निर्देशक पवन कौल (सुरेंद्र के पुत्र) के चाचा थे।

उन्हें गोल्फ, कार (उनके पास शेवरले, मर्सडीज, वोक्सवैगन और एक विली जीप थी), घुड़सवारी, स्मोकिंग पाइप, जूते, कपड़े (शर्ट और कुर्ता-पैजामा) और पान (मुंबई में पेडर रोड पर स्थित एक विशेष दुकान का) से विशेष लगाव था।

'रंगीली' (1952) से 'गॉड टू गन'(1995) तक उन्होंने लगभग 95 फिल्मों में काम किया। इस दौरान उन्होंने कुछ यादगार किरदार निभाए जिसे उनके प्रशसंकों द्वारा खूब सराहा गया। 'नील कमल' का चित्रसेन, 'हमराज' का कैप्टन राजेश, 'लाल पत्थर' का जमींदार, 'दिल एक मंदिर' का कैंसर का मरीज, 'वक्त' का राजा, 'मेरे हुजूर' का नवाब सलीम, 'ऊंचे लोग' का इंस्पेक्टर श्रीकांत, 'पैगाम' का मिल मजदूर, 'दिल अपना और प्रीत पराई' का डॉ. सुशील वर्मा, 'मदर इंडिया' का गरीब किसान शामू और 'तिरंगा' का ब्रिगेडियर सूर्यदेव उनकी अविस्मरणीय भूमिकाएं हैं।

'हीर रांझा', 'कुदरत', 'एक नई पहेली', 'दुल्हन', 'जेलर', 'नीलमणि', 'आज और कल', 'काजल', 'उजाला', नई रोशनी', 'चंबल का किसान' 'हिंदुस्तान की कसम' और इतिहास कुछ ऐसी फिल्में हैं जिनमें उन्होंने प्रभावोत्पादक भूमिकाएं निभाई।

कैंसर से लड़ते हुए 3 जुलाई, 1996 को उन्होंने 69 वर्ष की उम्र में अंतिम सांस ली। उनके पुत्र पुरु राज कुमार और पाणिनि राज कुमार हिंदी सिनेमा में अभिनय और निर्देशन के क्षेत्र में ही हैं।

(10) ए. के. हंगल (1914-2012)

ए.के. हंगल का जन्म सियालकोट के एक कश्मीरी पंडित परिवार में हुआ। उनके पिता के काम की वजह से उनका परिवार पेशावर चला गया। उनके पिता की सेवानिवृत्ति के बाद हंगल कराची आ गए। कराची में वे कम्युनिस्ट पार्टी में शामिल हो गए और ब्रिटिश शासन के विरुद्ध आंदोलन करते हुए कई बार जेल गए। वे एक स्वतंत्रता सेनानी थे। विभाजन के बाद उन्होंने पाकिस्तान में रहने का फैसला किया किंतु अपनी कम्युनिस्ट विचारधारा के कारण उन्हें गिरफ्तार कर लिया गया। यहां तक कि उन्हें दो साल जेल काटनी पड़ी और बाद में उन्हें भारत लौटने पर मजबूर कर दिया गया। 21 वर्ष की आयु में वे मात्र 20 रुपये के साथ सपनों के शहर मुंबई पहुंचे। जीविकोपार्जन के लिए उन्होंने सिलाई की दुकान भी खोली।

बाद में उन्होंने इंडियन पीपल्स थियेटर एसोसिएशन (इप्टा) के साथ नाटक करना शुरू किया। बलराज साहनी और चेतन आनंद ने उनके अभिनय को देखकर उन्हें हिंदी सिनेमा से जुड़ने के लिए प्रोत्साहित किया।

पकिस्तान में 3 वर्ष की जेल काटने के बाद हंगल 1949 में पाकिस्तान से मुंबई चले गए। 1966 में बसु भट्टाचार्य की फिल्म 'तीसरी कसम' से शुरुआत करते हुए उन्होंने 200 फिल्मों में काम किया। 'कृष्ण कंस' (2012) उनकी आखिरी फिल्म थी उन्होंने 'हीर रांझा', 'नमक हराम', 'शौकीन' (1981), 'शोले', 'आईना' (1977), 'अवतार', 'अर्जुन', 'आंधी', 'तपस्या', 'कोरा कागज', 'बावर्ची', 'छुपा रुस्तम', 'चितचोर', 'बालिका वधु', 'गुड्डी', 'नरम गरम', 'आप की कसम', 'अमर दीप', 'नौकरी', 'प्रेम बंधन', 'थोड़ी सी बेवफाई', 'फिर वही रात', 'कुदरत', 'आज का एम. एल. ए.', 'राम अवतार', 'बेवफाई' और 'सौतेला भाई' में उल्लेखनीय भूमिकाएं निभाई। उन्होंने दस से भी अधिक प्रसिद्ध टी.वी. सीरियल में भी अभिनय किया। 2006 में हिंदी सिनेमा में उनके योगदान के लिए भारत सरकार ने उन्हें 'पद्म भूषण' से सम्मानित किया।

पंडित जवाहर लाल नेहरू की पत्नी कमला नेहरू ए. के. हंगल की माता की भतीजी थीं।

(11) अनुपम खेर (जन्म-1955)

एक बहुमुखी अभिनेता अनुपम खेर जिन्होंने 500 से अधिक फिल्मों में अभिनय किया एक कश्मीरी पंडित हैं, पिता के वन विभाग में कार्यरत होने के कारण इनके परिवार को शिमला जाना पड़ा। हिंदी फिल्मों में काम करने के अलावा खेर ने कई अंतर्राष्ट्रीय फिल्मों जैसे 'बेंड इट लाइक बेकहम', 'लस्ट कॉशन', 'ब्राइड एंड प्रिज्युडिस', 'मिस्ट्रेस ऑफ स्पाईसेज', 'स्पीडी सिंह' और 'सिल्वर लाइनिंग प्लेबुक' (2012) में भी अभिनय किया। उन्हें ब्रिटिश टेलीविजन सिटकॉम की फिल्म 'द ब्वाय विद द टॉपनॉट' (2018) में सहायक अभिनेता के लिए बाफ्टा पुरस्कार के लिए नामित किया गया।

वे एनएसडी, नई दिल्ली से पास हुए थे जबकि उनकी प्रारंभिक शिक्षा शिमला में हुई थी। उन्हें दो राष्ट्रीय फिल्म पुरस्कार और आठ फिल्मफेयर पुरस्कार भी प्राप्त हो चुके हैं। उन्हें 'सारांश' (1984) में सर्वश्रेष्ठ अभिनेता के लिए फिल्मफेयर पुरस्कार प्रदान किया गया। 'राम लखन' (1989), 'लम्हे' (1991), 'खेल' (1992), 'डर' (1993) और 'दिलवाले दुल्हनिया ले जायेंगे' (1995) जैसी फिल्मों में सर्वश्रेष्ठ हास्य अभिनेता के लिए पांच बार फिल्मफेयर मिलने का रिकॉर्ड भी उनके नाम है। उन्हें 'डैडी' (1989) और 'मैंने गांधी को नहीं मारा' (2005) के

लिए दो बार नेशनल फिल्म पुरस्कार भी प्राप्त हो चुका है। 'विजय'(1988) फिल्म के लिए उन्हें सर्वश्रेष्ठ सहायक अभिनेता का फिल्मफेयर पुरस्कार मिल चुका है।

अनुपम खेर को 2004 में 'पद्म श्री' और 2016 में 'पद्म भूषण' से सम्मानित किया गया। उन्होंने भारतीय फिल्म एवं टेलीविजन संस्थान के अध्यक्ष के रूप में भी काम किया है। उन्होंने अभिनेत्री किरण खेर से विवाह किया। अनुपम ने तीन किताबें भी लिखी हैं जिनके नाम इस प्रकार हैं–'द बेस्ट थिंग अबाउट यू', 'लेसन लाइफ टॉट मी अननोइंगली' और 'योर बेस्ट डे इज टूडे'। अनुपम के भाई राजू खेर, हिंदी सिनेमा और टेलीविजन के जाने-माने अभिनेता हैं।

(12) ओम शिवपुरी (1938-1990)

ओम शिवपुरी हिंदी सिनेमा के एक बहुमुखी चरित्र अभिनेता थे। वे एक कश्मीरी पंडित परिवार के थे जो राजस्थान में बस गया। उन्होंने ऑल इंडिया रेडियो जयपुर में काम किया और बाद में अपनी पत्नी सुधा के साथ वे एन.एस.डी. से पास हुए। उनकी पुत्री ऋतु शिवपुरी भी अभिनय के क्षेत्र में हैं। 1974 में स्थायी रूप से मुंबई में बसने से पूर्व पति-पत्नी का एक अपना थियेटर समूह था जिसका नाम था 'दिशांतर'। उन्होंने 1971 में आई फिल्म 'आषाढ़ का एक दिन' से फिल्म जगत् में शुरुआत की और 'आखिरी संघर्ष' (1997) उनकी आखिरी फिल्म थी। इस बीच उन्होंने 'डॉन', 'शोले', 'अर्थ', 'कूली' और 'कोशिश' जैसी 175 फिल्मों में अभिनय किया। उनकी कुछ फिल्में उनकी मृत्यु के बाद प्रदर्शित हुईं। उनका निधन हृदयाघात से हुआ।

(13) सतीश कौल (1946-2021)

सतीश कौल श्रीनगर के एक कश्मीरी पंडित परिवार से थे। कभी पंजाबी सिनेमा के अमिताभ बच्चन के तौर पर मशहूर हुए, सतीश कौल मृत्यु के समय एकदम अकेले थे। सतीश ने प्रसिद्ध टी.वी. धारावाहिक 'महाभारत' में इंद्रदेव का किरदार निभाने के अतिरिक्त 300 से अधिक पंजाबी और हिंदी फिल्मों में अभिनय किया। उन्होंने कुछ अन्य लोकप्रिय धारावाहिकों में भी अभिनय किया।

कुछ समय के संघर्ष के पश्चात् उन्हें 'अंग से अंग लगा ले' में नायक के रूप में साइन किया गया हालांकि वेद राही की 'प्रेम प्रभात' पहले प्रदर्शित हुई थी। उन्हें हिंदी फिल्मों में महत्त्वपूर्ण भूमिकाएं मिलती रहीं लेकिन 1975 में राधा सलूजा के साथ आई पंजाबी फिल्म 'मोरनी' ने उन्हें मुख्य अभिनेता के रूप में काफी लोकप्रियता दिलाई। 'धनु भगत', 'लच्छी', 'जाट पंजाबी', 'सैदन जोगन', 'सस्सी पुन्नू', 'इश्क नि माना', 'रूप शौकिनन दा' ,'रानो', 'जीजा साली', 'गुड्डो',

'पटोला', 'सुहाग चूड़ा', 'जट दा गंडासा', 'वोहती हथ सोती' आदि उनकी कुछ उल्लेखनीय और सफल पंजाबी फिल्में थीं। कुछ समय के लिए उनका पंजाबी सिनेमा पर दबदबा रहा और वे काफी लोकप्रिय अभिनेता बन गए थे।

हिंदी फिल्मों में उन्होंने कई बड़े प्रोडक्शन हाउस के लिए देव आनंद, दिलीप कुमार, विनोद खन्ना, शाहरुख खान, माला सिन्हा, अनिल कपूर, जैकी श्राफ, नसीरुद्दीन शाह, भारत भूषण, दारा सिंह, रणधीर कपूर और अन्य कई शीर्ष अभिनेताओं के साथ काम किया। उनके बारे में एक प्रसिद्ध फिल्म पत्रिका ने लिखा, "आखिरकार हिंदी सिनेमा को वह चेहरा मिल गया जिसकी उसे जरूरत थी। सतीश लंबे समय तक फिल्म जगत् में रहने वाले हैं।" और तब ए. आर. करदार की 'मेरे सरताज' (जिसमें सतीश मुख्य भूमिका में थे) मुंबई के सात सिनेमा हॉल में एक साथ प्रदर्शित की गई। उन्हें सिनेमा जगत् में यश चोपड़ा, मुजफ्फर अली, सुभाष घई, देव आनंद, अनुपम खेर और कई अन्य लोगों से अपार प्रेम और सहयोग मिला।

(14) किरण कुमार (1953 में जन्म)

किरण कुमार एक कश्मीरी पंडित परिवार के हैं और दिग्गज अभिनेता जीवन के पुत्र हैं। वे एक प्रसिद्ध स्क्रीन और थियेटर अभिनेता हैं। उन्होंने कई हिंदी, भोजपुरी और गुजराती टेलीविजन और फिल्मों में काम किया है। वे एफ.टी. आई.आई पुणे से उत्तीर्ण हैं और उनका असली नाम दीपक धर है।

किरण कुमार का विवाह पूर्व अभिनेत्री सुषमा वर्मा के साथ हुआ है, जिनसे उनकी दो संतानें हैं। किरण कुमार के पुत्र शौर्य धर एक अभिनेता हैं जिन्होंने डेविड धवन, अब्बास मस्तान, इंद्र कुमार और इम्तिआज अली के साथ बतौर सहायक निर्देशक काम किया है।

1971 में 'दो बूंद पानी' से अपनी शुरुआत करते हुए, किरण कुमार ने लगभग 250 हिंदी फिल्मों में काम किया। उन्होंने 'खुदगर्ज', 'तेजाब' और 'खुदा गवाह' में यादगार भूमिकाएं निभाईं। गुजराती फिल्मों में उनके अभिनय के लिए उन्हें कभी 'गुजराती सिनेमा का अमिताभ बच्चन' भी कहा जाता था। 'जिंदगी', 'घुटन साहिल', 'मंजिल', 'गृहस्थी', 'कथा सागर', 'और फिर एक दिन', 'पापा', 'मिली', 'छज्जे छज्जे का प्यार' और अन्य कई धारावाहिकों में काम करते हुए उन्होंने स्वयं को सबसे अधिक भुगतान पाने वाले टी.वी. अभिनेता के रूप में स्थापित किया।

यह जानना रुचिकर है कि कोंकण, कर्नाटक और महाराष्ट्र के सारस्वत ब्राह्मण कश्मीर से जुड़े हुए हैं। इस मुद्दे पर फिल्म निर्माता कल्पना लाजमी कहती हैं–

"मैं महान गुरुदत्त के परिवार से हूं। हम सारस्वत ब्राह्मण हैं। हमारे परिवार की जड़ें कश्मीर मंछ हैं। हम मूल रूप से बेदखल कर दिए गए कश्मीरी पंडित हैं जो कुछ सदियों पहले बेंगलुरु प्रवास कर गए थे।"

फिल्म जगत् में काम कर रहे कुछ प्रमुख सारस्वत ब्राह्मणों में लता मंगेशकर, आशा भोसले, गुरुदत्त, लीना चंदावरकर, अजय देवगन, श्याम बेनेगल, गिरीश कर्नार्ड, सुमन कल्याणपुर, दीपिका पादुकोण, ऐश्वर्या राय और कई अन्य लोगों का नाम लिया जा सकता है। उनके कुलदेवता या तो मंगेशी हैं या नागेशी या भगवान शिव के कोई अन्य रूप। वे अधिकतर शैव हैं। क्या वास्तव में वे कश्मीर के वंशज हैं? यह शोध का विषय है।

मैं बुल्गेरियाई कवि निकोला वाप्त्सरोव द्वारा लिखित कविता 'हिस्ट्री' की पंक्तियों के माध्यम से इस लेख को समाप्त करूंगा–

"इतिहास, क्या तुम
सहे गए कष्ट और यातना के लिए
हमें अपनी धुंधली याद में रखोगे?
हम कोई प्रतिफल नहीं मांग रहे
न ही हम कैलेंडर में तस्वीर बनना चाहते हैं
बस केवल इतना चाहते हैं कि
तुम उन्हें हमारी कहानी सुनाओ
जिन्हें हम नहीं देखेंगे
जो हमारा स्थान लेंगे
उन्हें बस इतना बता देना कि
हम बहादुरी से लड़े।"
(निकोला वाप्त्सरोव)

□

संवाद

लोक-वार्ता में होती है जनजीवन की सांस्कृतिक धुरी

वरिष्ठ कश्मीरी नाटककार पद्मश्री मोती लाल क्यमू से अग्निशेखर की बातचीत

पारंपरिक कश्मीरी लोक नाट्य-रूप 'भांड पांथुर' और 'एब्सर्ड नाटक' के मेल से एक नई रंगमंचीय शैली अथवा दृष्टि के प्रस्तोता और प्रेरक मोती लाल क्यमू सर्वाधिक सफल और लोकप्रिय रंगपुरुष हैं। अपने समय और समाज में व्याप्त अनेकमुखी समस्याओं को केंद्र में रखकर उन्होंने मिथक, इतिहास, लोक-कथाओं के ताने-बाने से युगीन चेतना और परिवेश को अपने नाटकों में एक प्रश्नाकुलता के साथ उद्‌घाटित किया है। कश्मीर की लोक नाट्य परंपरा में सर्वाधिक लोकप्रिय विधा 'भांड पांथुर' को साठ के दशक में दम तोड़ने से बचाने, बनाए रखने के लिए वातावरण निभाने का श्रेय उन्हें जाता है।

अग्निशेखर : क्यमू साहब, देश की आजादी के दो-सवा दो महीने के बाद कश्मीर के भारत में विलय और पाकिस्तानी कबाइली-आक्रमण के परिणामस्वरूप जम्मू-कश्मीर के लोगों के राजनीतिक, सामाजिक, भौगोलिक तथा सांस्कृतिक जीवन में लगभग वैसे ही बदलाव आए, जो देश विभाजन से पैदा हुए थे। कश्मीर बंट गया, जम्मू बंट गया, विस्थापन हुए, हिंसा, आतंक, आगजनी, लूटपाट, नरसंहार हुए। फिर एक ऐसा दौर आया जिसमें तमाम कवि, लेखक, कलाकार, बुद्धिजीवी, राजनेता सक्रिय हुए। एक 'यूटोपिया' सामने था, 'कौमी कल्चरल महाज' बना, जो 'कल्चरल कांग्रेस' में बदला। ऐसे में आप 1964 में बड़ौदा यूनिवर्सिटी से नाट्य-प्रशिक्षण में स्पेशलाइजेशन करके आते हैं तो अपने नाट्य कर्म में लग जाने के कश्मीरी लोक नाट्य रूप 'भांड पांथुर' पर ही अपना ध्यान क्यों केंद्रित किया?

मोती लाल क्यमू : संसार की किसी भी संस्कृति की तरह कश्मीर के जन-जीवन

की सांस्कृतिक धुरी उसकी लोक-वार्ता में देखी जा सकती है। उसकी धड़कनें आप इसमें सुन सकते हैं, सांसें गिन सकते हैं, चूंकि नाटक और रंगमंच से में बचपन से ही लगाव महसूस करता रहा हूं, जिस दौर की तरफ आप संकेत कर रहे हैं, यानी 1947-48 के बाद आए साहित्यिक, सांस्कृतिक और सामाजिक बदलाव के दिनों में, मेरे बड़ौदा जाने और वहां से लौटने तक के कालखंड में कश्मीरी रंगमंच और नाट्य लेखन में, इप्टा की स्थानीय शाखा की 1945 में स्थापना के आसपास, एक गतिविधि परवान चढ़ रही थी। नंदलाल कौल, दीनानाथ, सर्वानंद कौल, प्रेमनाथ परदेसी के नाटक चाव से खेले जा रहे थे। दीनानाथ नादिम के गीत-नाट्य 'बोंबुर-यंबरजल' (भंवरा और नरगिस) जैसी रचनाएं सराही जा रही थीं। इनमें से अधिकांश नाटकों में मैंने भी अभिनय किया था, नृत्य किए थे; कोरियोग्राफी की थी, फिर भी परिणाम बहुत ज्यादा प्रेरणाजनक नहीं था। वातावरण जरूर प्रेरक बनता जा रहा था, ऐसे में मेरा ध्यान 'भांड पांथुर' की तरफ गया। इसमें अपार संभावनाएं थीं।

अग्निशेखर : आजादी के बाद के शुरुआती वर्षों में आए जिस बदलाव की हम बात कर रहे हैं, उस दौर में एक समाजवादी समाज की स्थापना का स्वप्न देखा जा रहा था। भूमि सुधार कानून लागू हुआ और लेखकों, कवियों, कलाकारों, बुद्धिजीवियों में आसन्न सर्वहारा क्रांति का भ्रम पैदा हुआ। सभी में इस आधुनिक स्वप्न को लेकर बहुत उत्साह था। उस दौर के कश्मीर में आपने 'भांड पांथुर' जैसे पारंपरिक लोक नाट्य में इसी स्वप्न को देखा तो इसकी क्या वजह थी?

मोती लाल क्यमू : वहां उन दिनों मुहम्मद सुब्हान भगत-सा प्रतिनिधि लोक कलाकार मौजूद था। अकिनगाम में सुब्हान भगत और उनके साथियों में उदासीनता जरूर थी, पर वे लोग कौंध बचाए हुए थे। वहां संभावना थी, उत्साह जगाया जा सकता था, और जाग भी गया। 1972 तक सुब्हान भगत मेरे साहचर्य में खूब निखरा, उसके नाटक आए। खूब एक्सपोजर दिया। आधुनिक नाट्य शिल्प के उसने भी प्रयोग किए। देखा-देखी में 'भांड पांथुर' की नए सिरे से कश्मीर घाटी में एक हवा बनी। नौ-दस तरह के नाटक इस लोक नाट्य रूप में खेले जाने लगे, जैसे–'वातल पांथुर' (भंगियों का नाटक), 'गोसांत्य पांथुर' (साधुओं का नाटक), 'राजु पांथुर' (राजाओं के नाटक), 'हांथ पांथुर'(मांझियों के नाटक), 'आरमेन्य पांथुर' (सब्जी बेचने वालियों के नाटक), 'शिकारगाह पांथुर', 'ऊंटवाल्य पांथुर'

(ऊंट वालों के नाटक), 'बट्ट पांथुर/बुहुर्य पांथुर' (दरद जाति के लोगों के नाटक) आदि। इस तरह भांड पांथुर को जीवनदान मैंने दिया।

अग्निशेखर : कश्मीरी समाज में अगर 'भांड पांथुर' जैसा सशक्त लोक नाट्य रूप आज तक बचा हुआ है, तो बाकी कलाएं, जिन्हें हम 'क्लासिकल' कहते हैं, वे क्यों नहीं हैं हमारे पास? या कि वो थीं ही नहीं?

मोती लाल क्यमू : शास्त्रीय कलाएं क्यों नहीं थीं हमारे पास! कल्हण की 'राजतरंगिणी' खोलिए या उससे भी पूर्ववर्ती 'नीलमत पुराण' में देखिए, नृत्य, संगीत, नाट्य गतिविधियों से हमारी आंखें खुलती हैं। आचार्य अभिनवगुप्त की 'अभिनव भारती' का ही संदर्भ देखें। श्रीनगर के पास हरवन के पुरातत्त्व अवशेषों में नर्तकियों को देखिए। भांड किसकी खिल्ली नहीं उड़ाते रहे हैं–राजाओं से लेकर राजकुमारों तक! चौदहवीं शताब्दी तक ललद्यद और नुंदऋषि के काव्य में भी रंग-प्रसंग मिलते हैं। फिर आप स्वयं अच्छी तरह जानते हैं कि यहां मध्ययुगीन इतिहास की बर्बरताओं की भेंट कितना कुछ चढ़ा है। सुल्तान जैनुल आब्दीन का शासनकाल एक अपवाद है, जिनमें कलाएं फली-फूलीं।

अग्निशेखर : देखा जाए तो धर्म-आधारित अलगाव के नाम पर कश्मीर घाटी में हिंसा, घृणा, आतंक, विध्वंस की, जो पाकिस्तान-समर्थित आंधी चली, उसने कश्मीर की संस्कृति, उसके सामाजिक ताने-बाने को तहस-नहस कर डाला। लाखों लोगों का जबरिया विस्थापन हुआ। सांस्कृतिक गतिविधियां प्रतिबंधित हुईं। ऐसे में 'भांड पांथुर' जैसा लोक नाट्य रूप कैसे अपने को बनाए और बचाए रख सका?

मोती लाल क्यमू : आतंकवाद के शुरुआती दौर में 1990 से 1996 तक कश्मीर घाटी में 'भांड पांथुर' सहित कोई भी सांस्कृतिक गतिविधि नहीं रही। प्रतिबंध था। दहशत थी। मौत का डर था। धमकियां थीं। श्रीनगर में टैगोर हॉल पर ग्रेनेड से हमले हुए, राज्य की अकादेमी की लालमंडी स्थित इमारत जला दी गई, पांडुलिपियां जलीं। आर्टिफैक्ट्स गायब हुए। कलाकार धमकाए गए। कुछ मार भी डाले गए। मैंने सुना यह भी है कि मुहम्मद सुब्हान भगत के लंबे बाल काटे गए। सब कुछ ठप हो गया। मुहम्मद सुब्हान भगत इसी गम से बीमार रहा और चल बसा, लेकिन मैंने निर्वासन में रहते हुए भी वाथुरा, बुमई के भांडों से संपर्क स्थापित किया, फोन किए, पत्र लिखे। अकिनगाम के भांडों से ज्यादा संवाद नहीं बन पाया। दहशत थी। मैंने 1998 में एम. के. रैणा से कहा कि मेरे नाटक 'भांड दुहाई' में काम करने

के लिए कश्मीर से भांडों को किसी तरह बुलाओ। वे तड़प रहे थे अभिनय करने के लिए। धीरे-धीरे गांवों में पारंपरिक मेलों का आयोजन शुरू हुआ। में 1999 में पहली बार कश्मीर गया। संपर्क स्थापित किया। जुलाई 2001 और अगस्त 2004 में दो कार्यशालाएं कर दो नाटक खेले। मौत का डर भी था और रंगमंच का जुनून भी। अब तो रंगोत्सव भी हो रहे हैं। एम. के. रैणा ने पिछले वर्ष दिल्ली से वहां जाकर मेरा नाटक 'छाय' (छाया) भी खेला। आजकल भी कुकरनाग में भांडों के साथ काम कर रहे हैं।

अग्निशेखर : कश्मीर से विस्थापन के बाद इधर के वर्षों में आपने एक नाटककार के रूप में, रंगकर्मी के रूप में क्या किया? कोई हस्तक्षेप किया?

मोती लाल क्यमू : राजनीतिक कारणों से हुए जबरिया विस्थापन की पीड़ा काफी दारुण होती है। मैंने पहले भी कहा है कि में शरणार्थी जीवन में हंसना ही भूल गया। जिंदगी की बेहूदगियों पर हंसने और हंसाने वाला खुद हंसना भूल गया। मैंने कुछ 'वर्कशॉप्स' किए। केंद्रों में गया। विषम परिस्थितियों में अपना जीवन, कहना चाहिए जानवरों की जिंदगी जीने को अभिशप्त लोग सड़ रहे थे। एक दिन में एक कैंप में 'वर्कशॉप' कर रहा था कि एक विस्थापित बच्चा दौड़ता हुआ आकर मेरे सामने बैठे युवा कलाकारों को पेयजल का टैंकर पहुंचने की सूचना दे गया। सुनते ही सब कलाकार अपना अपना 'रोल' वहीं छोड़कर अपने तंबुओं की तरफ भागे। उनके रोजमर्रा के जीवन में मेरे नाटक से ज्यादा जरूरी पीने का पानी था। बाद में मैंने उनकी इन्हीं दारुण स्थितियों पर नाटक तैयार किया। कई नाटक खेले...लेकिन वो बात कहां जो अपनी मातृभूमि में थी!

अग्निशेखर : मैं दरअसल हिंसा, आतंक और विस्थापन के खिलाफ साहित्यिक-सांस्कृतिक कर्मियों के हस्तक्षेप की तरफ आपका ध्यान आकर्षित कर रहा था। ऐसा क्यों है कि जम्मू-कश्मीर के परिदृश्य में इसकी कमी रही? या ऐसे कहूं, अभी इंग्लैंड से प्रसिद्ध रंगकर्मी जोनाथन चेडविक जम्मू-कश्मीर आए और यहां आतंकवाद, हिंसा, विस्थापन से प्रभावित लोगों से मिले। वे यहां रंगमंच की दृष्टि से कुछ महत्त्वपूर्ण करना चाहते हैं। हमारे यहां के भारतीय संस्कृतिकर्मी इस विभीषिका से क्यों प्रभावित नहीं हुए?

मोती लाल क्यमू : क्या कहलवाना चाहते हो मुझसे! मसलहते हैं...पूर्वाग्रह हैं... दुराग्रह हैं...पैसा है...खतरे हैं...। अब हमारे अपने ही अधिकांश कश्मीरी कवियों

को लो, वे क्यों लीला-काव्य लिख रहे हैं? समस्या के कारक तत्त्वों से बचना चाहते हैं?...कुछ कवि इसलिए भी खुलकर नहीं लिखना चाहते, उन्हें छवि के बिगड़ जाने का खतरा लगता है, साहित्य अकादेमी पुरस्कार मिलने की आशा से हाथ धो बैठने का भय है...वो पारंपरिक सह-अस्तित्व, वो धर्मनिरपेक्ष भावना आज कहां है, कोई बेबाक होने का जोखिम क्यों उठाए!...औरों की बात क्यों करें!...जब तव्वकु ही उठ गई गालिब, क्यों किसी का गिला करे कोई...?

□

हर तरह से हारा हुआ है कश्मीरी हिंदू

वरिष्ठ इतिहासकार पद्मश्री के.एन. पंडित से अमित कुमार विश्वास की बातचीत

फारसी विद्वान, लेखक, अनुवादक और इतिहासकार के रूप में अंतरराष्ट्रीय पहचान रखने वाले प्रो. के.एन. पंडित 'माई ताजिक फ्रेंड्स', 'ईरान और सेंट्रल एशिया' और 'बहारिस्तान-ए-शाही' जैसी प्रसिद्ध किताबों के लेखक हैं। वे इंडो-ताजिक संस्कृति के दूत हैं। प्रो. पंडित जम्मू और कश्मीर विश्वविद्यालय में फारसी विभाग और मध्य एशियाई अध्ययन केंद्र में प्रोफेसर रहे। प्रस्तुत है उनसे हुई बातचीत के प्रमुख अंश–

क्या कारण है कि 1998 में 'फ्रेंड्स ऑफ कश्मीर' को भंग कर एशियन-यूरोपियन ह्यूमन राइट्स फोरम नामक संस्था बनाने की जरूरत आ पड़ी?

सन् 1990 में घाटी से हमारे पलायन के बाद, मुझे लगा कि हमें एक स्वयंसेवी संस्था की आवश्यकता है, जो विस्थापित समुदाय के सामने आने वाली कई समस्याओं को उजागर करे। हमने 'फ्रेंड्स ऑफ कश्मीर' नाम से एक स्वयंसेवी संस्था का गठन किया। हमने इसी नाम से एक पत्रिका भी निकाली, जिसमें हमने कश्मीर के नरसंहार और जातीय सफाई से संबंधित लेख और सामग्री प्रकाशित की।

मैंने जिनेवा में संयुक्त राष्ट्र मानवाधिकार आयोग (अब परिषद्) में भाग लिया, जहां कश्मीर-उग्रवाद और कश्मीरी पंडितों के पलायन पर हस्तक्षेप किया। मुझे पता चला कि जिनेवा में संयुक्त राष्ट्र संघ में मानव अधिकार आयोग में नियमित रूप से हस्तक्षेप करने के लिए हमें संयुक्त राष्ट्र आर्थिक एवं सामाजिक परिषद् (ECOSOC) के स्तर का अपना स्वयं का स्वयंसेवी संगठन होना चाहिए। मैं इस विषय पर 1998 तक सोचता रहा। फिर मैंने अपना एनजीओ भारत सरकार के नॉन प्रॉफिटेबल सोसाइटीज के रजिस्ट्रार के नई दिल्ली के कार्यालय में पंजीकृत करवाने का निर्णय लिया। जब मैंने इस प्रक्रिया को शुरू किया तो मुझे पता चला कि 'फ्रेंड्स

ऑफ कश्मीर' नाम का एक एनजीओ पहले से ही लंदन में मौजूद है और इसकी शाखा उप-महाद्वीप में कहीं है। तब यह आवश्यक लगा कि में इस नाम को छोड़ दूं और इस एनजीओ का कोई नया नाम रखूं। एक नए नाम की तलाश करते समय मुझे यह एहसास हुआ कि 1991 में सोवियत यूनियन के टूट जाने के पश्चात् पांच मध्य एशियाई एवं दो एशियाई राज्यों ने सोवियत संघ से अपनी स्वतंत्रता की घोषणा की थी। मैं मध्य एशियाई अध्ययनों में पेशेवर रूप से विशेषज्ञ था और यह माना जाता था कि नए स्वतंत्र मध्य एशियाई और बाल्टिक राज्य अंतरराष्ट्रीय राजनीतिक रणनीतियों में महत्त्वपूर्ण भूमिका निभाने वाले थे। इसलिए मैंने एनजीओ को एक नाम देने का फैसला किया, जो इस नए विशाल स्वतंत्र क्षेत्र को भी अपने दायरे में लेता। भौगोलिक दृष्टि से इसे यूरेशिया कहा जाता है और इसके साथ मैंने एशियाई-यूरेशियन मानवाधिकार फोरम के नए नामकरण पर ध्यान केंद्रित किया। यह इस नाम के तहत है कि हमने एनजीओ को नई दिल्ली में रजिस्ट्रार ऑफ सोसाइटीज के साथ पंजीकृत किया और फिर 2000 में हमने न्यूयॉर्क में ECOSOC (आर्थिक और सामाजिक परिषद्) के दर्जे के लिए आवेदन किया, जो हमें चौदह साल के लंबे संघर्ष के पश्चात् और एनजीओ कमेटी के दो सत्रों में पाकिस्तान द्वारा घातक विरोध का मुकाबला करने के बाद 2014 में मिला जिसके न्यूयॉर्क में हुए दो सत्रों में मैं व्यक्तिगत रूप से शामिल हुआ।

जम्मू और कश्मीर का संविधान राज्य के किसी भी समुदाय को अल्पसंख्यक के रूप में मान्यता नहीं देता है। इसमें अल्पसंख्यकों को कोई विशेषाधिकार देने का प्रावधान ही नहीं है। दूसरी ओर, भारतीय संविधान ने धर्म के आधार पर भारत में चार (अब पांच) अल्पसंख्यकों की पहचान की है। जम्मू-कश्मीर में अल्पसंख्यक समुदाय के रूप में किसी भी समुदाय की पहचान करने से इनकार करते हुए, जम्मू-कश्मीर संविधान राज्य में धार्मिक अल्पसंख्यकों पर भारतीय संविधान खंड के आवेदन को खारिज नहीं करता है। इसका मतलब है कि एक कश्मीरी मुस्लिम राष्ट्रीय स्तर पर अल्पसंख्यक है, लेकिन क्षेत्रीय स्तर पर बहुमत में है। इसलिए एक कश्मीरी मुसलमान दो विशेषाधिकार प्राप्त करता है। दूसरी ओर एक कश्मीरी हिंदू राष्ट्रीय स्तर पर बहुसंख्यक और स्थानीय स्तर पर अल्पसंख्यक है। गोया वह हर तरह से हारा हुआ है।

संयुक्त राष्ट्र मानव संसाधन आयोग के जिनेवा सम्मेलन में आपने कश्मीर के रिवर्स माइनॉरिटीज का मुद्दा उठाया, इस पर आपकी टिप्पणी?

मैंने जिनेवा में संयुक्त राष्ट्र मानवाधिकार आयोग (अब परिषद्) के अल्पसंख्यकों से जुड़े कार्यकारी समूह के साथ इस मुद्दे को उठाया। मैंने लगभग दो वर्षों तक

इस मामले को उठाया, जिसके दौरान कई बार हस्तक्षेप किए और इस कार्य समूह की कई चर्चाओं में शामिल हुआ। समूह के अध्यक्ष स्कैंडेनेविया के प्रसिद्ध प्रोफेसर ईदी थे। मैंने उनके सचिव के माध्यम से, जिन्हें मैं जानता था और जिन्हें मैंने अपने विषय की जानकारी दी थी, दो साक्षात्कार मांगे। अंत में, अल्पसंख्यकों पर कार्यदल के अध्यक्ष के रूप में प्रो. ईदी ने समूह के सत्र में एक प्रस्ताव रखा, जिसमें उन्होंने कहा कि अल्पसंख्यक की मौजूदा परिभाषाओं में एक और परिभाषा को जोड़ा जाना है और वह था–रिवर्स अल्पसंख्यक भारत में कश्मीरी पंडित। इसका अर्थ था–क्षेत्रीय आधार पर अल्पसंख्यक परंतु राष्ट्रीय आधार पर बहुमत में। यह संयुक्त राष्ट्र द्वारा स्वीकार किया गया और इसके अधिकांश दस्तावेजों में कश्मीरी पंडितों के विषय में इसी परिभाषा का उपयोग किया जाता है।

कश्मीरी पंडितों के विस्थापन के आईने में क्या आप इससे सहमत हैं कि विस्थापन से न केवल इंसानों की जिंदगी ही तहस-नहस होती है, अपितु संस्कृति भी नेस्तनाबूद होती है?

आबादी के विस्थापन के मुद्दे पर संयुक्त राष्ट्र मानवाधिकार की जनसंख्या की आवाजाही से संबंधित इकाइयां विस्तृत चर्चा करती हैं। यही बात भारत सरकार ने उस वक्तव्य में कही है जो इंटरनेशनल कमीशन ऑफ ज्यूडिस्ट को पेश किया गया। अंतरराष्ट्रीय मानवाधिकार आयोग से जुड़े इस गैर-सरकारी संगठन ने 1994 में कश्मीर का दौरा किया था। कश्मीर में वास्तव में एक छोटे से समुदाय का नरसंहार किया गया है और उसपर अन्य अत्याचार किए गए हैं। अंत में उन्हें अपने घरों से ही हटा दिया गया है। वे अपने ही देश के विभिन्न क्षेत्रों में शरणार्थी बनकर रह रहे हैं। यह याद रखना होगा कि इस समुदाय का कश्मीर के स्वदेशी होने का लगभग पांच हजार वर्षों का लिखित इतिहास है। जब उन्हें अपने घरों से बाहर कर दिया गया, तो यह न केवल उनका व्यक्तिगत विनाश था, बल्कि उनकी चल-अचल संपत्ति का सर्वनाश भी था। इन सबसे ऊपर, इसका तात्पर्य था कि उनकी हजारों वर्ष पुरानी सभ्यता, धर्म, मंदिर, तीर्थस्थल, अग्रहार या तीर्थ संपत्ति, परंपराएं, रीति-रिवाज, शिक्षा और सामाजिक त्योहार सब को नष्ट करना था। शायद ही कोई कश्मीरी हिंदू परिवार ऐसा था जिसने कोई छोटा या बड़ा पुस्तकालय संरक्षित न किया हो। इस पूरी संपत्ति को लूट लिया गया और वजन से बेचा गया जहां इसमें किराने का सामान बेचने के लिए इसे कागज के बैग के रूप में इस्तेमाल किया जाना था। विस्थापित समुदाय के लिए और क्या त्रासदी हो सकती है? उनके निर्जन घरों में पहले बर्बरता की गई और फिर उनके अस्तित्व के सभी निशानों को मिटाने के लिए आग लगा दी गई।

जम्मू और कश्मीर के पुनर्गठन के बाद कश्मीरी पंडितों को क्या न्याय मिलेगा, क्या उनकी समस्याओं पर ध्यान दिया जाएगा?

कश्मीरी हिंदू समुदाय की कश्मीर में वापसी और पुनर्वास एक बहुत ही जटिल प्रश्न है। कोई भी कश्मीरी मुसलमान, घाटी में उनकी वापसी नहीं चाहता है। घाटी के राजनीतिक नेतृत्व ने पंडितों के खिलाफ इतनी घृणा फैलाई है। कांग्रेस सरकार ने इसे सात दशकों तक प्रोत्साहित किया। चूंकि इस देश के लिए लोकतंत्र ही सर्वोच्च है, इस कारण घाटी के 99.9 प्रतिशत मुस्लिमों के पास हमेशा अंतिम शब्द होगा। वे कश्मीर के मध्यस्थ हैं। कोई भी अल्पसंख्यक समुदाय बहुसंख्यकों की सद्भावना के बिना सुरक्षित नहीं हो सकता, लेकिन वह सद्भावना कश्मीर में कहीं नहीं मिलती है।

इसके अलावा, कश्मीर को पूरी तरह से इस्लामी बना दिया गया है, बल्कि कश्मीर का वहाबीकरण किया गया है। यह पाकिस्तान और सउदी अरब की लगभग एक छोटी कॉलोनी है। जीवन शैली बदल गई है, मुहावरा बदल गया है, सोच बदल गई है, स्थानीय मुस्लिम आबादी के लिए मानसिकता बदल गई है। वे भारत और हिंदू के नाम से जुड़ी किसी भी चीज से नफरत करते हैं। नए जन्मे लड़कों और लड़कियों के नाम, घरों और संरचनाओं के नाम, सड़कों और गलियों के, दुकानों और स्कूलों के, व्यापार केंद्रों के, अस्पतालों, क्लीनिकों और औषधालयों, स्कूलों, कॉलेजों, संस्थानों, पुस्तकालयों के, सब कुछ सउदी अरब से उधार लिया जाता है अर्थात् वहीं के नाम अपनाए जाते हैं। सरकारी भूमि पर या हिंदुओं के मंदिरों की संपत्ति से जबरदस्ती छीन ली गई भूमि पर या निष्कासित हिंदुओं की व्यक्तिगत संपत्ति पर हजारों नई मस्जिदें बनाने के लिए सउदी स्रोतों से भारी धनराशि प्रवाहित हुई। यहां तक कि रेवेन्यू रिकॉर्ड भी बदल दिए गए हैं और हिंदुओं को 'मुफ्रर' के रूप में वर्गीकृत किया गया है जिसका अर्थ है–फरार। फारूक अब्दुल्ला जैसा नेता भी यह कहता है कि पंडितों को तत्कालीन राज्यपाल जगमोहन ने कश्मीर से निकाल दिया।

2019 के पुनर्गठन अधिनियम का कश्मीरी हिंदुओं की वापसी और पुनर्वास की घटना पर कोई प्रभाव नहीं पड़ा है। बेशक, इसका एक नकारात्मक प्रभाव है और वह यह कि घाटी के मुस्लिम बहुमत ने यह प्रचार किया है कि पंडितों ने मोदी सरकार को अनुच्छेद 370 और 35-ए को निरस्त करने के लिए प्रेरित करने में महत्त्वपूर्ण भूमिका निभाई थी।

विभिन्न भाषाओं के साहित्य को समृद्ध करने में जम्मू-कश्मीर की जो भूमिका रही है, उसे आप किस रूप में देखते हैं?

कश्मीर की मूल भाषा संस्कृत थी। हिंदू काल में कश्मीर ने संस्कृत भाषा में ज्ञान

के भंडार अर्जित किए। कश्मीर के इस संस्कृत भाषा विज्ञान ने देश की विभिन्न भाषाओं में लिखी गई कविता, गद्य, नाटक, इतिहास, दर्शन, समाज, खगोल विज्ञान, ब्रह्मांड विज्ञान आदि पर स्थायी प्रभाव छोड़ा है, जो मुख्य रूप से संस्कृत भाषा की ही धाराएं हैं। संस्कृत इस विशाल देश के लोगों को आपस में जोड़ने वाली एकमात्र भाषा है।

हालांकि, 1339 में कश्मीर में मुस्लिम शासन की स्थापना के बाद फारसी ने संस्कृत को आधिकारिक भाषा और अभिजात वर्ग की भाषा के रूप में प्रतिस्थापित किया। अभियोजित समुदाय फारसी भाषा में भी बहुमूल्य योगदान देता है। हालांकि, मुस्लिम शासन की समाप्ति और ब्रिटिश औपनिवेशिक सत्ता के उदय के बाद, फारसी को भी त्याग दिया गया और अंग्रेजी शुरू की गई।

मुस्लिम शासन के तहत कश्मीर की त्रासदी यह थी कि जब फारसी को बढ़ावा दिया गया था, तब कश्मीरी भाषा पर कोई ध्यान नहीं दिया गया था। प्राचीन संस्कृत विद्वानों ने शारदा लिपि को तैयार किया था, जो वास्तव में बोली जाने वाली कश्मीरी को व्यक्त करती थी और पिछली दो या तीन सदियों से हिंदू शासन में शारदा मान्यता प्राप्त प्रामाणिक लिपि के रूप में उपयोग में थी। मुस्लिम शासकों ने शारदा लिपि को बिखेर दिया और इसे अरबी लिपि से बदल दिया, जो कश्मीरी ध्वनिविज्ञान का प्रतिनिधित्व करने के लिए सबसे अवैज्ञानिक है। आज तक यह कमी बनी हुई है और यही वजह है कि कश्मीरी भाषा किसी भी मान्यता को जीतने में सफल नहीं हो सकी, क्योंकि शारदा को अस्वीकार करने के बाद इसकी कोई वैज्ञानिक लिपि नहीं है।

□

कश्मीर के सांस्कृतिक संघर्ष के विविध पक्ष

कुलदीप चंद अग्निहोत्री

1. कश्मीर में सैयदों का आगमन और शाहमीरी वंश की शुरुआत—भारतीय भाषाओं के साहित्य में सैयदों, मध्य एशिया के तुर्कों, मुगलों और मंगोलों के आक्रमणों और उसके परिणामों की विस्तृत चर्चा मिलती है। संघर्ष और वेदना का स्वर सर्वत्र गूंजता है। विलियम क्रुक लिखते हैं कि "भारत में अधिसंख्य सैयद ग्यारहवीं शताब्दी के शुरुआती दौर में मुस्लिम हमलावरों के साथ आए थे, क्योंकि वे ज्यादातर मुल्ला, मौलवी थे, इसलिए उन हमलावर शासकों ने उन्हें मुक्त कर जागीरें प्रदान कीं और उनके उत्तराधिकारी आज तक उन जागीरों को भोग रहे हैं।"[1] विदेशी आक्रमणकारी जागीर भोगेंगे और देशी संस्कृति का मानमर्दन करेंगे तो पराजित छटपटाएगा। कश्मीरी साहित्य और इतिहास में भी विशेषकर कश्मीरी लोक साहित्य में अरब के सैयदों और मध्य एशिया के तुर्क/मंगोलों द्वारा कश्मीर पर किए गए सांस्कृतिक आक्रमण की छटपटाहट सर्वत्र देखी जा सकती है। कश्मीर घाटी की वेदना ज्यादा गहरी भी है, क्योंकि वहां सांस्कृतिक आक्रमण ज्यादा गहरा व प्रभावी रहा। इतना ही नहीं, वहां का सत्ता पक्ष भी अरब के सैयदों और मध्य एशिया के तुर्क/मंगोलों के साथ मिल गया था। शुरुआती दौर में कश्मीर में आए बिहाकी और हमदानी सैयदों की चर्चा सबसे ज्यादा होती है, लेकिन उनके आने से भी सात दशक पहले हजरत सैयद शरफुद्दीन अब्दुल रहमान, कालांतर में हजरत बुलबुल शाह कलंदर के नाम से जाना गया, 1324 में ही तुर्किस्तान से कश्मीर घाटी में आ गया था। उसको लेकर घाटी में अनेक लोककथाएं प्रचलित हैं। ऐसा भी कहा जाता है कि सैयद बुलबुल शाह ने कश्मीर घाटी में इस्लाम को फैलाने में प्रमुख भूमिका निभाई। हो सकता है, आज की कश्मीर घाटी में बुलबुल शाह की मान्यता व प्रभाव हो, लेकिन चौदहवीं शताब्दी

के कश्मीर में उसके प्रभाव का कोई पुख्ता प्रमाण नहीं मिलता। इस बात का भी कोई प्रमाण नहीं मिलता कि बुलबुल शाह के प्रभाव से हजारों कश्मीरी हिंदू-मुसलमान हो गए हों। कोई इक्का-दुक्का हिंदू ही उसके प्रभाव से मुसलमान हुआ होगा। एक लोककथा में तो यह भी कहा जाता है कि बुलबुल शाह कलंदर के कहने पर कश्मीर का बौद्ध शासक रिंचन मुसलमान हो गया था। परंतु इसकी सत्यता पर अभी भी बहस चलती रहती है और इसके पुख्ता प्रमाण उपलब्ध नहीं हैं। 1323 में रिंचन की मौत के बाद कुछ काल की अराजकता के उपरांत उसकी पत्नी कोटा रानी कश्मीर की शासक बनी और वह कश्मीर की अंतिम हिंदू शासक मानी जाती है। शाहमीर ने उससे विश्वासघात कर सत्ता हथिया ली और शम्सुद्दीन के नाम से 1339 में अपने आप को कश्मीर का शासक घोषित कर दिया। शम्सुद्दीन ने कश्मीरियों को मतांतरित करने के कोई खास प्रयास किए हों, इसके प्रमाण नहीं मिलते। 1342 में उसकी मौत के बाद उसका पुत्र जमशेद गद्दी पर बैठा। 1372 के आसपास "सैयद अली हमदानी के कश्मीर में आने से पहले घाटी में इस्लाम अपने लिए कोई खास स्थान नहीं बना पाया था। शासन द्वारा इक्का-दुक्का यहां-वहां एक-आध मस्जिद बना देने और कुछ लंगर खाने खोल देने के सिवाय इस्लाम के लिए कुछ नहीं किया गया। बलपूर्वक या स्वेच्छा से मतांतरण का कोई इक्का-दुक्का मामला ही हुआ होगा। मंदिर गिराने या मूर्तियां तोड़ने को भी किसी ने उत्साहित नहीं किया।"[2] सैयद अली हमदानी के आने से पहले कश्मीर की स्थिति बताते हुए बहारिस्तान-ए-शाही का लेखक लिखता है, "उन दिनों कश्मीर में बहुसंख्यक लोग काफिर और बहुदेववादी थे। इस प्रदेश के लोग काफिरों जैसे कपड़े ही पहनते थे।"[3] दरअसल भारत में सैयद दो लहरों में आए। अरब हमलावरों के साथ और कालांतर में तैमूरलंग से जान बचा कर भागते हुए। बुलबुल शाह के बाद जो सैयद कश्मीर घाटी में आए, वे इस्लाम में तुर्कों का वर्चस्व स्थापित हो जाने के परिणामस्वरूप आए।

2. सैयदों और तैमूरलंग के विवाद का शिकार कश्मीर—कश्मीर में सैयदों की दूसरी खेप तो अरबों की ईरानियों, मंगोलों व तुर्कों पर जय-पराजय की कथा के बाद आनी शुरू हुई। कश्मीर घाटी में आज भी जिस सैयद की सबसे ज्यादा चर्चा होती है, वह सैयद अली हमदानी हैं। उनकी चर्चा नकारात्मक व सकारात्मक दोनों प्रकार से होती है। ऐसा माना जाता है कि कश्मीर घाटी में इस्लाम का नया पंथ प्रचलित करने में उनका सबसे ज्यादा हाथ था। सैयद अली हमदानी का कश्मीर में आगमन तैमूर के कारण हुआ। आज का जो तजाकिस्तान है, तैमूर वहां का रहने वाला था। तैमूर किसी दुर्घटना में लंगड़ा हो गया था, इसलिए उसे तैमूरलंग कहा जाने लगा।

तैमूर (1336-1405) ने 1370 में मध्य एशिया में तैमूर वंश के शासन की स्थापना की। उसने बलख, खुरासान, हेरात को जीतकर ईरान पर हमला किया। वहां उसके निशाने पर सैयद आ गए। उसने सैयदों के साथ अच्छे व्यवहार की एक शर्त रखी कि वे यह स्वीकार करें कि तैमूरलंग या तुर्कों को इस्लामी जगत् का सम्राट बनने का अधिकार है। अब से तुर्क इस्लाम के खलीफा हैं, लेकिन सैयद ऐसा कैसे स्वीकार कर सकते थे? वे तो अपने आप को हजरत अली के खानदान से जुड़ा होने के कारण इस्लाम का मजहबी नेता मानते थे। इसलिए इस्लामी जगत् के नेतृत्व का पैदायशी अधिकार वे अपना ही समझते थे। हमदान और बिहाक में रह रहे सैयदों ने मुसलमानों पर शासन करने के तैमूरलंग के अधिकार को मानने से इनकार कर दिया।[4] सैयदों में अहंकार और श्रेष्ठता का भाव तो था ही। आखिर वे सीधे हजरत अली के समुदाय से ताल्लुक रखते थे। मध्य एशिया के किसी कबीले के आदमी को, चाहे उसके कबीले ने इस्लाम मत को ग्रहण ही क्यों न कर लिया हो, मुसलमानों और वह भी सैयदों पर राज करने का अधिकार कैसे हो सकता है? तैमूरलंग तुर्क/मंगोल प्रजाति से ताल्लुक रखता था। उसका जो परिणाम होना था, वही हुआ। तैमूर ने सैयदों को दिन में तारे दिखा दिए। तैमूरलंग से मार खाए बिहाकी और हमदानी सैयद भारत की ओर भागे। इरान से भागकर सैयद महमूद बिहाकी अपने चेलों के साथ कश्मीर में आ गया था। ये सैयद स्वयं को किसी-न-किसी सूफी सिलसिले का बताते थे। तैमूरलंग की मार में सैयद अली हमदानी भी आ गए। सैयद अली हमदानी, जिसे शाह-ए-हमदान भी कहा जाता है, सैयद शहाबुद्दीन का बेटा और मीर सैयद मोहम्मद अल हसानी हमदान का पौत्र था। उसने भी कश्मीर का रुख किया, लेकिन "भारत आने से पहले अपने दो चचेरे या ममेरे भाइयों, सैयद ताज्जुद्दीन और सैयद हुसैन को मजहबी हालात का जायजा लेने के लिए कश्मीर भेजा।"[5] जाहिर है, दोनों भाइयों ने वापस जाकर रपट दी होगी कि वर्तमान में कश्मीर का राजा भी अपने परंपरागत पंथ को त्यागकर इस्लाम पंथ में दीक्षित हो चुका है। कश्मीरी लोग अतिथिप्रिय हैं। उन्होंने रिंचन, शाहमीर, लंकेर चक सभी को शरण ही नहीं दी, बल्कि पद भी दिए थे। पचास साल पहले कश्मीर घाटी में आए एक दूसरे सैयद बुलबुल शाह कलंदर को भी शरण दी। तैमूर के भय से भाग रहे सैयदों को इससे अच्छी पनाहगाह और कहां मिल सकती थी? 1372 में ही सैयद अली हमदानी (1314-1384) के नेतृत्व में सैयदों की एक और खेप कश्मीर घाटी में पहुंच गई।[6] कहा जाता है कि इस खेप में लगभग सात सौ सैयद कलंदर थे। यह भी कहा जाता है कि सैयद अली हमदानी का वंश दो शताब्दियों से हमदान पर राज कर रहा था। पर इसका कोई पुख्ता प्रमाण उपलब्ध नहीं है। शायद परवर्ती

इतिहासकारों ने सैयद अली हमदानी को प्रतिष्ठा प्रदान करने के लिए शाह-ए-हमदान कहना शुरू कर दिया हो। यदि सैयद अली का खानदान राजवंश का भी था तो भी वक्त बदलते देर नहीं लगी। अब वह वक्त का मारा इधर-उधर फिर रहा था। जिस वक्त सैयद अली हमदानी कश्मीर में आया तब कश्मीर में शाहमीर वंश का राजा सुल्तान कुतुबुद्दीन (1374-1389) राज कर रहा था। चिनाब घाटी या स्वात घाटी से आए शाहमीरी इस्लाम में मतांतरित हो चुके थे, लेकिन उन्होंने भी इस्लाम को इतना ही स्वीकार किया था कि अब उनकी इबादत का तरीका बदल गया था। उनके रहन-सहन और संस्कृति में कोई खास फर्क नहीं आया था।

इन सैयदों के भागकर कश्मीर आने की यह कथा कश्मीरियों में अभी भी प्रचलित है, जिसे वे आज भी कभी उनको चिढ़ाने के लिए और कभी तरस खाने के लिए सुनाते रहते हैं। इस कथा का उल्लेख सी.ई. टिंडेल बिस्काए (जो 1890 में कश्मीर में आया था) ने भी अपनी पुस्तक में किया है। उसके अनुसार, तैमूरलंग ने हमदान को जीत लिया था। वह रात्रि को घूमकर प्रजा का हालचाल जाना करता था। एक दिन उसने एक घर के अंदर से बच्चों के रोने की आवाज सुनी तो वह उस मकान के आगे ठिठक गया। बच्चे भूख के मारे रो रहे थे। उनकी मां ने अपने पति से कहा कि कहीं जाकर भीख ही मांग लो, ताकि बच्चों का पेट भरा जा सके, लेकिन पति अपमान के मारे भीख मांगने के लिए तैयार नहीं था। तैमूरलंग ने तरस खाकर उनके घर के अंदर सोने के सिक्के फेंक दिए। सुबह जब पति-पत्नी ने सोने के सिक्के देखे तो उनका संसार बदल गया। घर में धन-धान्य आ गया। पड़ोसी सैयदों को हैरानी हुई कि कल तक भूखा मर रहा परिवार आज खाता-पीता कैसे हो गया? उन्होंने सोचा, इन्होंने जरूर हमारे घर में चोरी की होगी। इसलिए उन्होंने इस गरीब आदमी के खिलाफ चोरी की नालिश दायर कर दी। अब सैयद ठहरे हजरत अली के वंशज। इसलिए कचहरी में उनका जीतना तो पक्का ही था, ऐसा उनको यकीन था। तैमूरलंग को इस मुकदमे का पता चला। उसने दोनों पक्षों को बुलाया। उस गरीब आदमी ने अपनी सारी कथा सुना दी। तैमूरलंग स्वयं भी वह कथा जानता ही था। फिर उसने सैयदों से पूछा। सैयदों ने सौगंध खाकर कहा कि उनका पैसा चुराया गया है। तैमूरलंग सैयदों की यह करतूत देखकर आगबबूला हो गया। उसने सात धातुओं की मिश्रित धातु से एक घोड़ा बनाया और उसे आग में डालकर लाल सुर्ख कर दिया। फिर उसने उन्हें हुकुम दिया कि इस घोड़े पर बारी-बारी सवार हो जाओ। उसने कहा कि इस्लाम में माना जाता है कि आग सैयद को जला नहीं सकती। यदि तुम सच्चे हुए तो आग तुम्हारा कुछ नहीं बिगाड़ सकेगी, लेकिन यदि तुम झूठे हुए तो तुम सजा के पात्र हो। जिन सैयदों को तैमूरलंग का हुकुम मानकर

आग पर सवार होना पड़ा, वे आग से जल गए। जिन्होंने राजा का हुकुम मानने से इनकार कर दिया, वे तैमूर के सैनिकों की तलवार के शिकार हो गए। इस हड़बड़ी में एक सैयद किसी तरह प्राण बचाकर वहां से भाग निकला और बचता-बचाता कश्मीर पहुंच गया। यही सैयद अली हमदानी था।''[7] तैमूरलंग के संबंध में रात्रि को घूमकर प्रजा का हाल जानने की यह कहानी सत्य प्रतीत नहीं होती, क्योंकि विजित देश के लोगों से मानवीय व्यवहार की आशा करना संभव नहीं है। तैमूरलंग का जीवन इसका साक्षी है। तब प्रश्न पैदा होता है कि कश्मीरियों ने यह कथा सैकड़ों साल पहले क्या प्रचलित की? इसका सीधा उत्तर है, जब तैमूर के सताए सैयद भागकर कश्मीर आए होंगे तो कश्मीरियों ने उनका स्वागत नहीं किया होगा, क्योंकि उन्हें पहले ही बुलबुल शाह, शाहमीर, रिंचन और लंकेर चक का स्वागत करने का फल मिल चुका था। इसी के कारण कश्मीर घाटी में शाहमीर वंश की स्थापना हो गई थी और लोहर वंश का शासन समाप्त हो गया था। शाहमीर वंश के शासन में ही कश्मीर में मतांतरण शुरू हुआ, लेकिन इन सैयदों ने कश्मीर में आकर शाहमीर वंश के शासकों से सांठ-गांठ शुरू कर दी और उन्हीं के बलबूते कश्मीरियों को सताना शुरू कर दिया। कश्मीरियों की व्यंग्य कला और प्रतीकों के माध्यम से चोट करने की क्षमता तो सर्वविदित है ही। इसी के चलते उन्होंने सैयदों को उनकी असलियत और औकात बताने के लिए ये कहानियां प्रचलित कीं।

3. सैयद अली हमदानी और शाहमीरी सुल्तानों का परस्पर संबंध–सैयद अली हमदानी ने श्रीनगर में वितस्ता (झेलम) के किनारे जहां काली मां का प्राचीन मंदिर था, अपना डेरा जमाया। हमदानी के वहां डेरा जमा लेने से ईरान से आए सैयद और इस्लाम में मतांतरित हुए कुछ कश्मीरी हिंदू भी उस स्थान पर आने लगे। हमदानी अपने आप को कुबराविया सिलसिले का सूफी बताता था। दूसरी खेप में आने वाले इन सैयदों ने बुलबुल शाह की विफलता से सबक सीख लिया था। सैयदों का सौभाग्य यही था कि कश्मीर घाटी की सत्ता पर अब तक चिनाब घाटी या स्वात घाटी की ओर से आए शाहमीरी सुल्तान कब्जा कर चुके थे। केवल इतना ही नहीं, वे इस्लाम में मतांतरित भी हो चुके थे, लेकिन यह भी स्पष्ट था कि अब तक न तो बुलबुल शाह कश्मीरियों को प्रभावित कर सका था और न ही उसके इतने साल बाद आने वाले सैयद अपने प्रचार और प्रभाव से कश्मीर के लोगों को प्रभावित कर सके थे। कश्मीर के लोग इस्लाम में मतांतरित नहीं हो रहे थे। शाहमीरी शासकों ने आम कश्मीरियों को मतांतरित करने में अतिरिक्त उत्साह भी नहीं दिखाया था। अतः दूसरी खेप के इन सैयदों ने मतांतरण के लिए राज्यसत्ता से सांठ-गांठ का रास्ता चुना। अब उनकी

रणनीति राजा को ही अपने प्रभाव क्षेत्र में लाकर काबू करना हो गई ताकि मतांतरण का काम राज शक्ति के बल पर शुरू किया जा सके। इसमें वे कुछ सीमा तक सफल भी हुए। सैयद अली हमदानी ने सुल्तान कुतुबुद्दीन को अपने प्रभाव क्षेत्र में ले लिया। सुल्तान ने शरीयत का पालन करते हुए अपनी एक पत्नी को तलाक भी दे दिया। कुतुबुद्दीन दो सगी बहनों से विवाह किया हुआ था। हमदानी का मानना था कि दो सगी बहनों से शादी शरीयत के खिलाफ है। इसे भी हमदानी का ही प्रभाव कहा जा सकता है कि कुतुबुद्दीन ने कश्मीरियों का लिबास त्यागकर विदेशी सैयदों का लिबास पहनना शुरू कर दिया था, लेकिन हमदानी इतने भर से संतुष्ट नहीं था। उसका जोर शायद कश्मीरियों को किसी भी तरह इस्लाम मत में मतांतरित करने का था। लगता है, कुतुबुद्दीन इस सीमा तक जाने को तैयार नहीं हुआ था। यही कारण था हमदानी कश्मीर में ज्यादा देर रुका नहीं। वह बड़ी मुश्किल से चार महीने श्रीनगर में रहा और यहां से मक्का की ओर चला गया। उसके बाद वह फिर 1379 में घाटी में आया। अब की बार वह अढाई साल कश्मीर में रहा। तीसरी बार वह 1383 में एक बार फिर कश्मीर आया। ऐसा कहा जाता है कि सैयद अली हमदानी कश्मीर घाटी के अतिरिक्त लद्दाख, बाल्तिस्तान, स्कर्दू इत्यादि स्थानों पर भी गया और वहां लोगों को इस्लाम की ओर आकर्षित करने का प्रयास करता रहा। इस कालखंड में आने वाले अन्य प्रमुख सैयदों में सैयद जलालुद्दीन बुखारी, सैयद ताजुद्दीन और सैयद हुसैन सिमनानी का नाम आता है। इनके संगी-साथियों में मीर सैयद हैदर, सैयद जमालुद्दीन, सैयद कमाले सानी, सैयद जलालुद्दीन अलाई, सैयद रुकनुद्दीन, सैयद मोहम्मद और सैयद एजीजुल्ला इत्यादि थे, लेकिन सैयद अली हमदानी को इस्लाम के प्रचार में सुल्तान कुतुबुद्दीन से जिस गर्मजोशी की आशा थी, उतना शायद उसने नहीं किया। बहारिस्तान-ए-शाही के अनुसार सुल्तान कुतुबुद्दीन "सैयदों के निर्देशानुसार कश्मीर घाटी में इस्लाम का प्रचार नहीं कर रहा था। इसलिए सैयद अली हमदानी सुल्तान से अनुमति लेकर हज करने के लिए अरब देश में चला गया और वहीं 1384 में उसकी मौत हो गई।"[8] मृत्यु के समय उसकी आयु 72 साल थी। उसका शव ताजिकिस्तान ले जाया गया और वहीं उसे दफ्न किया गया। उसके पांच साल बाद 1389 में सुल्तान कुतुबुद्दीन की भी मौत हो गई। जिस काली मंदिर में सैयद अली हमदानी ने शरण ली थी, कालांतर में वह गिरा दिया गया[9] और वहां खानकाह का निर्माण किया गया। यह स्थान खानकाह-ए-मौला के नाम से ही प्रसिद्ध होने लगा और आज तक उसी नाम से जाना जाता है। कश्मीरी भाषा के सिद्धहस्त साहित्यकार अवतार कृष्ण रहबर की कहानी 'छाया' में इस इतिहास का जिक्र है जिसमें कश्मीरियों की भीतरी वेदना कहीं गहरे में देखी जा सकती है। एक अंश द्रष्टव्य है।

"अमीर तैमूरलंग और हजरत अमीर कबीर मीर सैयद अली हमदानी समकालीन थे। उनका देश फारस था। मध्य एशिया का बहुत पुराना और महान देश। हजरत अमीर कबीर इक्कीस वर्षों तक दुनिया के बहुत बड़े-बड़े विद्वानों, ज्ञानियों और सूफियों से भेंट करके 1370 में वापस अपने देश आए थे। जब वे लौटे तो उन्होंने वहां सब कुछ उलट-पुलट देखा। राजनीतिक माहौल बहुत बिगड़ गया था। अमीर तैमूर का दबदबा और प्रभाव हर तरफ बढ़ गया था। उसके द्वारा सैयद हजरातों पर बड़े जुल्म ढाए जा रहे थे, क्योंकि वह उनसे विद्वेष रखता था। बहुत-से सैयद हजरात देश छोड़कर इधर-उधर जाने लगे थे। हजरात अमीर कबीर सैयद अली भी इन्हीं खराब हालातों के कारण 1372 में अपने सात सौ मुरीदों के साथ अपना देश छोड़ने के लिए मजबूर हो गए। वे कश्मीर आ गए। उस समय कश्मीर पर सुल्तान शाहबुद्दीन का राज था। कुतुबुद्दीन राजकुमार थे। सुल्तान उस वक्त कश्मीर में नहीं थे। वे दूर किसी फौजी मुहिम पर गए हुए थे। इसलिए राजकुमार ने ही हजरत अमीर कबीर शाह हमदान का स्वागत किया था। शाह हमदान उस समय लगभग छह महीनों तक कश्मीर में रहे थे। फिर वे सात बरस बाद दोबारा आए और ढाई वर्षों तक रहे। तीसरी बार वे 1382 में आए थे, मगर कश्मीर में उनकी तबीयत खराब होने के कारण वे जल्दी ही वापस चले गए और 1384 में वे जन्नतनशीं हो गए। उनकी मैयत खतलान ताजिकिस्तान पहुंचाई गई और वहीं दफनाई गई। सच तो यह है कि कश्मीर पर हजरत अमीर कबीर तथा उनके पुत्र मीर मोहम्मद हमदानी ने गहरा प्रभाव छोड़ा।"[10] इसी प्रभाव को कश्मीर घाटी आज तक झेल रही है।

4. सैयदों द्वारा घाटी में बुतशिकन का सृजन—सुल्तान कुतुबुद्दीन की मौत के बाद सुल्तान सिकंदर (1389-1413) कश्मीर का बादशाह बना। वह शाहमीरी वंश का छठा सुल्तान था। उधर सैयद अली हमदानी की मौत के बाद कश्मीर में उसका उत्तराधिकारी उसका बेटा सैयद महमूद हमदानी बना। सैयद अली तो सुल्तान कुतुबुद्दीन को बुतशिकन बनाने में कामयाब नहीं हो सके थे, लेकिन उनका बेटा सैयद महमूद जरूर सुल्तान सिकंदर को बुतशिकन बनाने में कामयाब हो गया। यह अलग बात है कि सैयदों को कश्मीर के किसी शासक को बुतशिकन बनाने में काफी मेहनत करनी पड़ी, लेकिन जब सफलता मिली तो एकसाथ ही। सैयदों ने सुल्तान सिकंदर के मंत्री पंडित सूहा भट्ट को भी मतांतरित कर मुसलमान बना लिया। यह कश्मीर में सैयदों की सबसे बड़ी विजय थी जिसका खामियाजा सारा कश्मीर आज तक भुगत रहा है। बुतशिकन सिकंदर ने लगभग पच्चीस वर्ष तक शासन किया। कश्मीर घाटी में हिंदुओं का मतांतरण इसी कालखंड में हुआ। इससे पूर्व कश्मीर घाटी में मुसलमान बनने वाले कश्मीरियों की जनसंख्या नगण्य थी।

बुतशिकन और सूहा भट्‌ट की इस जोड़ी ने कश्मीर में हाहाकार मचा दिया। ऐसा लगता है जैसे बंगाल और कश्मीर का इतिहास विधाता एक ही लेखनी से लिख रहे हों। बंगाल में जो काम राजीवलोचन राय ने काला पहाड़ बनकर किया, वही काम कश्मीर में सूहा भट्‌ट ने सैफुद्दीन बनकर किया। बुतशिकन को भी कोई ऐसा ही सिपहसालार चाहिए था जो घाटी को हिंदूविहीन करने के उसके स्वप्न को पूरा कर सके। उसके भीतर यह स्वप्न सैयदों ने जगा दिया था, लेकिन यह काम सैयद खुद नहीं कर सकते थे, क्योंकि वे अभी तक कश्मीर घाटी में बाहरी आदमी थे, घर के आदमी नहीं। वे कुछ बड़े नगरों और कस्बों में ही सिमटे हुए थे। उधर ऋषि परंपरा के साधक भी कश्मीर में उनके पैर नहीं जमने दे रहे थे। ऐसे समय में सूहा भट्‌ट सबसे बड़ा मोहरा था, जो इन सैयदों के हाथ लगा था, लेकिन इस सबके बावजूद यह ध्यान रखना चाहिए कि सूहा भट्‌ट मात्र बुतशिकन की मशीन का एक पुर्जा मात्र था। वह बुतशिकन के सपनों में अपने हम मजहबियों के रक्त से रंग भर रहा था। ये सपने उसके अपने थे, इसका प्रमाण नहीं है। ऐसा भी कहा जाता है कि वह सैयदों को खुश करके उनकी सहायता से स्वयं कश्मीर की सत्ता पर कब्जा करना चाहता था। उसकी दूसरा शाहमीर बनने की इच्छा तो पूरी नहीं हुई, लेकिन इसका परिणाम कश्मीरियों के लिए बहुत घातक सिद्ध हुआ। मतांतरण का ऐसा दौर चला कि जिन्होंने इस्लाम स्वीकार करने से इनकार कर दिया। उनको या तो कत्ल कर दिया गया या डल झील में डुबोकर मार दिया गया। अधिकांश कश्मीरी मतांतरण से बचने के लिए कश्मीर छोड़कर चले गए। बुतशिकन ने सरहदों पर पहरेदार बिठा दिए ताकि कोई कश्मीरी भाग न सके। भाग रहे कश्मीरियों को सीमा पर मार दिया जाता था। बहुत से कश्मीरियों को, जिन्होंने मुसलमान बनने से इनकार कर दिया, बोरों में बांधकर डल झील में डुबो दिया गया। कोई कश्मीरी माथे पर तिलक लगाए दिख जाता था तो उसे मार दिया जाता था। कोई वितस्ता की पूजा करता दिख जाता तो उसे पकड़ लिया जाता। मंदिरों को ध्वस्त कर दिया गया और उनके स्थान पर मस्जिदें बना दी गईं। कहा जा सकता है कि मतांतरण का यह अभियान बुतशिकन के शासनकाल में चरम सीमा पर पहुंच गया था। लगता था, हारी पर्वत के नीचे मृत पड़ा जलोद्भव पुनः जिंदा हो गया था। लोककथा है कि घाटी में केवल ग्यारह कश्मीरी हिंदू परिवार बचे थे। बाकी कश्मीरियों को या तो मुसलमान बना दिया गया या वे भाग गए या मार दिए गए।

5. बुतशिकन की राख से बडशाह या भट्‌टशाह की उत्पत्ति—बुतशिकन की मौत के बाद कश्मीर में इतिहास ने फिर एक करवट बदली। उसके सुपुत्र जैनुल आब्दीन ने 1420 में गद्दी संभाली। उसने 1470 तक पचास साल राज किया। उसने अपने

पिता द्वारा किए गए अत्याचारों का एक प्रकार से प्रायश्चित्त करना शुरू कर दिया। इसलिए इतिहास में उसे बडशाह या भट्ट शाह के नाम से जाना जाता है। दरअसल कश्मीरियों को भट्ट के नाम से भी जाना जाता है। उच्चारण भेद के कारण कश्मीर में भट्ट का उच्चारण बट्ट या बट भी किया जाता है। जैनुल आब्दीन ने जिस प्रकार पुनः कश्मीर घाटी में वहां की विरासत, आस्था और परंपराओं को पुनः स्थापित करने का कार्य प्रारंभ किया, उसके कारण वहां यह चर्चा भी चल पड़ी कि राजा पुनः हिंदू धर्म में वापस चला गया है। सैयदों ने तो यह कहना भी शुरू कर दिया कि बडशाह या भट्टशाह हिंदू हो गया है, लेकिन प्रश्न था कि राजा जैनुल आब्दीन से भट्टशाह या बडशाह कैसे बन गया? उसको लेकर भी एक कथा प्रचलित है। सुल्तान को एक भयंकर फोड़ा निकल आया जिसका इलाज कोई नहीं कर पा रहा था। दूर-दूर से हिकमत जानने बाले बुलाए गए, लेकिन मर्ज किसी की पकड़ में ही नहीं आ रहा था। कश्मीरी वैद्यों की पुकार हुई, लेकिन उन सभी को तो मार दिया गया था या फिर वे घाटी छोड़कर चले गए थे, लेकिन किसी प्रकार भी एक कश्मीरी वैद्य मिल जाता तो इस जानलेवा मर्ज से छुटकारा मिल सकता था। किसी ने सुल्तान को बताया कि श्रेया भट्ट नाम का एक वैद्य अभी भी घाटी में है। किसी तरह उसको पकड़ लिया गया। उसने निरंतर इलाज से सुल्तान को व्याधिमुक्त कर दिया। बात पुरस्कार की आई तो श्रेया भट्ट ने अपने लिए कुछ नहीं मांगा। उसने कश्मीरियों के लिए घर वापसी मांगी। सुल्तान ने कश्मीरियों को वापस कश्मीर में आने की अनुमति तो दी ही, साथ ही उनकी आस्थाओं और परंपराओं में खुद हिस्सेदार बनने का भी प्रण किया। इस घटना के बाद राजा को कश्मीरियों की ज्ञान-विज्ञान में महारत का एहसास तो हुआ ही। साथ ही, इस बात का दुःख भी हुआ कि उसके पिता ने कश्मीरियों के साथ कितना अन्याय किया है। शारदा पीठ को बंजर बना दिया है। उसने पिता के किए गए पापों का प्रायश्चित्त शुरू किया। उसने कश्मीर में केवल मतांतरण को ही नहीं रोका, बल्कि कश्मीर छोड़कर चले गए कश्मीरियों को वापस आने का आह्वान भी किया। मंदिरों को दान दिया गया। ध्वस्त किए गए कुछ मंदिरों का उद्धार भी किया गया। वितस्ता नदी की पूजा पुनः प्रारंभ हुई। भट्टशाह हिंदू कश्मीरियों के पांथिक और सांस्कृतिक उत्सवों में स्वयं जाता था। अनेक स्थानों पर पूजा भी करता था। उसकी मंशा कश्मीर को उसकी परंपराएं और विरासत पुनः लौटा देने की थी। यही कारण था कि सूफी सैयद यह मान रहे थे कि जैनुल आब्दीन पुनः अपने पुराने हिंदूमत में चला गया था। भट्टशाह ने इसकी तो परवाह नहीं की, लेकिन वह सैयद सूफियों को नाराज भी नहीं कर सकता था, क्योंकि बुतशिकन के

पचास साल के राजकाज में प्रशासन व्यवस्था में सूफी सैयदों की पकड़ भी गहरी हो गई थी। इतना ही नहीं, उन्होंने घाटी में अनेक स्थानों पर अपने अड्डे भी जमा लिये थे। इसलिए इन सैयद सूफियों को प्रसन्न रखने के लिए भट्टशाह नियमित रूप से नमाज भी पढ़ता था। भट्टशाह की घर वापसी पर सैयदों के विलाप का अंदाजा बहारिस्तान-ए-शाही के एक उद्धरण से लगाया जा सकता है। लेखक का दुःख यही है कि बुतशिकन ने इस्लाम के लिए जो कश्मीर में कर दिखाया था, उसके बेटे ने वह सब मटियामेट कर दिया और कश्मीर को फिर उसके असली रूप में वापस लाने का उपक्रम किया "that the temples of idol-worshippers, which had been destroyed and razed to the ground by the religious-minded and justice-loving Sultan Sikandar, God bless his grave and bless him, had been rebuilt and rehabilitated by Jainu'l 'Abidin. He had permitted idolators and polytheists to revive the practices of infidelity and they had propagated heresy (kufr) and false religion (din-i batil). With the support of some more kings, the infidels had flourished day after day."[11] यह ठीक है कि बडशाह या भट्टशाह ने सैयद सूफियों को बहुत महत्ता नहीं दी, उसने मतांतरण को भी रुकवा दिया। सैयद सूफियों की कश्मीर विरोधी गतिविधियों पर भी शिकंजा कसा, लेकिन सैयदों ने हार नहीं मानी। भट्टशाह की मौत के बाद एक प्रकार से अराजकता फैल गई। सैयदों के पंख फड़फड़ाने का यही वक्त था और उनको यह अवसर दिया शम्सुद्दीन मोहम्मद इराकी ने।

6. शम्सुद्दीन मोहम्मद इराकी का कश्मीर में आगमन—लगता था कश्मीर पर से अभी काली छाया हटी नहीं थी। इस बार यह छाया शम्सुद्दीन मोहम्मद इराकी के रूप मे प्रकट हुई थी। भट्टशाह की मौत के पूरे आठ साल बाद 1478 में शम्सुद्दीन मोहम्मद इराकी (1424-1526) खुरासान के सुल्तान वली हुसैन के राजदूत के तौर पर कश्मीर में पहुंचा था।[12] उस समय शाहमीर वंश के नौवें सुल्तान हसन शाह (1472-1484) गद्दीनशीन थे। राजदूत के पद की अपनी सेवा अवधि पूरी करने पर वह वापस खुरासान चला गया। दूसरी बार इराकी 1496 में अपने मजहब के प्रचार के लिए कश्मीर में आया था। इराकी या अराकी शिया मजहब को मानने वाला था। शिया मजहब में वह अपने आप को नूरबख्शिया सिलसिले का बताता था। उसकी रणनीति कश्मीरियों को शिया मत में लाने की थी। इसमें उसका साथ मलिक मूसा रैणा ने दिया, जो कुछ समय पहले ही सोम चंद्र से मूसा बना था। इसलिए इराकी के शिकार वे कश्मीरी भी हुए जिनके पुरखे अरसा पहले इस्लाम में मतांतरित होकर अपने आप को मुसलमान कहने व मानने

लगे थे। यह ठीक है कि सैयदों का इस्लाम मजहब को मानने वाला धड़ा अराकी के विरोध में खड़ा हो गया, लेकिन यह सैयदों की आपसी लड़ाई थी जिससे आम कश्मीरी को कोई राहत मिलने वाली नहीं थी। कश्मीरी, इस्लाम के धड़ों के बीच में फंस गए थे। आगे कुआं, पीछे खाईं, लेकिन आगे बढ़ने से पहले यह जानना जरूरी है कि मुसलमानों का शिया मजहब से झगड़ा क्या है?

हजरत मोहम्मद के देहांत के बाद उनके उत्तराधिकारी का प्रश्न पैदा हुआ। इस प्रश्न पर विवाद खड़ा हो गया। मुसलमानों का एक धड़ा हजरत अली को उत्तराधिकारी बनाना चाहता था, लेकिन दूसरा धड़ा अबू बकर के पक्ष में था। अंततः अबू बकर को उत्तराधिकारी मान लिया गया। अबू बकर ने सभी अरब कबीलों को इस्लाम में मतांतरित करने का काम बड़ी तेजी से शुरू कर दिया। इसमें उसे बहुत सीमा तक सफलता भी मिली। अबू बकर के देहांत के बाद उत्तराधिकार का मामला फिर उलझ गया। इस बार फैसला उमर के पक्ष में गया। उमर के बाद गद्दी उस्मान के हाथों में आई। उमर और उस्मान के कार्यकाल में अरब की सेनाओं ने पड़ोसी देशों पर हमले करने शुरू कर दिए और उन्हें जीतकर इस्लाम में मतांतरित करना शुरू कर दिया था। मिस्र, सीरिया, इराक, फारस देश और फिलिस्तीन इन्हीं दिनों धराशायी हुए। अरबों का मुसलमानी साम्राज्य तो फैल गया, लेकिन साथ ही उस पर कब्जा बनाए रखने की लड़ाई भी। इसी के चलते विद्रोहियों ने उस्मान की हत्या कर दी। उस्मान के बाद उत्तराधिकारी हजरत मोहम्मद के दामाद, अली बने। इन चार खलीफाओं को संयुक्त रूप से खलीफा राशिदुन या केवल राशिदुन कहा जाता है। अली इस नए साम्राज्य को अलग ढंग से चलाना चाहते थे, लेकिन उन परिस्थितियों में ऐसा शायद संभव नहीं लग रहा था। कब्जा किए गए देशों में मतांतरण के कारण दोनों प्रकार की प्रतिक्रिया थी, गुस्सा, विरोध और निराशा भी थी और कुछ लोग विजेता अरबों के साथ मिलकर इस्लाम के नए सिपहसालार भी बन गए थे। अली को इन हालातों में एक राज्य की स्थापना करनी थी, लेकिन नए-नए जोश में आए मुसलमान शायद इसके लिए तैयार नहीं थे। इसलिए हजरत अली के कार्यकाल में ही अरब जगत् में गृहयुद्ध शुरू हो गया। यहां तक कि मुसलमानों ने अली पर उस्मान की हत्या में मिलीभगत का आरोप भी लगाना शुरू कर दिया। मुसलमानों ने अली को इस्लाम का खलीफा मानने से इनकार कर दिया। वे मुआविया के नेतृत्व में एकत्रित हो गए और उमैय्यद खिलाफत की स्थापना की। अली की कूफा मस्जिद के अंदर ही हत्या कर दी गई। मुआविया ने ताकत के जोर पर मुस्लिम साम्राज्य की स्थापना तो कर दी, लेकिन यह अत्याचार और अन्याय का साम्राज्य सिद्ध हुआ। अली के देहांत के

बाद यह संघर्ष और तेज हो गया। उमैय्यद खिलाफत के मुखिया अब याजीद हो गए थे। उसके अत्याचार और भी बढ़ गए। याजिद ने मानवीय मूल्यों को ताक पर रखकर लोगों पर अमानुषिक अत्याचार करने शुरू कर दिए। राजधर्म का निर्वाह करने की बात तो बहुत दूर थी। अरबों और अन्य विजित प्रदेशों ने ऐसे मुसलमानी शासन की शायद आशा नहीं की थी।

लेकिन इस शासन को चुनौती कौन दे? मुसलमान राज्य के इस अन्याय के खिलाफ कौन खड़ा हो सकता था? इस चुनौती को अली के बेटे हुसैन ने स्वीकारा। यह ठीक है कि उसके अनुयायी कम थे, लेकिन अन्याय के खिलाफ लड़ने का उनका साहस अपरिमित था। मुसलमान शासकों ने भी शायद अली के पूरे वंश को ही समाप्त करने की रणनीति बना ली थी। कर्बला के मैदान में अरब के मुसलमानों की सेना ने हुसैन को, उसके अनुयायियों को पारिवारिक सदस्यों सहित बहुत ही जालिमाना तरीके से मौत के घाट उतार दिया था। हुसैन और उसके साथियों की संख्या बहुत कम थी और इस्लामी सैनिकों की संख्या बहुत ज्यादा थी। जीत तो अरब मुसलमानों की हुई लेकिन हुसैन के गिने-चुने अनुयायियों ने अंत तक पीठ नहीं दिखाई। हुसैन भी शहीद हो गए, लेकिन बहुत कम लोगों को ज्ञात है कि न्याय एवं स्वतंत्र चिंतन हेतु लड़ी जा रही कर्बला की इस लड़ाई में भारतीयों ने इन योद्धाओं का साथ दिया था और अरब की इस्लामी सेना से लड़ते हुए भारतीयों ने शहादत भी प्राप्त की थी। उसमें एक दत्त ब्राह्मण का नाम तो बहुत प्रसिद्ध है जिसके पुत्र इस लड़ाई में शहीद हो गए थे। यही कारण है कि इन मोहियाल ब्राह्मणों को समाज में आज भी हुसैनी ब्राह्मण कहा जाता है। दरअसल यह भारतीयों और हुसैन के साथियों की अरब की इस्लामी सेना के साथ स्वतंत्र चिंतन और अपने अधिकारों के लिए लड़ी गई साझी लड़ाई थी, जिसमें दोनों का रक्त कर्बला के रेगिस्तान में बहा था। मुसलमानों से इस युद्ध के बाद ही हुसैन के अनुयायी शिया कहलाए जाने लगे। इस नए शिया समाज या संप्रदाय ने अरब और तुर्कों में भूकंप ला दिया। बहुत-से अरब सैयद भी कालांतर में शिया संप्रदाय में शामिल हो गए। अरब के मुसलमान इतिहासकारों ने इस विरोध को सत्ता संघर्ष से जोड़ने का प्रयास किया है। उनका कहना है कि अली के देहांत के बाद उत्तराधिकार को लेकर संघर्ष शुरू हो गया। अली के सुपुत्र हुसैन स्वयं खलीफा बनना चाहते थे। ऐसा कहना एक प्रकार से हुसैन की शहादत को छोटा करना ही होगा। हुसैन सत्ता के लिए संघर्ष या विद्रोह नहीं कर रहे थे बल्कि वे न्याय एवं मानव मूल्यों के लिए लड़ रहे थे। मुसलमानों के अत्याचार समाज के उन लोगों पर बहुत बढ़ गए थे जिन लोगों ने उनके रास्ते पर चलना अस्वीकार कर दिया था।

जिन अरबों ने याजिद के अन्याय का विरोध किया था, उनका एक नया संप्रदाय विकसित हो गया, जो इतिहास में शिया संप्रदाय के नाम से जाना जाता है।

कर्बला के बाद से आज तक मुसलमानों और शिया समाज में यह संघर्ष किसी-न-किसी रूप में आज भी जारी है। शिया समाज के लोग हुसैन की इस शहादत को याद ही नहीं करते, बल्कि उसका प्रतीक ताजिया बनाकर शहर भर में घूमते भी हैं। इतना ही नहीं, अपने शरीर को नाना प्रकार से कष्ट भी देते हैं, ताकि उन कष्टों का, जो हुसैन और उनके साथियों ने अरब की इस्लामी सेना के हाथों तपती दोपहरियों में सहे थे, थोड़ा-सा भी अनुमान लगा लिया जाए। यही नहीं, वे ताजिया निकालते समय उन भारतीयों का स्मरण भी करते हैं, जिन्होंने इनके साथ उस समय खड़े होने का साहस किया, जब उनके अपने नजदीकी छोड़कर भाग रहे थे। कर्बला के मैदान में न्याय के पक्ष में लड़ने वाले इन भारतीयों की यह अद्वितीय शहादत इतनी लासानी थी कि इतिहास में वे भारतीय, हुसैनी ब्राह्मण के नाम से ही जाने जाने लगे। शिया समाज हुसैन की शहादत के प्रतीक ताजिए पर शीरनी और शर्बत अर्पित करते हैं। मुसलमान इसको मूर्ति पूजा कहकर उसका विरोध करते हैं। इस्लाम में मूर्ति पूजा की अनुमति नहीं है। कट्टरपंथी मुसलमानों के लिए यह सारी कथा प्रकारांतर से मूर्ति पूजा का ही दूसरा तरीका है जिसकी मजम्मत विरोध या आलोचना की जानी चाहिए। यदि मजम्मत करने से भी काम नहीं बनता तो ऐसा दुस्साहस करने वाले शिया समाज को उचित दंड भी दिया जाना चाहिए। मुसलमानों के शिया समाज से विरोध का कारण इसी पृष्ठभूमि में छिपा हुआ है। इस पृष्ठभूमि में कश्मीर में जो सैयद आ रहे थे, वे सभी मुसलमान नहीं थे बल्कि उनमें से कुछ शिया संप्रदाय के भी थे। शम्सुद्दीन मोहम्मद इराकी इसी शिया संप्रदाय को मानने वाला था। वह केवल मानने वाला ही नहीं था, बल्कि बलपूर्वक दूसरों से मनवाने वाला भी था। उसने सैयद/तुर्क/मुगल मंगोल मूल के मुसलमानों को भी मतांतरित कर शिया संप्रदाय का कुनबा बढ़ाने का प्रयास किया। इसी प्रकार उसने कश्मीरियों को शिया मजहब में मतांतरित करने की कार्यवाही करनी शुरू कर दी। जो कश्मीरी इससे पहले मुसलमान हो गए, इराकी उनको शिया मजहब में लाना चाहता था। इस माहौल में कश्मीर घाटी में मुसलमान अरबों/तुर्कों और शिया संप्रदाय के अरब/तुर्कों में संघर्ष शुरू हो गया परंतु इसकी चपेट में कश्मीरी भी आ गए।

इराकी द्वारा सत्ता की सहायता से कश्मीरियों को शिया मजहब अपनाने के लिए कितना तंग किया, इसका एक नमूना बहारिस्तान-ए-शाही में देखा जा सकता है। "But with the support and authority of Malik Musa Raina,

Amir Shamsu'd-Din Muhammad undertook a wholesale destruction of all those idol-houses as well as the total ruination of the very foundation of infidelity and disbelief. On the site of every idol-house he destroyed, he ordered the construction of a mosque for offering prayers after the Islamic manner. The idolatory and heresy which had existed prior to his coming to this place were effectively replaced by his preaching and propagation of Islamic laws and practices. He brought honour to all the infidels and heretics (zandiqa) of Kashmir by admitting them to the Islamic faith and bestowed upon them many kinds of rewards and benefactions. It is publicly known as well as emphatically related that during his life-time, with the virtuous efforts and elaborate arrangements made by the fortunate Malik Musa Raina, twenty-four thousand families of staunch infidels and stubborn heretics were ennobled by being converted to the Islamic faith. It is difficult to compute the number of people who had hitherto indulged in corrupt practices of a wrong (false) faith and dissent and were put on the right track under the proper guidance of Mir Shamsu'd-Din 'Iraqi."[13]

यहां अनुवादक जब इस्लाम की बात करता है तो उसका अभिप्राय शिया मजहब से है, क्योंकि इराकी कश्मीरियों को अपने शिया मजहब में मतांतरित कर रहा था।

8. कश्मीर में दर्दस्तान के चकों का राज्य और शिया संप्रदाय का उभार– शाहमीरियों ने 222 साल तक कश्मीर पर राज किया। शाहमीर शासन के अंतिम बादशाह सुल्तान हबीब के सिर पर से भरी सभा में अली चक ने ताज उतारकर अपने भाई गाजी चक के सिर पर रख दिया। उसने कहा कि सुल्तान हबीब अयोग्य है और अब से गाजी चक बादशाह होगा। शाहमीर वंश के अंतिम राजा के पक्ष में एक भी आवाज नहीं आई और कश्मीर में चक वंश का राज शुरू हो गया। रिकॉर्ड के लिए यह घटना 1554 में हुई थी। चक गिलगिट या दरद क्षेत्र के रहने वाले थे। कश्मीर में चकवंश के राजाओं का शासन चालीस साल रहा। इस वंश के अंतिम शासक यूसुफ शाह (1580-1586) थे। यूसुफ शाह मस्तमौला किस्म के शासक थे। मुसलमान सैयदों और तुर्कों की उनसे पटती नहीं थी, क्योंकि एक तो वे शिया संप्रदाय को मानने वाले थे, दूसरे वे नहीं चाहते थे कि मध्य एशिया से आए हुए मुगल कश्मीर पर कब्जा कर लें। मुगल बादशाह अकबर ने उन्हें धोखे से बंदी बनाकर बिहार में जलावतन कर दिया। वहीं उनकी विपन्नावस्था में मृत्यु हुई। यूसुफ शाह चक के बेटे याकूब शाह चक ने कुछ

समय के लिए मुगलों का विरोध किया, लेकिन इसमें उसे सफलता नहीं मिली। इसप्रकार यूसुफ शाह के अवसान से कश्मीर का अंतिम स्थानीय नरेश समाप्त हुआ और विदेशी मुगलों ने कश्मीर को गुलाम बना लिया। इसप्रकार 1339 से लेकर 1586 तक कश्मीर पर शाहमीरी वंश और चक वंश का राज रहा। चाहे शाहमीरी इस्लाम में मतांतरित हो चुके थे और चक शिया संप्रदाय में मतांतरित हो चुके थे, लेकिन वे स्थानीय शासक ही थे।

यूसुफ शाह के जलावतन के बाद कश्मीर में विदेशी शासन की शुरुआत हो गई। मुगलों ने अब तक देश के अधिकांश हिस्से पर कब्जा कर लिया था। सप्त सिंधु क्षेत्र तो लगभग सारा ही उनके कब्जे में था। कश्मीर अभी तक बचा हुआ था, परंतु बकरे की मां कब तक खैर मनाती। 1587 में अकबर ने इसे अपने आधिपत्य में ले लिया। उसके बाद 1751 तक 235 वर्ष कश्मीर मध्य एशियाई मुगलों के कब्जे में रहा। मुगलों से सत्ता अफगान दुर्रानियों ने 1751 में छीन ली। अफगानों का राज लगभग 75 साल तक रहा। मुगलों-अफगानों के शासनकाल में कश्मीरियों को असंख्य कष्ट झेलने पड़े। अनेक स्थानों पर मंदिर गिराकर उनके स्थान पर मस्जिदें बनाई गईं। आज भी उन कश्मीरियों के वंशज, जो इस कालखंड में इस्लामी मजहब में दीक्षित हो गए थे, मस्जिदों के सामने इबादत करते हुए भी पुरानी कहानियां सुनाते हुए मिल जाएंगे। शिया संप्रदाय को कश्मीर में सफलता चक वंश के शासनकाल में ही मिली, क्योंकि चक स्वयं मुसलमान मत की बजाय शिया पंथ को मानने वाले थे। चकों के राज्यकाल में शिया सैयदों का वर्चस्व बहुत बढ़ गया। वे अब केवल खानकाहों या मस्जिदों तक सीमित नहीं थे, उनकी राज दरबार में प्रत्यक्ष धाक बन गई थी। मतांतरण का काम भी कभी धीमी रफ्तार से, कभी तेज रफ्तार से हो रहा था।

9. शाहमीरी नरेशों के सैयदों से प्रभावित होने का कारण—कश्मीर में लोहर वंश की समाप्ति कोटा रानी की हत्या/आत्महत्या से हुई। उसके बाद शाहमीर वंश का राज शुरू हुआ। चक वंश के बत्तीस साल मिलाकर, इन दोनों वंशों ने राज किया। उसके बाद मुगलों-अफगानियों का विदेशी राज शुरू हुआ। शाहमीर-चक वंश के शासनकाल में बुतशिकनों और सैयदों की संयुक्त राजनीति के चलते अधिकांश कश्मीरियों को मतांतरित होना पड़ा, लेकिन उन्होंने अपनी जड़ें नहीं छोड़ीं। वह सैयदों/तुर्कों/मुगल मंगोलों के सांस्कृतिक प्रभाव से किसी सीमा तक बचे रहे। कश्मीरियों ने इन विदेशी सैयदों और शासकों से सांठ-गांठ से उनके बढ़ते प्रभाव का मुकाबला किया। प्रश्न केवल उन कश्मीरियों का नहीं है, जो मतांतरित नहीं हुए, इनमें वे कश्मीरी भी शामिल थे, जो किन्हीं भी कारणों से मतांतरित हो चुके थे।

वे भी भीतरी मन से अपनी पुरखों की परंपराओं और आस्थाओं को नहीं छोड़ रहे थे। कश्मीरियों की पूजा पद्धति में एक नई पद्धति जोड़ देना तो आसान था, लेकिन उनको राष्ट्रीयता के लिहाज से अरबों व तुर्कों से जोड़ देना इतना आसान नहीं था। इन सैयदों का आम कश्मीरियों पर कोई प्रभाव पड़े, यह इतना सरल नहीं था, क्योंकि कश्मीरी भी अपने आप को दर्शन और ज्ञान-विज्ञान में श्रेष्ठ मानते थे। ज्ञान की देवी शारदा का तो निवास स्थान ही कश्मीर को माना जाता था। ये कश्मीरी ही थे जिन्होंने मध्य एशिया में कभी बुद्धम् शरणम् गच्छामि का शंखनाद किया था। अरब या तुर्क या मंगोल कश्मीरी मानस को आच्छादित कर लें, यह संभव ही नहीं था। यही कारण था कि कश्मीर की जनता में वे उतने लोकप्रिय नहीं हो सके।"[14] ये विदेशी सूफी सैयद कश्मीरियों में लोकप्रिय क्यों नहीं हो सके, इसका एक कारण डॉ. मोहिबुल हसन बताते हैं। उनके अनुसार, ये सूफी ऋषियों के प्रति उदार न थे। इसका एक कारण यह हो सकता है कि सूफियों के पहेलियों जैसे पांडित्यपूर्ण उपदेश सीधी-सादी जनता के लिए दुरूह बन गए थे। आम लोग सामान्य जीवन दर्शन के प्रति ज्यादा उत्सुक थे। ऋषियों ने जनता की इस मानसिक तथा आध्यात्मिक प्यास बुझाने के लिए लौकिक माध्यम का ही प्रयोग किया जिससे उनका संदेश अधिक ग्राह्य बन गया। इसके अतिरिक्त इन ऋषियों ने हिंदू विश्वासों को अपने जीवन में चरितार्थ करके नव दीक्षित मुस्लिम जनता को अतीत से कटने न दिया। यह जनता कुछ समय पहले हिंदू ही थी। अतः हिंदू संस्कारों के प्रति जागरूक थी। ऋषियों ने इसको सूफियों की अपेक्षा अधिक यथार्थता से पहचान लिया।"[15]

मुख्य प्रश्न यह है कि तैमूरलंग के भय से भागकर कश्मीर में आने वाले सैयद आम कश्मीरियों को तो प्रभावित नहीं कर सके, वे उस समय के शासकों को कैसे प्रभावित कर सके? अपने आप को अलग-अलग सिलसिलों के सूफी बताने वाले इन सैयदों को शाहमीर वंश के शासकों ने इतना मुंह क्यों लगाया? इसका मुख्य कारण शाहमीरियों का मतांतरण के कारण अपने समाज से कट जाना ही था। कश्मीर घाटी में तो अभी तक व्यापक स्तर पर मतांतरण नहीं हुआ था, लेकिन जिन क्षेत्रों से शाहमीर वंश के लोग आए थे, वह इस्लाम की जद में आ चुका था। शाहमीर वंश भी इस्लाम में जा चुका था, इसलिए वह अपने मूल समाज से कट गया था या फिर बहिष्कृत हो चुका था। अब उसको उस इस्लाम पंथ के पुरोहितों से मान्यता की जरूरत थी, जिसे उन्होंने कुछ शताब्दी पूर्व अपनाया था। जब तक शाहमीर सुल्तान नहीं बने थे तब तक शायद समस्या थी भी नहीं। नए पंथ या संप्रदाय को इस्लाम के कर्मकांड करने की ज्यादा आवश्यकता भी नहीं थी, लेकिन

अब शाहमीर राजा हो गए थे। शाहमीरियों की सरकार को, जिसे आज की भाषा में लैजिटिमेसी कहा जाता है, वह हिंदू समाज से तो मिल नहीं सकती थी। इसी पृष्ठभूमि में तैमूरलंग से पिटकर सैयद कश्मीर आ पहुंचे। सैयद मुसलमानों के पुरोहित हैं। अली की वंश परंपरा में से होने के कारण इस्लाम में उनका रुतबा भी बड़ा था। वे एक अर्थ में अरब के ब्राह्मण थे। नए-नए मतांतरित शाहमीरियों को इन्हीं नए पुरोहितों की तलाश थी। यही कारण था कि दरबार में सैयदों की पहुंच भी बढ़ी और प्रभाव भी। इसी प्रभाव का लाभ उठाकर सैयदों ने कश्मीर में मतांतरण का अभियान चलाया।

10. कश्मीरियों और सैयद/तुर्क/मुगल मंगोलों का सांस्कृतिक संघर्ष—कश्मीर पर शाहमीर वंश का शासन चौदहवीं शताब्दी में स्थापित हो गया था। चक वंश के शासन को भी समेटता हुआ। यह शासन सोलहवीं शताब्दी तक चला। उसके बाद मुगल वंश का शासन शुरू हुआ, जो अंततः अफगानियों के हाथ में सिमट गया। उन्नीसवीं शताब्दी के प्रथम दशक में ही महाराजा रणजीत सिंह ने इसे समाप्त कर कश्मीर को आजाद करवाया। यह ठीक है कि इस कालखंड में कश्मीर राजनीतिक लिहाज से पराजित हो गया था। मजहबी तौर पर भी उसकी पराजय हुई थी, क्योंकि अधिकांश कश्मीरियों को इस्लाम मत और शिया संप्रदाय अपनाना पड़ा। मतांतरण के इस कार्य में रणनीति अरब/फारस देश के सैयदों की ही रही। मतांतरण को योजनापूर्वक तरीके से करने के लिए सैयद अली हमदानी (1341-1385) को ही जिम्मेदार माना जाता है। कश्मीर में जिन सैयदों ने फारस देश से आकर मतांतरित करने का अभियान चलाया, उनको आम तौर पर इतिहासकार सूफी सैयद मानते हैं। कहा जाता है कि इनमें से कुछ तथाकथित सूफी सैयद इस्लाम का प्रचार करते थे और दूसरे शिया संप्रदाय का प्रचार करते थे। शाहमीर वंश के लोग इस्लाम मत में मतांतरित हुए थे और दरदस्तान के रहने वाले चक शिया संप्रदाय में मतांतरित हुए थे।

दरअसल सूफी विचार व दर्शन अरब में इस्लाम के आने से भी पहले सुप्रचलित था। सूफी दर्शन के अनुसार परमात्मा या रब्ब के साथ भक्त के संवाद के लिए किसी तीसरे की जरूरत नहीं है। रब्ब और भक्त का रिश्ता व्यक्तिगत है। उसमें किसी तीसरे को दखलअंदाजी करने का अधिकार नहीं है, लेकिन जब अरब में इस्लाम का उदय हुआ तो सूफी साधक संकट में पड़ गए, क्योंकि इस्लाम का तो मूल विचार ही इस परिकल्पना पर आधारित है कि ईश्वर या अल्लाह तक पहुंचने के लिए भक्त को एक माध्यम की जरूरत है। जरूरत है या नहीं, इसका निर्णय इस नई व्यवस्था में साधक पर नहीं छोड़ा गया। इसे अनिवार्य घोषित कर

दिया गया। तब सूफी साधकों ने बीच का रास्ता निकाला। उन्होंने अपने मूल विचार व साधना को तो नहीं छोड़ा, परंतु समझौते के तौर पर उस पर इस्लामी लिबास ओढ़ा दिया, लेकिन कालांतर में कुछ सूफी सैयदों को भी लिबास से ज्यादा मोह हो गया और तत्त्व गौण हो गया। कश्मीर में इसी दूसरी श्रेणी के सूफियों के ही दर्शन होते हैं। सैयद सूफियों के भी समय पाकर कई सिलसिले बन गए थे, जो आपस में लड़ते रहते थे। बाद में कुछ सूफी सैयद इस्लाम की बजाय शिया संप्रदाय में शामिल होने लगे।

यह ठीक है कि सैयदों के आपस में भी कलह-क्लेश बढ़ रहे थे, परंतु कश्मीरियों को इससे कुछ सुकून नहीं मिलने वाला था, क्योंकि उनको घेरने के लिए सब इकट्ठा हो जाते थे, लेकिन फिर भी कश्मीरियों ने इस लंबे संघर्ष काल में कभी भी सांस्कृतिक रूप से पराजय स्वीकार नहीं की। इसका श्रेय बहुत सीमा तक कश्मीर की ऋषि परंपरा को जाता है। इस ऋषि परंपरा की शुरुआत लल्लेश्वरी देवी (1320-1392) ने की थी। लल्लेश्वरी ब्राह्मण कन्या थी, जिसका गृहस्थ जीवन सुखी नहीं था। सास तो मारती ही थी, पति भी तंग करता था। इन पारिवारिक परिस्थितियों में उसे घर त्यागना पड़ा। संसार के इस दुःखमय रूप से वास्ता पड़ने के कारण उसका भीतरी आत्मबल तो जागृत हुआ ही, उस रहस्यमय शिव जगत् से भी उसका साक्षात्कार हुआ। वह संसार की मर्यादाओं से ऊपर हो गई। शिवमय हो जाने से वह उस परम तत्त्व से एकरूप हो गई। उसने इसी शिव भक्ति का प्रचार किया। लल्ला का सामना दो दुःखों से हो रहा था। पहला स्वदुःख था, जो उसका व्यक्तिगत दुःख था। दूसरा दुःख कश्मीरी समाज का था, जो उस समय के शासकों व फारस देश से आए सैयद सूफियों की दुरभिसंधियों से उपजा था। इसके चलते कश्मीरी इस्लाम पंथ में मतांतरित होने लगे थे। शाहमीर वंश के पहले शासक शम्सुद्दीन, सैयद अली हमदानी (1341-1385) और लल्लेश्वरी (1320-1392) समकालीन थे। लल्लेश्वरी का प्रभाव कितना था, इसका अंदाजा इसी से लगाया जा सकता है कि आज भी कश्मीर में एक सामान्य कथन है कि हम केवल दो को ही जानते हैं। एक अल्लाह और दूसरी लल्ला। लल्लेश्वरी के कालखंड में सैयद/तुर्कों ने कश्मीर की जनता को मतांतरित करना शुरू कर दिया था। वर्तमान समय की स्थिति को ध्यान में रखते हुए कश्मीर के कुछ इतिहासकारों ने ऋषि-परंपरा को भी सूफी परंपरा का ही हिस्सा मानना या कहना शुरू कर दिया है, लेकिन ऋषि-परंपरा फारस से आए सैयदों द्वारा कश्मीर को मतांतरित करने के अभियान का विरोध करने के लिए चलाया कश्मीरी अभियान था। पिछले कुछ दशकों से यह भी कहा जाने लगा है कि ललद्यद पर इस्लामी सूफियों, खासकर सैयद अली हमदानी का

प्रभाव था। यहां तक कि कुछ सैयद इतिहासकारों ने लल्लेश्वरी मुसलमान हो गई थी, ऐसा भी कहना शुरू कर दिया, लेकिन ओशो रजनीश कहते हैं "Lalla was not a Mohammedan, but she impressed the Mohammedans, who won't even allow their women to remove the curtain that they continue wearing on their face—the mask. You can see only the Mohammedan woman's eyes, nothing else. Every Mohammedan woman looks beautiful. Mohammedans don't allow even the faces of their women to be seen, but they worship Lalla equal to Allah. The woman must have impressed the whole of Kashmir tremendously. I have traveled all over Kashmir and I have heard it repeated again and again that Kashmir knows only two names: Allah and Lalla. She was a great master with a great following, And she had one great quality that I appreciate: she never belonged to any organized religion, she was an independent master. Still, people from other religions worshipped her, had to worship her. लल्लेश्वरी का कार्यकाल शाहमीरी वंश के पहले छह शासकों के राज्यकाल तक फैला हुआ है। जिन दिनों विदेशी सैयद कश्मीरियों को इस्लाम की ओर खींच रहे थे, उन्हीं दिनों ललद्यद कश्मीर को शिव भक्ति में सराबोर कर रही थीं। वह कश्मीरियों के भीतरी द्वंद्वों को भी पाट रही थीं। शिव, बुद्ध और जैन मत की भीतरी एकता को भी स्थापित कर रही थीं। अंतर केवल इतना था कि सैयदों के साथ सुल्तान थे और लल्लेश्वरी के साथ कश्मीरी अवाम।

सबसे बड़ी बात यह थी कि लल्लेश्वरी कश्मीरियों की अपनी थी। वह उनकी अपनी भाषा में बोलती थी। सैयद अली हमदानी और उनके शिष्य फारसी भाषा में बोलते थे। वे जिन प्रतीकों और अवधारणाओं का प्रयोग कर रहे थे, वे कश्मीरियों की प्रकृति और स्वभाव के प्रतिकूल थीं। सैयद अली हमदानी कश्मीर के सामाजिक और पारिवारिक जीवन को अरब की शरीयत के माध्यम से नियंत्रित करने के प्रयास कर रहे थे। यही कारण था कि लल्लेश्वरी के वाख कश्मीरियों के हृदय को छूते थे और सैयद सूफियों की कथा उनकी चमड़ी को छूती हुई निकल जाती थी। लल्लेश्वरी के वाख कश्मीरी साहित्य की प्रारंभिक निधि माने जाते हैं। ये वाख आज भी कश्मीरी अपनी सामान्य बातचीत में दुहराते हैं। जिस समय कश्मीर का शासन सुल्तान सिकंदर (1389) के पास आया, उसके दो साल बाद ही 1392 में लल्लेश्वरी का देहांत हो गया। उसके उपरांत सुल्तान सिकंदर पूरी तरह सैयदों के प्रभाव में आ गया और कुख्यात बुतशिकन बन गया। इतिहास साक्षी है कि बुतशिकन ने कश्मीरियों को भय से ही मतांतरित किया, लेकिन शायद

मतांतरण के बाद भी कश्मीरियों के हृदय से लल्लेश्वरी का प्रभाव समाप्त नहीं हुआ। वह साकार से निराकार रूप में बदल गया। बुतशिकन के शासनकाल के चौबीस साल और अली शाह के सात साल, यानी इन तीन दशकों में कश्मीरी लल्लेश्वरी को अपने हृदय के किसी कोने में छिपाए बैठे रहे।

लल्लेश्वरी के पहले शिष्य नंद या नुंद (1377-1438) थे। कश्मीरी भाषा में नुंद का अर्थ सुंदर है। वे तीन भाइयों में सबसे छोटे थे। यद्यपि निरक्षर थे तथापि आत्मज्ञानी थे। नंद से ही ऋषि परंपरा की शुरुआत मानी जाती है। नुंद ऋषि का नाम सहजानंद भी था[16] नंद या नुंद को लेकर एक कथा कश्मीर में बहुत प्रसिद्ध है। नंद जब पैदा हुए तो अपनी मां का दूध नहीं पी रहे थे। तीन दिन हो गए। स्वाभाविक ही घर वालों को चिंता हुई। बालक दूध नहीं पी रहा तो बचेगा कैसे? संयोगवश उधर से ललद्यद गुजरी। उसने तीन दिन के बच्चे को संबोधित करते हुए कहा कि यदि तू योनि में से जन्म लेते समय नहीं शर्माया तो अब दूध पीने से क्यों शर्माता है? कहा जाता है, उसी समय बालक ने दूध पीना शुरू कर दिया। इसी प्रकार नुंद ऋषि के कथन पूरे कश्मीर में लोगों को कंठस्थ हैं। नुंद ऋषि ने स्वयं तो कुछ नहीं लिखा, परंतु उनके शिष्य उनके कथनों को लिपिबद्ध कर लिया करते थे। उनकी मृत्यु के लगभग दो सौ साल बाद नुंद ऋषि की वाणी को लिपिबद्ध किया गया, लेकिन नुंद ऋषि और लल्लेश्वरी के बहुत-से वाख आपस में गड्ड-मड्ड हैं। ऐसी बहुत-सी रचनाएं हैं, जो नुंद के संकलन में भी मिलती हैं। जाहिर है, कुछ रचनाएं परवृत्त होंगी। कुछ रचनाओं की भाषा से पता चलता है कि वे नुंद ऋषि की मौत के बहुत साल बाद किन्हीं साहित्यकारों द्वारा लिखी गई हैं, परंतु इस बात से कोई इनकार नहीं कर सकता कि ललद्यद और नुंद ऋषि ने फारस देश से आई हुई सूफी परंपरा के सामने हिंदुस्तान की ऋषि-परंपरा स्थापित कर दी। विद्वान ऐसा भी मानते हैं कि हिंदू ऋषि-परंपरा कश्मीर में पहले से ही प्रचलित थी। नुंद ऋषि ने केवल इस परंपरा को ही आगे बढ़ाया। नुंद ऋषि ने इस परंपरा का लाभ फारस और मध्य एशिया से पहुंची सैयद सूफी परंपरा का सामना करने के लिए प्रयुक्त किया। जोनराज की 'राजतरंगिणी' में इस बात का जिक्र है कि नुंद ऋषि को सुल्तान अली शाह के राज्यकाल में बंदी बनाया गया था।[17] यह संयोग ही था कि लल्लेश्वरी के निधन के उपरांत शुरू हुए बुतशिकन राज का सामना नुंद ऋषि को करना पड़ा। नुंद ऋषि का कार्यकाल बुतशिकन और बडशाह (1420-1470) दोनों के राज्यकाल के भीतर सिमटा हुआ है। नुंद ऋषि के देहांत के बाद उनके दाह संस्कार को लेकर हिंदू कश्मीरियों और इस्लाम मजहब में मतांतरित कश्मीरियों में कोई विवाद हुआ हो, इसका जिक्र तो नहीं मिलता, लेकिन उनकी स्मृति में चरार-ए-शरीफ में कश्मीरियों

ने निर्माण किया। चरार-ए-शरीफ में अभी भी सभी कश्मीरी बिना मजहब के भेदभाव के वहां श्रद्धा सुमन अर्पित करते हैं। एसटीएम मूल के विदेशी आतंकवादियों ने चरारे शरीफ के इस ऋषि स्थल को जला दिया, लेकिन कश्मीरियों ने पुनः इस ऋषि स्थल का निर्माण कर लिया। कुछ सैयद इतिहासकारों का मानना है कि नंद हिंदू से मतांतरित होकर इस्लाम की शरण में चले गए थे। इसलिए ये इतिहासकार नुंद को नूरुद्दीन भी कहते हैं, लेकिन इसका कोई प्रमाण उपलब्ध नहीं है। यहां तक उन्हें नूरुद्दीन के नाम से संबोधित करने का सवाल है, यदि केवल नाम बदल देने से ही मतांतरण हो जाता हो तो परवृत्त इतिहासकारों ने कश्मीर में अपनी कथा-कहानियों में केवल ऐतिहासिक व्यक्तियों को ही मतांतरित नहीं किया, बल्कि कश्मीर के गांवों के नाम बदलकर उन्हें भी मतांतरित करने का अभियान चलाया था।

कश्मीर में कश्मीरियों और सैयद/तुर्क/मुगल मंगोल मूल के मुसलमानों का सांस्कृतिक संघर्ष तैमूरलंग के डरकर भागे सैयदों के आगमन के साथ ही शुरू हो गया था। बाद में सैयदों के खेमे में तुर्क व मुगल मंगोल भी जुड़ गए। कश्मीर में लगभग 425 साल देसी शाहमीरियों और दर्दिदस्तान के चकों और मुगलों-अफगानियों का शासन रहा। मुगल और अफगान तो इस्लाम मत के मानने वाले थे ही, शाहमीरियों व चकों के पूर्वज भी इस्लाम या शिया संप्रदाय में मतांतरित हो चुके थे। इसप्रकार सवा चार सौ साल के इस्लामी शासन ने रियासत की लगभग पचहत्तर प्रतिशत जनता को इस्लाम संप्रदाय और शिया संप्रदाय में दीक्षित कर लिया था। इसमें अरब से आए सैयदों और मध्य एशिया से आए तुर्कों/मुगल मंगोलों की बहुत बड़ी भूमिका रही। जो कश्मीरी इस्लाम में या शिया मत में मतांतरित हो चुके थे, उन पर तो ये सैयद/तुर्क/मुगल मंगोल मूल के मुसलमान अपना अधिकार ही मानते थे। जो कश्मीरी मतांतरित नहीं हुए थे, उन पर एसटीएम मूल के ये मुसलमान राज्य बल से अपना अधिकार जमाते थे, लेकिन इसके साथ ही एसटीएम मूल के मुसलमानों व शिया संप्रदाय को मानने वालों के साथ कश्मीरियों का सांस्कृतिक संघर्ष शुरू हो गया था। चाहे इस समय तक कश्मीर घाटी की अधिकांश जनसंख्या इस्लाम मजहब के प्रभाव में आ चुकी थी, लेकिन इन सूफी सैयदों को कश्मीरियों को सांस्कृतिक रूप से पराजित करने में इतनी सफलता नहीं मिल सकी। कश्मीर की ऋषि परंपरा ने उसे अभी भी किसी-न-किसी रूप में सनातन परंपराओं से जोड़े रखा था।

कश्मीर घाटी के मुसलमानों की जनसंख्या में लगभग 95 प्रतिशत कश्मीरी ही हैं जिनके पूर्वज इस्लाम संप्रदाय या शिया संप्रदाय में चले गए थे और

लगभग पांच प्रतिशत वे मुसलमान हैं, जिनके पूर्वज कश्मीर को भौगोलिक और सांस्कृतिक दृष्टि से जीतने आए थे और उसे जीतकर यहीं बस गए। जीतकर यहीं बसने वाले अपनी पहचान छिपाते भी नहीं। वे गौरव से उसका प्रदर्शन करते हैं। सैयद तो इसमें सबसे आगे हैं। वे अरब के सम्मानित कबीले से ताल्लुक रखते हैं। इसलिए अपने नाम के आगे बाकायदा सैयद लिखते हैं ताकि कोई गलती से भी उनको कश्मीरी न समझ लें बाकी जो जिस देश के स्थान विशेष से आया है, उसकी पूंछ अभी भी अपने साथ चिपकाए घूमता है। मसलन गिलानी, हमदानी, करमानी, खुरासानी, बुखारी, अंद्राबी आदि-आदि। ऐसा शायद वे कश्मीरियों को डराने के लिए या फिर हर पल उनको याद दिलाने के लिए कि हमारे बाप-दादा ने तुम्हारे बाप-दादा को पराजित किया था, करते होंगे। वे अपने आपको आम कश्मीरी से श्रेष्ठ समझते हैं। अरब, ईरान, इराक, मध्य एशिया और अफगानिस्तान से आए ये मुसलमान सदा ही कश्मीरियों पर भारी रहे। धीरे-धीरे कश्मीरी भी इन हमलावरों के मजहब में ही चले गए, लेकिन इसके बावजूद वे इन बाहरी मुसलमानों की नजर में उनके रुतबे तक नहीं पहुंच सके। यह ठीक है कि देश के शेष प्रांतों में भी इन विदेशी मुसलमानों का ही राज रहा, लेकिन देश के शेष प्रांतों और कश्मीर घाटी में एक अंतर था। देश के शेष प्रांतों में अधिकांश हिंदू इस्लामी शासकों के भय, लालच या प्रभाव में आकर इस्लाम में मतांतरित नहीं हुए। कश्मीर घाटी में अधिकांश हिंदू इस्लाम में मतांतरित हो चुके थे। मतांतरण का कारण भय, लालच, विवशता कुछ भी हो सकता है। इस्लाम में मतांतरित हो जाने के बाद उन्हें लगा होगा कि वे भी सुल्तान के मजहब में चले गए हैं, इसलिए अब उनको शासन में भी हममजहब होने के नाते दरबार में जगह मिलेगी, लेकिन ऐसा नहीं हुआ। इस्लामी शासकों की नजर में वे हिंदुओं की औलाद ही रहे और अरब से आने वाले मुसलमानों, खासकर सैयदों की नजर में उनकी हैसियत दोयमें दर्जे की ही रही।

अरब और मध्य एशिया से आने वाले मुसलमान कश्मीरियों में हिल-मिल पाए या नहीं, यह विवादास्पद है। सच तो यह है कि उनकी इच्छा कश्मीरियों में हिल-मिल जाने की कभी थी ही नहीं, बल्कि वे तो यह कोशिश करते रहे कि 95 प्रतिशत कश्मीरी इन पांच प्रतिशत में घुल-मिल जाएं और चिनारों के विशालकाय पेड़ों को खजूर के पेड़ कहना शुरू कर दें। शारीरिक तौर पर कश्मीरियों ने चाहे इनके आगे पराजय स्वीकार कर ली, लेकिन मानसिक रूप से कश्मीरियों ने इनके आगे हथियार नहीं डाले। कश्मीरियों को नियंत्रित करने के लिए वे समय-समय पर अनेक तरीके इस्तेमाल करते रहे हैं और अभी भी करते रहते हैं। मस्जिदों पर नियंत्रण और उनका अपनी रणनीति को आगे बढ़ाने में प्रयोग करना, सबसे

प्रभावशाली तरीका है। कश्मीर घाटी में प्रत्येक छोटी-बड़ी मस्जिद का एक वाइज होता है। सीधी-सादी भाषा में कहा जाए तो यह मस्जिद का इंचार्ज होता है और मस्जिद में नमाज इत्यादि पढ़ाने के अलावा मजहबों को उपदेश भी देता है। कभी-कभी फतवे भी जारी करता है। अपने उपदेश में वह केवल मजहबी नुक्तों पर बात करेगा, ऐसा कुछ नहीं है। अनेक बार तो वह मजहब को छोड़कर बाकी सभी मुद्दों पर धुआंधार आग उगलता है। बड़ी मस्जिद को जामिया मस्जिद कहते हैं, इसलिए इनके वाइज भी साधारण वाइज न होकर मीरवाइज कहलाते हैं। कश्मीर घाटी में इस्लाम के बाद जब मस्जिदें बननी शुरू हुई तो जाहिर है उनके मीरवाइज भी बाहर से आने वाले अरबों, तुर्कों, पठानों और मध्य एशियाई कबीलों के मौलवी बनाए गए। ताकि इन मीरवाइजों के माध्यम से कश्मीरियों को नियंत्रण में रखा जा सके। ऐसे प्रयास इस्लामी विजयों के शुरुआती दौर से ही किए गए, लेकिन कश्मीरियों ने जितना संभव हो सका, अपने तरीके से इसका विरोध किया। उन्होंने ऋषि-परंपरा को जिंदा रखा। उन्होंने अपने जियारत खाने खोल लिये। कश्मीरी अपने जियारतखानों में नतमस्तक होने लगे और मीरवाइज कश्मीरियों के इस पतन पर छाती पीटते रहे। मौलवी मस्जिद में अरबों की जीत की कहानियां सुनाते रहे, कश्मीरी चरार-ए-शरीफ में नुंद ऋषि के आगे सिजदा करते रहे और लल्लेश्वरी के वाख रटते रहे।

वाल्टर आर. लॉरेंस कश्मीर घाटी गए थे। आंकड़ों में उस समय भी यही माना जाता था कि कुछ लाख हिंदू-सिखों को छोड़कर शेष कश्मीरी मुसलमान हो गए हैं, लेकिन कश्मीरियों पर इस्लाम के प्रभाव की चर्चा करता हुआ लॉरेंस लिखता है, "कश्मीर के दोनों समुदायों, हिंदू व मुसलमान में जो आश्चर्यजनक सहनशीलता दिखाई देती है, उसका मूल कारण यह है कि हिंदू से इस्लाम में मतांतरित हो चुके लोगों ने अपने पुराने पंथ को कभी त्यागा ही नहीं।"[18] कश्मीर का गहराई से अध्ययन करने वाले स्वीकारते हैं कि कश्मीर के तथाकथित मुसलमान दिल से अभी भी हिंदू हैं, लेकिन ऐसा नहीं कि इस्लाम ने कश्मीरियों को बिल्कुल प्रभावित नहीं किया। इससे कश्मीर में विभिन्न जातियों में परस्पर सामंजस्य बढ़ा और यह सामंजस्य विदेशी शासकों को उखाड़ने में सहायक सिद्ध हुआ।

11. कश्मीर की विदेशी राज से मुक्ति—अठाहरवीं शताब्दी में ही पूरे सप्त सिंधु क्षेत्र में मुगल-अफगान राज के खिलाफ खालसा पंथ के नेतृत्व में एक आंदोलन खड़ा हो गया, जिसे सफलता तक ले जाने का सौभाग्य महाराजा रणजीत सिंह को मिला। महाराजा रणजीत सिंह ने मुगलों व अफगानों से लोहा लेते हुए अधिकांश सप्त सिंधु क्षेत्र को विदेशी गुलामी से मुक्त करवा लिया था। कश्मीर ही ऐसा क्षेत्र

बचा था, जो अभी भी अफगान दुर्रानियों के पंजे में छटपटा रहा था, लेकिन वहां भी विदेशी सत्ता से छुटकारा पाने की सुगबुगाहट शुरू हो गई थी। अफगानी शासकों के अत्याचारों से सभी कश्मीरी, चाहे वे हिंदू थे, चाहे मुसलमान थे, चाहे शिया पंथ के थे, त्रस्त थे। ईरान और मध्य एशिया से आए हुए सैयद/तुर्क जरूर इन विदेशी शासकों के नजदीक थे, लेकिन कश्मीरियों के मन में सैयदों के प्रति पहले ही नकारात्मक प्रभाव था। उधर अफगानिस्तान की राजनीतिक अस्थिरता ने कश्मीर मुक्ति के प्रयासों को हवा दी। कश्मीरियों को भी लगा कि दो सौ साल की मुगल और अफगानी दासता से मुक्त होने का इससे स्वर्णिम अवसर नहीं मिल सकता। कश्मीर के लोगों ने लाहौर दरबार से संपर्क किया। लाहौर दरबार की दृष्टि में भी कश्मीर को विदेशी आधिपत्य से मुक्त करवाने का यह सुनहरा अवसर था। अंततः 1819 में कश्मीरियों ने रणजीत सिंह की सहायता से दो सौ बत्तीस साल से चले आ रहे मुगल और अफगान विदेशी शासन का अंत कर दिया। गिलगिट, बाल्तिस्तान को पहले ही गुलाब सिंह जम्मू में मिला चुके थे, लेकिन लगभग आठ सौ साल के तुर्क/मुगल मंगोल व अफगान शासन ने सप्त सिंधु क्षेत्र की अधिकांश जनसंख्या को साम, दाम, दंड, भेद से इस्लाम में मतांतरित कर लिया था। उसके कारण इस पूरे क्षेत्र में सांस्कृतिक संघर्ष शुरू हो गया, जिसका शिकार कश्मीर भी बना। कश्मीर घाटी में कश्मीरी सांस्कृतिक धारा के समानांतर सैयद/तुर्क/मंगोल मुगल (एसटीएम) सांस्कृतिक धारा स्थापित हो चुकी थी। इन दोनों धाराओं में भयंकर आंतरिक संघर्ष चलता रहता था। महाराजा रणजीत सिंह ने कश्मीर घाटी को इन विदेशी शासकों से मुक्त तो कर दिया, लेकिन घाटी से एसटीएम द्वारा शुरू की गई विसंस्कृतिकरण की लहर को रोकने का अवसर उन्हें नहीं मिला। अलबत्ता वे अपने देहांत से पहले स्वात, हुंजा, नग्गर, जम्मू, लद्दाख, कश्मीर, गिलगिट और बाल्तिस्तान इत्यादि को मिलाकर एक सशक्त रियासत का निर्माण जरूर कर गए। रणजीत सिंह के देहांत के बाद इस रियासत की बागडोर महाराजा गुलाब सिंह और उनके वंशजों के हाथ आई, जिसे रियासत के इतिहास में डोगरा राजवंश के नाम से याद किया जाता है। डोगरा राजवंश के शासकों ने घाटी में एसटीएम परंपरा के सांस्कृतिक प्रभाव को समाप्त कर कश्मीरियत की परंपरा को पुनः स्थापित करने के अनेक प्रयास किए, लेकिन ब्रिटिश शासकों ने अपने षड्यंत्रों एवं रणनीति के चलते कश्मीरियों एवं डोगरों में अविश्वास पैदा करने का प्रयास किया और कुछ सीमा तक उन्हें इसमें सफलता भी मिली। यह अलग बात है कि डोगरा राजवंश को चुनौती देते समय भी, घाटी में दो अलग फ्रंट विकसित हो गए थे, पहला कश्मीरियों और दूसरा सैयद/तुर्क/मुगल मंगोल।

12. कश्मीर का संघर्ष : शेर-बकरा संघर्ष : नामकरण—दरअसल कश्मीरियों और सैयदों/तुर्कों का यह संघर्ष सैयद अली हमदानी के काल से ही शुरू हो गया था। अब तक यह संघर्ष अनाम था, लेकिन बीसवीं शताब्दी में इस संघर्ष का नामकरण भी हो गया—शेर-बकरा संघर्ष। इस नामकरण की कहानी भी खासी रुचिकर है। इस संघर्ष का यह नामकरण बीसवीं शताब्दी में एक कश्मीरी अध्यापक शेख मोहम्मद अब्दुल्ला द्वारा चलाए गए एक आंदोलन में हुआ। उनका यह आंदोलन तत्कालीन शासक के खिलाफ था। शुरू में तो सैयदों/तुर्कों ने इस आंदोलन का साथ दिया। इसका मुख्य कारण था कि वे कश्मीर के हिंदू राजा को हटाना चाहते थे, लेकिन उनकी जनसंख्या इतनी थोड़ी थी कि वे अपने बलबूते यह काम नहीं कर सकते थे।[19] यदि कश्मीरी यह आंदोलन करते हैं तो संख्या बल के कारण उनकी सफलता की संभावना हो सकती थी। यह सोचकर उन्होंने शेख मोहम्मद अब्दुल्ला का समर्थन करना शुरू किया, लेकिन जब उन्होंने देखा कि इस आंदोलन से उन मतांतरित कश्मीरियों का, जो अब अपने आप को मुसलमान कहते थे, नेतृत्व शेख के हाथों में जा रहा है, तो उन्होंने इसका विरोध करना शुरू कर दिया। अब तक इस्लाम में मतांतरित हो गए कश्मीरियों का नेतृत्व सैयदों/तुर्कों/मुगलों के हाथ में रहता था, लेकिन अब वह खिसकता नजर आ रहा था। इसलिए सैयदों/तुर्कों/मुगलों (एसटीएम) ने इस आंदोलन का विरोध करना शुरू कर दिया। सैयदों/तुर्कों/मुगलों के इस विश्वासघात के कारण दोनों पक्ष आमने-सामने आ गए। कश्मीरियों ने एसटीएम को बकरा पार्टी और स्वयं को शेर पार्टी कहना शुरू कर दिया। एक रुचिकर घटना से इसके संकेत मिलते हैं।

बात बहुत पुरानी है। 1931-35 के बीच की होगी। शेख मोहम्मद अब्दुल्ला उस समय श्रीनगर के किसी सरकारी स्कूल में अध्यापक थे। उन्होंने झेलम नदी के किनारे स्थित खानकाह-ए-मौला में अत्यंत उत्तेजक भाषण दिया और वहीं सरकारी नौकरी से इस्तीफा देने की घोषणा कर दी। उस सभा में लाहौर से प्रकाशित होने वाले उर्दू अखबार 'जमींदार' के संपादक मौलाना जफर अली खान भी हाजिर थे। शेख मोहम्मद अब्दुल्ला का भाषण सुनकर उन्होंने उसे शेर-ए-कश्मीर कहा, लेकिन शेख ज्यादा देर तक मौलानाओं के शेर रह न सके। मौलवी सैयद यूसुफ शाह श्रीनगर की जामिया मस्जिद के मीरवाइज थे। एक दिन मस्जिद में अपने श्रद्धालुओं से मुखातिब होते हुए उन्होंने कहा, "कुछ लोग हैं जो न तो दाढ़ी रखते हैं और न ही सुन्नाह को मानते हैं। वे कपड़े भी यूरोपीय शैली के पहनते हैं। वे मंचों से भाषण देते हुए मुसलमानों को गुमराह करते हैं। उन्हें मुसलमानों का नेता कहलाने का क्या हक है?" मौलवी जिसे 'कुछ' लोग कह रहे थे, वह मैसूमा

का रहने वाला शेख मोहम्मद अब्दुल्ला था। कुछ दिन बाद इसी मौलवी ने श्रीनगर की हजरतबल मस्जिद से अपने अनुयायियों को दोबारा संबोधित किया। इस बार उन्होंने कुछ ज्यादा स्पष्टता से बात की। मौलवी ने कहा, "सच्चे मुसलमान को कभी भी अपने अधिकारों या सांसारिक सुख-सुविधाओं की मांग नहीं करनी चाहिए। यदि खुदा हम पर मेहरबान है और हम सच्चे मुसलमान बन गए हैं तो दुनिया भर के मुल्क खुद हमारे कदमों को चूमेंगे। शेख अब्दुल्ला तो कादियानी हो गए हैं। हम भविष्य में यहां जामिया मस्जिद से किसी भी नौजवान को भाषण की इजाजत नहीं देंगे। यदि कोई नौजवान इसकी हुकुमअदूली करता है तो उसकी जूतों से मरम्मत करो।[20] इस तहरीक में मौलवी जिस नौजवान की बात कर रहे हैं, वह यकीनन शेख अब्दुल्ला ही है।

जाहिर है कि शेख अब्दुल्ला भी मौलवी यूसुफ शाह को जवाब देते और उन्होंने दिया भी। उन्होंने कुछ दिन बाद बसंत बाग की एक मस्जिद में एक लंबी तहरीर में जवाब दिया। जवाब क्या हो सकता था, इसका अनुमान भी लगाया जा सकता है, लेकिन इसका परिणाम क्या हो सकता है, इसका अनुमान शायद तहरीर करते समय किसी ने नहीं लगाया होगा। परंतु परिणाम अगले दिन ही आ गया। "शेख अब्दुल्ला के पैरोकार, जो बहुमत में थे, शेर कहलाए जाने लगे और मौलवी सैयद यूसुफ शाह के पैरोकार, जो बहुत ही कम संख्या में थे और मस्जिद के आसपास ही सिमटे थे, बकरा कहलाने लगे।"[21] दरअसल मौलवी सैयद था और उसके पैरोकार भी सैयद/तुर्क/मुगल मंगोल ही थे, लेकिन शेख मोहम्मद अब्दुल्ला के पैरोकार कश्मीरी थे। इस शेर-बकरा संघर्ष का संकेत मोहम्मद आमीन ने भी किया है। जम्मू-कश्मीर के पूर्व मुख्यमंत्री शेख मोहम्मद अब्दुल्ला ने उर्दू में आतिश-ए-चिनार के नाम से अपनी जीवन कथा लिखी थी। उसे ज्यादा-से-ज्यादा लोग पढ़ सकें, इसलिए इक्कीस साल बाद किताब का अंग्रेजी तर्जुमा करवाया गया। तर्जुमा करने वाले सज्जन मोहम्मद आमीन कश्मीर विश्वविद्यालय श्रीनगर में अंग्रेजी पढ़ाते थे। उन्होंने पुस्तक का अनुवाद करने से पहले स्वयं से संबंधित एक घटना का वर्णन किया है–"Listen, Jinnah is dead" I said to my playmate. She knew but she hated being reminded of what she knew. She took it out on me by muttering imprecations against Sheikh Sahib. She was a goat. I was a Lion.[22]

यूनिवर्सिटी ऑफ टैक्सास में भाषा विज्ञान की प्राध्यापक डॉ. सादफ मुंशी अपने संस्मरणों में लिखती हैं–"During those days of my childhood, the majority of the Kashmiri people were divided along the Sher-

Bakra political lines (and in a way still are, though the terms are outdated nowadays). Sher ('lion') and Bakra ('goat') were the terms originally used for the two political rivals and later their followers- Sheikh Muhammad Abdullah and Mirwaiz Yousuf Shah (the latter for sporting a beard; Shah was the uncle of Mirwaiz Muhammad Farooq, the father of the current Mirwaiz, Maulana Umar Farooq). Sheikh Abdullah had, in 1938, parted ways from the Muslim Conference to form National Conference, which became the largest political party in Jammu & Kashmir claiming a secular ideology. Pertinently, it was Mirwaiz Yousuf Shah, later his political opponent, who had initially introduced Sheikh as the president of the Muslim Conference at its inception in 1930. Sher-Bakra became a very strict political dichotomy in Kashmir after 1938 and continued over generations. Ironically it was Sheikh Abdullah who launched the Quit Kashmir movement in 1946 when Yusuf Shah had supported the government led by the Maharaja. Two groups that were more or less outside the purview of this blanket distinction of Sher-Bakra were the minority Shi'a and the Pandit community, whose loyalties to the either side were generally suspect. Often one would have to face questions like: "Are you Sher or Bakra?" Imagine the disappointment and surprise if you were to say, "Neither" and/or the sense of fear at being encountered with a supporter of the opposite side." मोहम्मद अमीन और डॉ. मुंशी दोनों ने ही कश्मीरियों के मनोविज्ञान और मानस को समझने या समझाने के लिए शेर और बकरा शब्द का प्रयोग किया है। यही शब्द घाटी में उस समय शेर पार्टी और बकरा पार्टी के नाम से भी प्रयुक्त होते थे।

कश्मीर घाटी में बकरा पार्टी किसी राजनीतिक दल का नाम नहीं है, बल्कि यह एक विचारधारा है, एक आइडिया है, जो कश्मीर घाटी में से कश्मीरियत को सोखकर उसका अरबीकरण करना चाहती है। यह कुछ उसी प्रकार की स्थिति है, जिसके बारे में कभी एम.जे. अकबर ने कहा था कि पाकिस्तान मात्र किसी देश का नाम ही नहीं है बल्कि वह एक आइडिया है। यदि इसकी व्याख्या की जाए तो इसका अर्थ होगा कि कोई व्यक्ति, जो हिंदुस्तान में रहता है, उसे पाकिस्तानी बनने के लिए पाकिस्तान जाने की भी जरूरत नहीं है, बल्कि यदि वह पाकिस्तान के आइडिया से जुड़ गया है तो हिंदुस्तान में रहता हुआ भी वह पाकिस्तानी बन सकता है। इसकी बहुत अच्छी व्याख्या भी डॉ. सादात मुंशी

ने की है। उन्हें आश्चर्य होता था कि कुछ कश्मीरी अपने वतन हिंदुस्तान के स्थान पर पाकिस्तान के पक्ष में क्यों हैं? मुंशी श्रीनगर में अपने स्कूल के दिनों की याद करते हुए लिखते हैं, "But then I realized later that for many of these people 'Pakistan' was simply an ideology, an emotional matter, something they had been associating themselves with since its very inception" इसी परिप्रेक्ष्य में बकरा आइडियोलॉजी या विचारधारा को समझा जा सकता है। घाटी में बकरा विचारधारा के आइडिया के पैरोकार अरसा पहले अरबीस्तान से आकर बसे या तो अरब हैं या फिर मध्य एशिया के मुगल, तुर्क इत्यादि हैं, जो सदियों पहले अपना मजहब छोड़कर अरबों के नए मजहब की कतार में शामिल हो गए थे। वे इस कतार में कैसे शामिल हुए, इसकी अलग कहानी है। अरब-मध्य एशिया से आकर कश्मीर घाटी में बसे लोगों का अभी तक कश्मीरीकरण नहीं हो पाया। वे कश्मीर की मिट्टी से जुड़ नहीं पाए। इसके विपरीत वे कश्मीरियों का इस्लामीकरण करने के बाद अब उनका अरबीकरण करने के प्रयासों में जुटे हुए हैं, लेकिन सवाल है कि शताब्दियों से कश्मीर में रहने के बावजूद इनका कश्मीरीकरण क्यों नहीं हो पाया? इसका मुख्य कारण है कि अरब-मध्य एशिया के ये लोग अपनी संस्कृति को कश्मीर की संस्कृति से श्रेष्ठ मानते रहे और अभी भी मान रहे हैं। इसी श्रेष्ठता के भाव के कारण ये कश्मीरियों को हेय दृष्टि से देखते रहे। कालांतर में कश्मीरियों ने इनकी इसी मानसिकता और विचारधारा को बकरा विचारधारा का नाम दिया। इस अवधारणा को मौलाना अबुल कलाम आजाद के स्पष्टीकरण से ज्यादा अच्छी तरह समझा जा सकता है। वे हिंदुस्तान के पहले शिक्षा मंत्री थे। इससे पहले वे भारतीय राष्ट्रीय कांग्रेस के प्रधान भी रह चुके थे। मुसलमानों के वे बहुत बड़े नेता थे। उन्होंने भारत विभाजन का विरोध किया था। यही कारण था कि वे विभाजन के बाद पाकिस्तान नहीं गए और उन्होंने हिंदुस्तान में रहना ही उचित समझा। हिंदुस्तान ने भी उन्हें मुल्क का शिक्षा मंत्री बनाकर उनका सम्मान किया। भारत विभाजन का विरोध वे दो कारणों से करते थे। उनका कहना था कि हिंदुस्तान के जिस हिस्से को पाकिस्तान बनाया जाएगा, वहां तो पहले से ही मुसलमानों का राज है। अस्सी प्रतिशत मुसलमान वहां हैं। देश में लोकतांत्रिक व्यवस्था भी लागू हो जाएगी तब भी वहां मुसलमानों का ही राज रहेगा। इसलिए पाकिस्तान बनाए जाने वाले इलाके में मुसलमानों के लिए भयभीत होने की कोई वजह नहीं है, लेकिन मुस्लिम बहुल इलाके हिंदुस्तान में से निकल जाने के कारण, शेष बचे हिस्से में मुसलमानों की संख्या बहुत कम रह

जाएगी। इसलिए आजाद हिंदुस्तान में उनकी हैसियत में बहुत फर्क पड़ जाएगा, लेकिन उन दिनों मुसलमानों का नेतृत्व जिनके हाथ में था, उन्होंने मौलाना की एक न सुनी। विभाजन होकर रहा। मुसलमानों द्वारा ठुकरा दिए जाने के बावजूद मौलाना निराश नहीं हुए। इसलिए उन्होंने पाकिस्तान में न जाकर यहीं रहना ज्यादा बेहतर समझा, लेकिन इसके साथ ही मौलाना ने हिंदुस्तान में मुसलमानों की संरचना पर एक बहुत ही महत्त्वपूर्ण टिप्पणी की जिसकी ओर बाद के अध्येताओं ने ज्यादा ध्यान नहीं दिया। यह अनजाने में भी हो सकता है या फिर जान-बूझकर भी हो सकता है। कश्मीर घाटी लंबित समस्या में मुसलमानों के बारे में, उनके व्यवहार या सामाजिकता के बारे में अध्ययन करने से पहले मौलाना की यह टिप्पणी धरातल का काम कर सकती है। मौलाना ने कहा था कि हिंदुस्तान के 95 प्रतिशत मुसलमान हिंदुओं की औलाद हैं। पांच प्रतिशत मुसलमान विदेशी विजेताओं के साथ आए थे। बाद में वे पांच प्रतिशत मुसलमान, जिनमें मेरा परिवार भी शामिल है, यहां हिल-मिल गए। कितने हिल-मिल गए, यह प्रश्न विवाद का नहीं है। यदि वे ऐसा कहते हैं तो ठीक ही कहते होंगे, लेकिन एक तथ्य उन्होंने लिखना शायद मुनासिब नहीं समझा। वह यह कि ये पांच प्रतिशत मुसलमान, जिनके पूर्वज हिंदुस्तान को जीतने के लिए आए थे और उन्होंने उसे सचमुच जीत भी लिया था, अभी भी अपने आप को 95 प्रतिशत हिंदुस्तानी मुसलमानों, जो उनके अपने शब्दों में ही हिंदुओं की औलाद हैं, का नेता मानते हैं। इनको लगता है कि इन हिंदुओं की औलाद का नेतृत्व करने और इनका मार्गदर्शन करने का खुदाई अधिकार इनके पास है। इन हिंदुओं की औलादों के वे नेता हैं, यह बात उनके मनोविज्ञान में से नहीं निकलती। इस मनोवैज्ञानिक पृष्ठभूमि में कश्मीर घाटी की राजनीति और वहां की समस्या को समझने में सहायता मिल सकती है।

बाहर से आकर कश्मीर को जीतने वाले पांच प्रतिशत मुसलमानों के सैयद घाटी में छाती चौड़ी करके इतराते थे तो 95 प्रतिशत हिंदुओं की औलाद मुसलमानों ने अपने शेख आगे कर दिए। उनके पास ऊंचे कद का सैयद है तो इनके पास शेख है। शेख वह मुसलमान है जो ऊंची जाति के हिंदू से मतांतरित हुआ है। शेख मोहम्मद अब्दुल्ला ने अपनी आत्मकथा में इसका जिक्र किया है, लेकिन यदि कश्मीरियों के अपने शेख ही सैयदों/तुर्कों/मुगल मंगोलों के साथ मिल जाएं फिर आम कश्मीरी क्या करे? कश्मीर की सबसे बड़ी त्रासदी यही है। इसी त्रासदी के कारण गिलान से आया गिलानी तो कश्मीर का स्थायी बाशिंदा बन सकता है, लेकिन गुरदासपुर से आया एक वाल्मीकि कश्मीर का स्थायी बाशिंदा

नहीं बन सकता। इसी मरहले पर कश्मीर के प्रसिद्ध कहानीकार अवतार कृष्ण रहबर अपनी कहानी 'छाया' में एक बहुत ही सटीक प्रश्न करते हैं, "यदि हजरत अमीर कबीर सैयद अली हमदानी, अमीर तैमूर के कारण अपना देश छोड़कर कश्मीर आने को विवश न हुए होते तो क्या?"[23]

अवतार कृष्ण का, तो क्या? का यह प्रश्न बहुत गहरा है। अवतार कृष्ण ने इसका उत्तर पाठक के लिए छोड़ दिया है। यदि सैयद अली हमदानी कश्मीर में न आए होते तो कश्मीर में बुतशिकन भी पैदा न होता। या फिर राजा सुल्तान सिकंदर, सुल्तान सिकंदर से बुतशिकन में न बदल गया होता। इसे भी इतिहास का दुर्योग ही कहा जाएगा कि अवसर पाकर तुर्क, मंगोलों के विशाल क्षेत्र मध्य एशिया पर रूस के जारों ने कब्जा कर उन्हें गुलाम बना लिया। उसमें तैमूरलंग का देश तजाकिस्तान भी था, लेकिन इससे कश्मीर के जख्मों पर मरहम तो नहीं लग सकता था? पर जहां तक कश्मीर का प्रश्न था, वहां शासक तो बदलते गए, लेकिन यह अभियान नहीं थमा। क्या संयोग या दुर्योग है कि तजाकिस्तान तो लंबे अरसे बाद एक बार फिर रूस के पंजों से मुक्त होकर आजाद होने के कगार पर पहुंच गया, लेकिन कश्मीर में फारस के सैयदों के अभियान की परिणति 1990 में हुई जब मतांतरित कश्मीरियों ने बचे-खुचे उन कश्मीरियों को, जो मतांतरित नहीं हुए थे, बंदूक के बल पर घाटी से ही बाहर कर दिया।

इतिहास का चक्र यहीं नहीं थमा। रूस की गुलामी से मुक्त हुए तजाकिस्तान ने घोषणा की कि अब से तैमूर उनका राष्ट्रनायक है। तैमूर के 660वें जन्मदिन को राष्ट्रीय उत्सव के तौर पर मनाया जाएगा। जो भी तैमूर को लंगड़ा तैमूर या तैमूरलंग कहेगा उसको दंडित किया जाएगा। इस अवसर पर अवतार कृष्ण पूछते हैं, "क्या हम कश्मीरियों को तैमूर को अमीर तैमूर कहना चाहिए या तैमूरलंग?"[23] तैमूरलंग के कारण ही सैयद अली हमदानी कश्मीर घाटी में आए। उस दिन से जो घटनाक्रम चला, उसी के चलते 1990 में उन कश्मीरियों को कश्मीर छोड़ना पड़ा, जो न तो शाहमीर वंश के शासनकाल में, न चक वंश के शासन में, न मुगलों के शासन में और न ही अफगानों के शासन में मतांतरित हुए थे। इसका उत्तरदायी हमदानी को माना जाए या तैमूरलंग को? यह प्रश्न आज भी कश्मीर की घाटियों में गूंजता है। तैमूरलंग को तो फिर भी सैकड़ों साल बाद उसके देश तजाकिस्तान ने अपना राष्ट्र नायक घोषित कर दिया और उसे लंगड़ा कहना दंडनीय अपराध घोषित कर दिया। सैयद अली हमदानी भी कश्मीर में 'मौला' के रूप में जम गए, लेकिन उन कश्मीरियों का क्या, जो आज भी अपने ही देश में दर-दर भटक रहे हैं, केवल इसलिए कि उन्होंने कश्यप ऋषि का रास्ता छोड़कर हमदानी का रास्ता

नहीं पकड़ा। अपनी कहानी में अवतार कृष्ण ने यही प्रश्न उठाया है कि वे तैमूर को तैमूर ही कहें या तैमूरलंग कहें?

संदर्भ ग्रंथ–

1. Croock, William (1896). 'Tribes and Castes of the North-Western India'.
2. Parimu, R.K., 'Muslim rule in Kashmir', page104.
3. Pandita, K.N. (ed.) 'Baharistan-esa-Shahi', page 29.
4. Parimu, R.K., 'Muslim Rule in Kashmir', page 103.
5. Kaw, M.K.(ed.), (2004). 'Kashmir and it's people', page 107, Delhi : APH publishing.
6. यह भी कहा जाता है कि सैयद अली हमदानी 1381 में घाटी में आया था–कुछ लोग यह घटना 1371 की बताते हैं। Pandita, K.N. (ed.). 'Baharistan-esa-Shahi', page 28.
7. C.ESA.Tyndale Biscae, Kashmir and its habitants, Delhi, surabhi prakashan, 1998, page 70-71.
8. Pandita, K.N. (ed.). 'Baharistan-esa-Shahi', page 30.
9. Pandita, K.N. (ed.). 'Baharistan-esa-Shahi', page 29.
10. रैणा, गौरीशंकर, (2017). 'कश्मीरी की प्रतिनिधि कहानियां', पृ. 82-83, दिल्ली : साहित्य अकादेमी।
11. Pandita, K.N. (ed). 'Baharistan-esa-shahi', Persecution of Hindus, Chapter 4.
12. इराकी के बारे में और उसकी गतिविधियों के बारे में जानकारी तोहफातुल अहबाब नाम की उसकी जीवनी से मिलती है, जो किसी अज्ञात लेखक ने 1642 में फारसी भाषा में लिखी थी। यह जीवनी उस समय के कश्मीर को जानने का भी महत्त्वपूर्ण स्रोत है। इसका अंग्रेजी भाषा में अनुवाद कश्मीर विश्वविद्यालय के मध्य एशिया अध्ययन विभाग के विभागाध्यक्ष प्रो. काशी नाथ पंडित ने Tohfatul Ahbab: A Muslim Missionary in Medieval Kashmir के नाम से किया है।
13. Pandita, K.N. (ed.) 'Baharistan-esa-shahi', Persecution of Hindus, Chapter 4.
14. काशी नाथ दर, काशी नाथ दर रचनावली, पृ. 70, जम्मू : कला, भाषा व संस्कृति अकादेमी।
15. काशी नाथ दर रचनावली से उद्धृत, पृ. 70-71
16. गौहर, जी. एन., पुन्न ते पाप, पृ. 1
17. गुलाम नबी गौहर, शेख नूरुद्दीन वली, दिल्ली, पृ. 11
18. Lawrence, Walter R, 'The valley of Kashmir', page 236.
19. जम्मू-कश्मीर में 1931 की जनसंख्या के अनुसार राज्य में सैयदों की संख्या 12577 थी ।
20. शेख अब्दुल्ला बायोग्राफी, सैयद तफाजुल्ल हुसैन, पृ. 64
21. शेख अब्दुल्ला बायोग्राफी, सैयद तफाजुल्ल हुसैन, पृ. 65.
22. Sheikh Mohammed Abdullah, the blazing chinar page 1
23. रैणा, गौरीशंकर (2017). 'कश्मीरी की प्रतिनिधि कहानियां', पृ. 83, दिल्ली : साहित्य अकादेमी।

□

विस्थापन की अंतहीन पीड़ा

आशुतोष भटनागर

दृश्य एक

देश के एक बड़े समाचार-पत्र के संपादक अपने आंसू रोक नहीं सके। राजौरी के बलिदान भवन में वे उन लोगों की स्मृतियों को जीने की कोशिश कर रहे थे, जो 1947 में पाक अधिकृत जम्मू-कश्मीर स्थित अपने घरों से विस्थापित होकर प्राण बचाने के लिए राजौरी पहुंचे थे।

राजौरी पर जब बर्बर कबायली आक्रमण हुआ तो यह निश्चित था कि यथाशक्ति संघर्ष के बाद भी हथियारबंद हजारों हमलावरों के सामने वहां के पुरुष टिक न सकेंगे। यह भी निश्चित था कि महिलाओं के साथ होने वाली बर्बरता की जो खबरें हवा में गूंज रही थीं, वे पुरुषों की हत्या के बाद यहां भी दोहराई जाने वाली थीं। इस संभावित क्रूरता से बचने का जो एकमात्र रास्ता सूझ रहा था, यह वही था, जिसे इतिहास में जौहर कहा गया है।

गांवों पर जब हमले होने लगे तो लोग अपना सब कुछ छोड़कर सुरक्षित स्थानों के लिए चल पड़े। प्रशासन के केंद्र राजौरी पहुंचकर उन्होंने राहत की सांस ली ही थी कि राजौरी पर भी आक्रमण हो गया। पांच हजार की जनसंख्या वाले राजौरी में कई गुना अधिक लोग बाहर से आ बसे थे।

दीपावली के दिन कबायलियों का हमला हुआ। पाकिस्तानी सेना और पख्तून कबायलियों के सशस्त्र जत्थे हजारों की संख्या में राजौरी की ओर बढ़े। महाराजा हरि सिंह ने भारत सरकार से सैन्य सहायता का अनुरोध किया था, जिसे माना नहीं गया। मुट्ठी भर रियासती पुलिस और प्रशासनिक अमले ने लोगों को उनके हाल पर छोड़ कर भागने में ही भलाई समझी।

जैसे ही सूचना मिली कि आक्रांताओं ने राजौरी को घेर लिया है, सभी स्त्री, पुरुष और बच्चे तहसील भवन में एकत्र हो गए। अपने व अपने परिवारों की प्राणरक्षा के लिए पुरुष आखिरी सांस तक लड़ने के लिए कटिबद्ध हो गए। किंतु महिलाओं की ओर से जो प्रस्ताव आया, वह न स्वीकार करते बनता था, न

अस्वीकार करते। महिलाओं ने कहा कि यह तो ठीक है कि उनके सम्मान की रक्षा तक सारे पुरुष सामर्थ्य भर जूझेंगे, लेकिन फिर भी हथियारबंद आक्रमणकारियों के सामने जीत की कोई संभावना नहीं है। पुरुषों के मरने के बाद इन बर्बर लोगों के हाथों महिलाओं को किन-किन यातनाओं से गुजरना होगा, इसकी कल्पना ही सिहरा देने वाली है, इसलिए आक्रमण से पूर्व ही सभी महिलाएं अपनी जीवनलीला समाप्त कर लें। अंततः यही तय हुआ। महिलाओं में जहर बंटना शुरू हुआ और उसकी मात्रा कम पड़ गई। इसके बाद उन्हें गोली मारने का क्रम शुरू हुआ। शत्रु से लड़ने के लिए भी गोलियां चाहिए, इसलिए पहले दो महिलाओं को एक गोली से मारने की कोशिश हुई, फिर धारदार हथियार से गला काटने की नौबत आई। राजौरी में आज जो बलिदान भवन है, उसके प्रांगण में स्थित कुएं की जगत पर महिलाएं एकत्र हुईं और पुरुष एक-एक महिला का सिर काट कर शव कुएं में डालते रहे। अब तक शत्रु पहुंच चुका था। बीस हजार से ज्यादा पुरुष लड़ते हुए मारे गए। जो आक्रमणकारियों के हत्थे चढ़े, उन्हें क्रूरतापूर्वक काट डाला गया।

दृश्य दो

पुंछ से 120 मील दूर लक्ष्मणपत्तन के झूलापुल के पास रामपत्तन। जिस सैन्य ब्रिगेड के जिम्मे स्थानीय लोगों की रक्षा की जिम्मेदारी थी, उन्होंने ही जब गांव छोड़ देने के लिए कहा तो और कोई चारा नहीं था। पूर्वजों की स्मृतियां और धन-संपत्ति, सब कुछ पीछे छोड़ लगभग 600 लोगों का समूह अनजाने सफर पर चल पड़ा। रात भर बिना आवाज किए चलते और सुबह होने से पहले किसी जंगल में शरण ले लेते। दिन में देख लिये जाने का खतरा था और फिर कोई जीवित न बचता। रावलाकोट से चार मील पहले एक बड़ा भवन था। वहां रहने वाले ग्रामीणों ने इन्हें सुरक्षित होने का विश्वास दिलाते हुए इसी मकान में ठहर जाने को कहा। जब सब लोग इस भवन के अंदर चले गए तो उसके मुख्य द्वार को बाहर से बंद कर रात में उसमें आग लगा दी। मुश्किल से सौ लोग जान बचाकर भाग सके। वे लोग रात भर चलकर सुबह रावलाकोट पहुंचे। इसी समूह में शामिल श्यामलाल बताते हैं कि रास्ते में भोजन तो क्या पानी का भी अभाव देखना पड़ा। कई मौके ऐसे आए जब प्यास से बिलख रहे बच्चों को पानी की जगह मूत्र पिलाना पड़ा। किसी तरह वे जम्मू पहुंचे जहां भोर कैंप में उन्हें टिकाया गया। आज भी वे वहीं हैं और उनकी अगली तीन पीढ़ियां सात दशकों तक अपने दुर्भाग्य का शोक मनाने के लिए विवश बनी रहीं।

दृश्य तीन

वर्ष 1931; मीरपुर जिले में कैनी भाइयां के निकट पंजन गांव। गांव में पीढ़ियों से रहने वाले मुकुंदलाल गुप्ता इलाके के प्रतिष्ठित वैद्य और इस्लाम के बड़े जानकार। गांवों में धार्मिक सभाओं में उन्हें आग्रहपूर्वक बुलाया जाता, जहां वे कुरान शरीफ को सरल भाषा में समझाते थे। शेख मुहम्मद अब्दुल्ला के नेतृत्व में उठ खड़े हुए आंदोलन ने गति पकड़ी तो गांव-गांव में तनाव फैलने लगा। शेख की प्रतिनिधित्व की मांग को तो महाराजा ने स्वीकार कर लिया, किंतु इसके साथ जुड़ी गौहत्या पर लगे प्रतिबंध को हटाने की शर्त को हिंदू राजपूत राजा किसी कीमत पर स्वीकार करने को तैयार नहीं थे।

इसी उत्तेजना में लाला मुकुंदलाल का घर घेर लिया गया और अपने एक बुजुर्ग स्नेही हाफिज जी की सहायता से वे परिवार सहित अपनी जान बचाकर कैनी भाइयां होते हुए मीरपुर आने में सफल रहे, लेकिन पीढ़ियों की विरासत और संपत्ति पंजन में ही छूट गई। जीवन को फिर से गढ़ने की कोशिश शुरू हुई। अब तक उनके बेटे भी बड़े होकर काम में हाथ बंटाने लगे थे और खोई हुई लक्ष्मी वापस आने लगी थी। 1931 के घाव भी धीरे-धीरे भर चले थे।

तभी पहले से अधिक क्रूर घटनाओं के साथ 1947 आया। गांव-गांव में बसे हिंदू उजड़ कर जान बचाने के लिए मीरपुर में आ गए। एक रात मीरपुर पर भी हमला हुआ। महिलाओं का जौहर, पुरुषों का लड़ते हुए मरना और जान बचाकर भागना, सब कुछ एक साथ। लाला मुकुंदलाल भी अपने परिवार के साथ एक बार फिर उजड़े और भीड़ के बीच चल पड़े जम्मू की ओर। मीरपुर की लगभग 42 हजार की जनसंख्या में से दुर्भाग्यवश बहुत-से लोग मारे गए, बहुत कम ही लोग बच पाए। रास्ते में लालाजी को अपनी बेटी को खोना पड़ा, किंतु दो बेटों और उनके परिवार के साथ वे जम्मू पहुंचने में सफल रहे।

जम्मू में पाकिस्तान चले गए मुस्लिमों के घर खाली पड़े थे जिनमें इन मीरपुरियों ने डेरा डाल लिया। कुछ ही दिन बीते थे कि शेख अब्दुल्ला जम्मू आए और जब उन्हें यह पता चला कि मुस्लिमों के मकान पर इन लोगों ने कब्जा कर लिया है तो वे आगबबूला हो गए और इन सभी लोगों को सेना के ट्रकों में भरकर लखनपुर के आगे जम्मू-कश्मीर राज्य की सीमा से बाहर फेंक दिया गया। लालाजी का परिवार लखनपुर से किसी तरह करनाल पहुंचा और बाद में वहां से दिल्ली में सब्जी मंडी के निकट अजीतगढ़ ढलान पर स्थित शरणार्थी शिविर में सिर छिपाने की जगह मिली। उनके बेटे धर्ममित्र की पत्नी ने इसी शरणार्थी शिविर में एक पुत्र

को जन्म दिया। यह पुत्र आज देश का एक प्रतिष्ठित पत्रकार है। पंजन से कैली भाइयां, कैली भाइयां से मीरपुर, मीरपुर से जम्मू, जम्मू से करनाल, करनाल से दिल्ली। तीन दशक में पांच विस्थापन और आज भी पहचान का संकट।

दृश्य चार

विभाजन से महीने भर पहले ही विशम्भर नाथ सप्रू की नियुक्ति मुजफ्फराबाद में स्कूल अध्यापक के रूप में हुई थी। 21 अक्टूबर को मुजफ्फराबाद से 20 किलोमीटर आगे दानकचेली में नियुक्त शिक्षक पृथ्वीनाथ मजारी मुजफ्फराबाद पहुंचे और कबायलियों के इस ओर बढ़ने की सूचना दी। यह सूचना देने के लिए वे जब वजीरे-वजारत मेहता दुनीचंद और कर्नल नारायण सिंह के पास गए तो उन पर आतंक फैलाने का आरोप लगाया गया और दंडस्वरूप पेड़ से बांध दिया गया। 21-22 अक्टूबर की रात में गोलियां चलने की आवाजें आती रहीं और सुबह अचानक शोर हुआ और तीन हजार से अधिक हिंदू और सिख परिवार महिलाओं और बच्चों सहित गोपाल चौक में एकत्रित हो गए। जल्दी ही हमलावरों ने गोपाल चौक को घेर लिया। उन्होंने सभी के गले में हरे रंग का कपड़े का टुकड़ा बांध दिया और जुलूस की शक्ल में उन्हें घेरकर कृष्णगंगा नदी के पुल की ओर ले चले। कुछ लोगों ने भाग निकलने की कोशिश की, किंतु हमलावरों की गोली से मारे गए। विशम्भर नाथ सप्रू सौभाग्यशाली थे कि वे भाग भी सके और जीवित भी बच गए।

कृष्णगंगा के पुल पर पहुंचकर हमलावरों ने घोषणा की कि उन्हें सिखों से कोई शिकायत नहीं है, इसलिए सभी सिख पुरुष जा सकते हैं। राहत की सांस लेकर सिख जब वापस आए तो देखा कि पुल का गेट बंद है। गेट पर एकत्र सिखों पर उन्होंने अचानक फायरिंग शुरू कर दी और देखते-ही-देखते सभी सिख हताहत होकर पुल पर गिर गए। मृत और घायल सिखों के शरीरों को कबायलियों ने जूतों से ठेलकर नदी में गिरा दिया।

इसके बाद उन्होंने 11 से 45 वर्ष तक की महिलाओं को अलग किया और उन्हें बसों में भरकर वजीरिस्तान और खैबर पख्तूनख्वां की ओर रवाना कर दिया। कुछ महिलाएं किसी तरह भाग जाने में सफल रहीं और कुछ ने कृष्णगंगा में कूदकर अपने सतीत्व की रक्षा की। जिन महिलाओं की गोद में छोटे बच्चे थे, उन्हें छीनकर उन्होंने नदी किनारे सड़क पर फेंक दिया। इनमें से अधिकांश घायल बच्चों को आवारा कुत्तों ने जीवित ही नोच डाला। बुजुर्ग महिलाओं सहित सभी बंदियों को, जिनकी संख्या लगभग 2500 थी, को कैद कर लिया गया।

विशम्भर नाथ भागकर एक ऐसे घर में जा छिपे जिसमें कबायलियों का

अड्डा था, किंतु उस घर के रसोइये ने उन्हें एक अंधेरी कोठरी में छुपाया ही नहीं बल्कि छिपाकर उन्हें कुछ रोटियां और नमक भी पहुंचाता रहा। इस कोठरी में स्थित छोटी खिड़की से कृष्णगंगा पुल दिखाई देता था। दस दिन तक सप्रू इस कोठरी में छिपे रहे। खिड़की की दरारों से उन्होंने लगातार गांवों से हिंदुओं और सिखों को कृष्णगंगा के किनारे लाकर मौत के घाट उतारे जाने के दृश्य देखे। इसी कोठरी में वह शौचादि करते थे और रात के अंधेरे में स्वयं ही उठाकर उसे खिड़की से नदी की ओर फेंकते भी थे।

मुजफ्फराबाद को तहस-नहस करके आक्रमणकारी बारामूला की ओर बढ़ गए तो नगर में कुछ शांति हुई। शेष बचे महिलाओं और बच्चों सहित कुल 56 कश्मीरी पंडित एक स्थान पर एकत्र हो गए थे। यह लोग अभी चैन की सांस भी न ले पाए थे कि कश्मीर में भारतीय सेना ने मोर्चा संभाल लिया और हमलावरों को पीछे धकेलना शुरू कर दिया। वापस भागते कबायली एक बार फिर मुजफ्फराबाद आ पहुंचे और वही खूनी खेल एक बार फिर शुरू हो गया।

कुछ सामान लेने के लिए बाहर निकले विशम्भर नाथ को एक दस्ते ने पकड़ लिया और पैसे मांगे। पैसे न होने की बात कहने पर उनमें से किसी ने उनका कोट उतरवा लिया। दूसरे कबायली ने उनकी शर्ट और पैंट उतरवाई और लेकर चला गया। एक अन्य घटना में विशम्भर नाथ द्वारा धन न होने की बात कहने पर हमलावर ने उनसे एक आने के स्टांप पेपर पर यह लिखवा लिया कि आने वाले महीने का वेतन वह ले लेगा।

कुछ कबायली उस स्थान पर आ पहुंचे जहां 30 महिलाएं एवं पुरुष कश्मीरी हिंदू छिपे थे। उन्होंने तीन महिलाओं के साथ सभी के सामने बलात्कार किया और जिन महिलाओं ने विरोध की कोशिश की, उन्हें वे जबरन उठाकर ले गए और सामूहिक बलात्कार के बाद उन्हें सड़क पर छोड़ दिया। ऐसी ही लूट, हिंसा और महिलाओं के अपमान की घटनाएं जेल में कैद गैर-मुस्लिमों के साथ भी घटीं।

लौटते हुए हमलावर विशेष रूप से उन लोगों को निशाना बना रहे थे, जिनका संबंध शेख अब्दुल्ला की नेशनल कॉन्फ्रेंस से था। कठिनाइयों का दूसरा दौर तब शुरू हुआ जब कबायली चले गए और प्रशासनिक व्यवस्था संभालने के लिए पाकिस्तानी सैनिक आए। यह लोग उन्हें ढूंढ़ रहे थे जो कांग्रेस के संपर्क में थे और पाकिस्तान के निर्माण का विरोध कर रहे थे। कश्मीरी हिंदुओं के पास अब खाने तक के लिए कुछ नहीं था और वे भीख मांगने के लिए विवश थे। कुछ स्थानों से इन्हें खाने को कुछ मिल जाता था, वहीं ज्यादातर जगहों से प्रताड़ना ही मिलती थी।

अंततः सभी लोग मतांतरण के लिए विवश हुए और विशम्भर नाथ का नाम गुलाम नबी रखा गया।

महीनों बाद नमक के एक व्यापारी के साथ वे तमाम कठिनाइयों को पार करते हुए और बिना गरम वस्त्रों के बर्फ के मैदान पार करते हुए पैदल श्रीनगर पहुंचे जहां शेख अब्दुल्ला की सरकार ने प्रशासन संभाल लिया था। विशम्भर नाथ को स्थानीय होने के कारण श्रीनगर में शिक्षक के पद पर ही बहाल कर दिया गया, किंतु बीच के कालखंड में अनुपस्थित रहने के कारण चार महीने का वेतन नहीं दिया गया। विशम्भर नाथ के पहले अथवा बाद जान बचाकर मुजफ्फराबाद से श्रीनगर आने वालों में जितने लोग भी गैर-कश्मीरी भाषी थे, उन्हें श्रीनगर में ठहरने की अनुमति नहीं मिली जबकि वे सभी स्टेट सब्जेक्ट थे। उन्हें जम्मू की ओर धकेल दिया गया।

दृश्य पांच

पश्चिमी पंजाब का स्यालकोट जिला, जिसकी सीमा जम्मू से लगती है। जम्मू के सुचेतगढ़ से स्यालकोट जिला मुख्यालय की सीमा केवल 11 किलोमीटर है। 15 अगस्त तक भी न यह तय था कि जम्मू-कश्मीर भारत में रहेगा अथवा पाकिस्तान में जाएगा और न ही यह तय था कि पश्चिमी पंजाब पर स्थित नवनिर्मित पाकिस्तान की सीमा रेखा कहां होगी। इसलिए सीमा पर रहने वालों के लिए यह संभव ही नहीं था कि वे अपने भविष्य की रूपरेखा बना सकें।

जब सरहद पर मार-काट शुरू हुई तो स्यालकोट के निवासियों के लिए निकटतम शरण स्थल जम्मू ही था। लुटे-पिटे, अपने परिवारी जनों और संपत्ति को खोकर ये लोग जम्मू पहुंचे। जम्मू पार कर वे भारतीय पंजाब की सीमा में प्रवेश करना चाहते थे तभी राज्य के तत्कालीन प्रधानमंत्री शेख अब्दुल्ला उनके बीच आए और कहा कि जम्मू की सीमा पर रहने वाली बड़ी मुस्लिम आबादी पाकिस्तान चली गई है, इसलिए सीमांत के गांव खाली हो गए हैं। पश्चिमी पाकिस्तान से आने वाले सभी लोग जम्मू में ही रहें, सरकार उनकी पूरी चिंता करेगी। उनमें से कुछ लोग राज्य की सीमा पार कर पंजाब में आ गए, किंतु कुछ लोगों ने शेख की बातों पर भरोसा किया और वहीं रुक गए। सात दशक तक यह लोग नागरिक अधिकार पाने के लिए संघर्ष करते रहे, किंतु सरकार के कान पर जूं तक न रेंगी।

दृश्य छह

महाराजा गुलाब सिंह ने वर्तमान जम्मू-कश्मीर को गढ़ने का काम किया। कठिन परिस्थिति में उन्होंने युद्ध लड़े और राज्य का विस्तार किया। इस अभियान

में उनका साथ दिया गोरखा जवानों ने, जिन्होंने असंख्य बलिदान देकर इस राज्य के निर्माण और रक्षा में महत्त्वपूर्ण भूमिका निभाई। राजशाही जाने के बाद इनके सारे योगदान को भुलाकर उन्हें दूसरे दर्जे का नागरिक बना दिया गया।

इसी तरह 1956 में राज्य सरकार के निमंत्रण पर वाल्मीकि समुदाय के लोगों ने जम्मू आकर सफाई व्यवस्था संभाली। एक बार स्थापित होने के बाद इनकी भी वही नियति हुई जो गोरखों अथवा पश्चिमी पाक के विस्थापितों की थी। तीनों ही समूहों को न वहां बसने के अधिकार मिले और न जीवन जीने के। न वे राज्य में होने वाले चुनावों में मतदान के अधिकारी थे और न ही उनके बच्चे वहां उच्च शिक्षा अथवा सरकारी नौकरी हासिल कर सकते थे। जिस जमीन पर उन्होंने अपना जीवन बिताया, कानूनन वे उसके भी स्वामी नहीं बन सकते थे।

दृश्य सात

14 सितंबर को उच्च न्यायलय के प्रतिष्ठित वकील और जम्मू-कश्मीर भाजपा के प्रदेश उपाध्यक्ष टीकालाल टपलू की उनके घर के बाहर ही दिन-दहाड़े नृशंस हत्या कर दी गई। हत्या के बाद जे.के.एल.एफ. ने प्रेस वक्तव्य जारी कर कहा, हम उन सब लोगों को मार देंगे जो कहते हैं कि जम्मू-कश्मीर का भारत में विलय अंतिम है।

पीपुल्स लीग के अध्यक्ष शब्बीर शाह को 27 सितंबर की रात रामवन के निकट गिरफ्तार किया गया, किंतु जम्मू लाने के स्थान पर तत्कालीन पुलिस महानिदेशक के निर्देश पर वापस श्रीनगर ले जाया गया। इसके चलते घाटी के प्रमुख शहरों में चार दिन तक हड़ताल रही। अनेक सार्वजनिक इमारतों में आगजनी और हिंसा की गई। पांच लोग गोली लगने से मरे। बाद में देवगौड़ा के प्रधानमंत्रित्व काल में कश्मीर का दिल जीतने की कोशिशों के अंतर्गत शब्बीर शाह पर लगे देशद्रोह और निर्दोषों की हत्या के आरोप क्षमा करके रिहा कर दिया गया। जम्मू जेल से बाहर निकलते ही हजारों लोगों की भीड़ ने उसका स्वागत किया और जम्मू शहर में आजादी के नारे लगाए गए। लगभग 50 वाहनों के काफिले के साथ शब्बीर शाह डोडा, रामबन, बनिहाल, भद्रवाह और किश्तवाड़ में अलगाववादी भाषण देता घूमता रहा। भद्रवाह में तो प्रशासन ने इसके लिए रात का कर्फ्यू भी वापस ले लिया और किसी भी संदिग्ध को आने-जाने से न रोकने का मौखिक आदेश दिया।

4 नवंबर को सेवानिवृत्त जिला एवं सत्र न्यायाधीश नीलकंठ गंजू की दिन-दहाड़े हत्या कर दी गई। गंजू ने आतंकी मकबूल बट को मृत्युदंड की सजा

सुनाई थी। 8 दिसंबर को जे.के.एल.एफ. ने केंद्रीय गृहमंत्री मुफ्ती मुहम्मद सईद की बेटी डॉ. रुबैया सईद का अपहरण कर लिया। हत्या की धमकी के बाद सरकार ने घुटने टेक दिए और पांच खूंखार आतंकवादियों को छोड़ दिया गया। इस घटना को जे.के.एल.एफ. ने अपनी विजय की तरह लिया। इसके बाद तो हिंदू समाज के लोगों को चुन-चुनकर मारा जाने लगा।

हत्या के साथ ही की जाने वाली बर्बरता ने मध्ययुगीन घटनाओं को भी पीछे छोड़ दिया। माथे पर तिलक लगाने वाले श्री प्रेमी को तिलक के स्थान पर छेनी से छेद कर तड़पा-तड़पाकर मारा गया। सैन्य बल को रहने की जगह देने वाले वृजनाथ की घर के बाहर हत्या कर दी गई। उनकी पत्नी जब उन्हें बचाने आईं तो उनके साथ सामूहिक बलात्कार करके उनकी भी हत्या कर दी गई। वृजनाथ के शव को ढ़ाई किलोमीटर तक गाड़ी से घसीटकर ले गए। टिक्कर गांव की बबली के साथ न केवल सामूहिक बलात्कार किया गया बल्कि उस अवस्था में आरे से चीरकर उसकी हत्या की गई। पिता के सामने बेटी और पुत्र के सामने मां से बलात्कार किया गया। अफगानी आतंकवादी शेख जलालुद्दीन ने स्वयं यह स्वीकार किया कि उसने 27 लड़कियों के साथ बलात्कार किया है, वहीं एक कश्मीरी आतंकी ने सौ लोगों की हत्या का दावा किया।

19 जनवरी, 1990 की रात कश्मीरी हिंदुओं के लिए प्रलय बनकर आई। रात 9 बजते ही मस्जिदों से ऐलान होने लगे और हिंदुओं को घाटी खाली करने के लिए कहा जाने लगा। पूरा कश्मीर सड़कों पर उतर आया। निजामे-मुस्तफा और कश्मीर बनेगा पाकिस्तान के नारे गूंजने लगे। हजारों हिंदुओं को बंदूक की नोक पर इसमें शामिल होने के लिए बाध्य किया गया। रक्त जमा देने वाली सर्दी की रात में हिंदू लड़कियों को निर्वस्त्र करके उनके जुलूस निकाले गए। उनके घरों के दरवाजों पर पर्चे चिपका दिये गए कि सभी हिंदू घाटी खाली कर जाएं, लेकिन अपने परिवार की महिलाओं को यहीं छोड़ जाएं। परिणामस्वरूप त्रासदी की यह रात भारत के इतिहास में दर्ज हो गई, जब शासन अपने ही नागरिकों को सुरक्षा देने में असमर्थ रहा और हिंदू समाज को अपनी धरती छोड़ कर पलायन करना पड़ा।

ऐसा नहीं था कि आतंकी केवल हत्याएं कर आतंक का राज स्थापित करने और कश्मीरी हिंदुओं को निकाल बाहर करने से संतुष्ट थे। वे पिछले अनुभवों से जानते थे कि यदि संस्कृति के सूत्र बच जाते हैं, तो अनुकूल समय आने पर कोई भी समाज पुनर्जीवन प्राप्त कर लेता है। इसलिए इस बार वे समूल नाश पर उतरे

थे। उन्होंने कश्मीर के सांस्कृतिक प्रतीकों को भी नष्ट करने की पूरी कोशिश की। विशेष रूप से लाखों पुस्तकों को उन्होंने लूटा, बेचा और जलाया। मंदिरों को ध्वस्त किया। मूर्तियों को तोड़ा। मध्ययुगीन बर्बरता का सामना एक बार फिर कश्मीरी हिंदू समाज को करना पड़ा।

दृश्य आठ

ये घटनाएं केवल कश्मीर में ही नहीं हो रही थीं। जम्मू के क्षेत्र भी आतंक से अछूते नहीं रहे, यद्यपि उनकी चर्चा बहुत कम होती है। अल्लाह वाले मौलवियों की गतिविधियां और जमायते इस्लामी के मदरसे डोडा, किश्तवाड़, भद्रवाह तथा राजौरी और पुंछ में बड़ी संख्या में खोले गए। 'क' से 'काफिर' और 'ज' से 'जेहाद' पढ़ाने वाले इन मदरसों ने जम्मू का वातावरण विषाक्त करने और आतंकवाद का आधार तैयार करने में महत्त्वपूर्ण भूमिका निभाई।

सिनेमाघरों को बम विस्फोट से उड़ाने और सरकारी स्कूलों को जलाने की घटनाएं जम्मू में भी हुईं। यहां भी लड़कियों के कई स्कूलों में हिजाब पहनने के निर्देश जारी किए गए। स्कूलों में राष्ट्रगान पर रोक लगाई गई। निजामे मुस्तफा और आजादी के नारे लगाना, हिंदुओं को इस्लाम कबूल करने के संदेश वाले पोस्टर और मस्जिदों से आपत्तिजनक घोषणाएं और गतिविधियां जम्मू के भी बड़े हिस्से में होने लगीं। हिंदुओं के उत्सवों और धार्मिक यात्राओं पर हमले आम हो गए।

किश्तवाड़ में बस रोककर 16 हिंदू यात्रियों की हत्या, ठाठरी तहसील के बरशाला गांव को घेरकर 15 हिंदुओं की हत्या, भद्रवाह के ढोसा पानी गांव में जिस घर में आतंकवादी रहते थे, उसी परिवार की महिलाओं से व्यभिचार के बाद 7 लोगों की हत्या, ठाठरी के कलमाडी गांव में फॉरेस्ट अधिकारी जगन्नाथ के पूरे परिवार को धारदार हथियारों से हलाल करके मारा। रामबन के हिंदुओं को एकत्र कर उनसे भारत विरोधी नारे लगवाए और 11 लोगों को एक साथ खड़ा कर गोलियों से छलनी कर दिया। डोडा जिले के भागवा में 5 लोगों की हत्या और उनकी शवयात्रा पर पुनः फायरिंग में 4 अन्य व्यक्ति मारे गए। डोडा के चापनाड़ी में दो बारातों पर अंधाधुंध फायरिंग में 25 लोगों की हत्या कर दी गई। किश्तवाड़ के चेरंजी गांव में पूर्व सैनिक कुंजलाल के घर में 12-13 आतंकियों ने घुसकर उनकी पत्नी से खाना बनवाया। खाना खाने के बाद सभी ने उनकी पत्नी के साथ बलात्कार किया और हत्या कर दी। इसी क्षेत्र के एक युवक राकेश कुमार के चेहरे के सारे मांस को काट-काटकर निकालकर फेंक दिया, माथे से ठुड्डी तक केवल हड्डियां ही बचीं। कुछ समय बाद उसने तड़प-तड़प कर दम तोड़ दिया। किश्तवाड़

के ही रमेश कुमार और उसके पिता का अपहरण किया। उसके अंगों को काटने के बाद छाती चीरकर उसका हृदय निकालकर उसके पिता के मुंह पर फेंक दिया।

राजौरी के स्वाडी नामक गांव को घेरकर महिलाओं और पुरुषों को बाहर निकालकर रात भर यातनाएं दीं और आठ हिंदुओं की गोली मारकर हत्या कर दी। सूरनकोट में रतनलाल दत्ता के घर में घुसकर आतंकवादियों ने खाना बनवाकर खाया और जाते समय परिवार के पांच लोगों की हत्या कर दी। राजौरी के ही बलियारा गांव में एक बारात को घेरकर की गई फायरिंग में सात और निकट के दूसरे गांव मोरा पट्टा में चार हिंदुओं की हत्या कर दी। मेंढर के कस्बलाड़ी गांव के एक मुस्लिम युवक पर मुखबिरी के शक में आतंकवादियों ने उसके परिवार को यातनाएं दीं और एक महिला सहित तीन लोगों के शरीर के टुकड़े कर दिए। दरहाल की छह लड़कियों सहित पुंछ, राजौरी की एक दर्जन से अधिक युवतियों का अपहरण किया जिनके साथ बलात्कार के बाद उनकी हत्या कर दी।

डोडा के काराड़ा गांव में एक हेड कांस्टेबल और साथी पुलिसकर्मियों और आतंकवादियों के एक साझा गिरोह ने जंगल में स्थित घरों में सात हिंदुओं को कैद करके रखा। उनके गुप्तांगों को मिट्टी का तेल डालकर जलाया, इनके जीवित शरीर से मांस काटकर तलकर खाया और घाव से बहने वाला खून पिया। इस घटना में दयाकृष्ण नामक युवक की मृत्यु हो गई। शेष युवकों को वे खच्चर पर बांधकर कारड़ा पुलिस चौकी ले आए, जहां वरिष्ठ अधिकारियों के हस्तक्षेप के बाद इन युवकों को छुड़ाया जा सका। यह पुलिस वाले उन्हें सेना का मुखबिर होने का आरोप लगाकर यातना दे रहे थे।

उपरोक्त दृश्यों का उल्लेख यह अंतर स्थापित करने के लिए आवश्यक है कि अपने स्थान की कठिनाइयों के चलते अथवा बेहतर अवसरों की तलाश में अपना घर छोड़ना और बात है तथा न छोड़ने की इच्छा होते हुए भी अपने जीवन और अपनी आस्था की रक्षा के लिए छोड़ने को विवश किया जाना नितांत भिन्न। जो स्वेच्छा से अपने स्थान को छोड़ता है, वह इच्छा होने पर वापस आने का अधिकार भी रखता है, लेकिन विपरीत परिस्थिति में, अपना सबकुछ छोड़ कर, कभी न लौटने के लिए विस्थापन बिल्कुल अलग तरह का अनुभव है। जिसने उसे भोगा है, वही उसे अनुभव कर सकता है। उस पीड़ा का यथावत् वर्णन तो संभवतः वह भी नहीं कर सकता, जो इससे स्वयं गुजरा है।

ऊपर के दृश्य पीड़ा की इस अंतहीन यात्रा का आमुख मात्र हैं। काल के प्रवाह का एक टुकड़ा भर है, जो दुःखद स्मृतियां समेटे हैं। भारत विभाजन के

समय ही पश्चिमी पंजाब, सिंध और पूर्वी बंगाल के विस्थापितों को भी ऐसे ही अनुभवों से गुजरना पड़ा। उनके सौभाग्य से वे भारत के उस भाग में पहुंच गए जहां का समाज और सरकार उनके प्रति संवेदनशील थे। विस्थापन के कुछ ही वर्षों में उन्हें यथेष्ट अवसर मिले और अपनी क्षमता और श्रम के बल पर उन्होंने अपने आप को पहले से अधिक बेहतर स्थान पर पाया। सरकार ने उनके लिए कॉलोनियां बसाईं, भूमि दी, जो कुछ वहां छूट गया, उसके लिए आनुपातिक मुआवजा दिया, शिक्षण-प्रशिक्षण की व्यवस्था की, आगे बढ़ने के अवसर प्रदान किए। जो कुछ पीछे छूटा, दुःस्वप्न की भांति उससे मुक्ति पाकर उन्होंने भारत को ही अपना घर मानकर अपने दुःख-सुख बांट लिये। विस्थापित होकर जो लोग जम्मू-कश्मीर की सीमा में पहुंचे अथवा पाकिस्तान के आक्रमण के कारण जम्मू-कश्मीर से विस्थापित हुए, उनका संघर्ष आज तक जारी है।

1990 में कश्मीर घाटी के हिंदू समाज को विषम परिस्थितियों में विस्थापित होना पड़ा। उस समाज के साथ यह पहली नहीं, सातवीं बार हुआ था। इससे पहले भी छह बार ऐसी स्थिति आई थी, जब कश्मीर घाटी में सांप्रदायिक आधार पर हुए भारी रक्तपात के चलते अधिकांश हिंदुओं को पलायन करना पड़ा था। निरंतर पीड़ा और संत्रास सह रहे इस समाज के मनोविज्ञान का अध्ययन कर उसे आधार बनाकर उपन्यास लिखने वाले रजतकांति मित्र का विश्लेषण है कि 'उनके साथ बार-बार ऐसा ही होता है और ऐसी परिस्थिति में उनके सामने पलायन के अतिरिक्त कोई विकल्प नहीं होता', यह इस समाज की सामूहिक स्मृति के अवचेतन में गहरे से पैठ गया है। इसलिए जब 1989-90 में एक बार फिर ऐसा अवसर आया तो अवचेतन में दबी वह स्मृति फिर प्रबल हो उठी और पलायन को ही विकल्प मानते हुए देखते-ही-देखते लाखों लोग अपना सबकुछ छोड़कर अनजाने भविष्य की ओर चल पड़े।

उनकी यह यात्रा जोखिम भरी तो थी ही, विश्वास टूटने और जुड़ने, शरणार्थी शिविरों के नारकीय जीवन, इसमें भी आगे बढ़ने का हौसला बनाए रखने का आत्मबल और तिनका-तिनका जोड़कर एक बार फिर नीड़ का निर्माण करने का धैर्य जिस तरह इस समाज ने दिखाया, वह अपने आप में एक अनूठा आख्यान है। ऐसी घटनाएं जब संवेदना को झकझोरती हैं तो कविता का जन्म होता है, साहित्य रचा जाता है। इसलिए मां शारदा के उपासक इस समाज की लेखनी से विस्थापन की पीड़ा को उकेरने वाली रचनाएं अनायास फूट पड़ीं। क्षमा कौल का 'दर्दपुर', और चंद्रकांता का 'कथा सतीसर' तो विस्थापन के साहित्य के मानक जैसे ही बन गए

हैं। डॉ. अग्निशेखर, जवाहरलाल कौल, बीना बुदकी आदि न जाने कितने रचनाकार हैं जिन्होंने इस पीड़ा को शब्द दिये। इनमें जम्मू-कश्मीर के लोग हैं तो उनकी संवेदना को साझा करते हुए अनेक गैर-कश्मीरी लेखकों ने भी इसे अपनी रचनाओं की कथावस्तु बनाया।

1990 के विस्थापन से जुड़े दो पक्ष और ऐसे हैं जिन्हे रेखांकित करना आवश्यक है। दोनों बातें उस दैवीय पक्ष से जुड़ी हैं, जो विपरीत परिस्थिति में उनका संबल बनकर खड़ी थीं। पहला, शारदा की कृपा से यह समाज पढ़ा-लिखा था, पठन-पाठन की परंपरा प्रायः हर घर में थी, इसलिए जब अंतर में पीड़ा उमड़ी तो उसे शब्द देने की क्षमता पहले से विद्यमान थी। प्रारंभिक दौर में मौखिक और बाद में रचनाबद्ध रूप में जब यह शब्द देश भर में गूंजे तो पूरे देश से उनके समर्थन में लोग उठ खड़े हुए। स्वतंत्रता के चार दशक जी लेने के बाद देश में भी एक प्रकार की स्थिरता आ चुकी थी जिसमें कश्मीर के विस्थापितों को अपना लेने के लिए पर्याप्त अवकाश था। इस समय तक अनेक ऐसे सामाजिक-सांस्कृतिक संगठन भी इतने सक्षम थे कि वे अपने बल पर, बिना सरकारी सहायता के भी एक बड़ी भूमिका निभा सकते थे और जनमत को प्रभावित करने की स्थिति में थे। इसलिए बड़ी संख्या में सहयोग के हाथ उनकी ओर बढ़े और नए सिरे से जीवन की शुरुआत करने के कश्मीरी समाज के उद्यम को गति मिली।

दूसरा, कश्मीर मंडल में समाज के जीवन को गहरे तक प्रभावित करने वाला शैव दर्शन विस्थापन के कष्टसाध्य दिनों में भी अवलंबन बना रहा। शैव-दर्शन उन्हें भाग्यवादी नहीं बनाता बल्कि उस दार्शनिक ऊंचाई पर पहुंचाता है जहां वे इन माया के कंचुकों को उतार फेंकने के लिए निरंतर प्रयत्नशील रहते हैं। लोक को साधते हुए इस माया प्रपंच से ऊपर उठने का यह संदेश उन्हें विरक्ति की ओर नहीं बल्कि उद्यम की ओर प्रवृत्त करता है। भैरव की तरह उद्यम करने का शिवसूत्र का संदेश उन्हें परिस्थितियों से हारकर बैठ जाने के स्थान पर उद्यम से अपना मार्ग प्रशस्त करने के लिए प्रेरित करता है।

1947-48 में जम्मू-कश्मीर के विस्थापितों की कहानी अत्यंत लोमहर्षक है। बेबसी का एक ऐसा दस्तावेज है जिसे देश जान भी नहीं सका। मीरपुर, मुजफ्फराबाद, कोटली, भिंबर, देवा, बटाला, राजौरी, पुंछ, झंगड़ और बाल्तिस्तान। पश्चिमी पाकिस्तान से जम्मू में आए लोग। हजारों लोगों का कत्ल-ए-आम और लाखों लोगों का विस्थापन। अधिकांश जनसंख्या अनुसूचित जाति और जनजाति के लोगों की। औपचारिक शिक्षा लगभग नगण्य। बदलती दुनिया से कोई संबंध नहीं।

मानवाधिकार भी कुछ होता है, इसका अनुमान भी नहीं। विस्थापन के बाद जिन शरणार्थी शिविरों में डाल दिए गए, तीन पीढ़ियां उन्हीं शिविरों में कट गईं। कपड़े के तंबू पर मेहनत-मजदूरी कर छत अपनी डाल भी ली तो धरती अपनी नहीं। न शिक्षा के अवसर और न विकास के। मानवाधिकारों से रहित, नागरिक अधिकारों से वंचित।

जिस भाषा में वे आपस में बात करते हैं, उसे उनके अलावा कोई समझता नहीं। उनकी भाषा की कोई लिपि नहीं। भाषा को राजकीय मान्यता नहीं। जहां आ बसे वहां इसे कोई बोलता नहीं, इसलिए स्थानीय भाषा में संवाद की विवशता और अपनी भाषा से कटते जाने की नियति। आंख के आंसू सूख गए लेकिन कविता उनसे बह न सकी। उनकी भाषा की कविता, उनकी भाषा का लेखन, कहें भी तो सुने कौन। अर्थ का अनर्थ हुआ। जीवन व्यर्थ हुआ। सत्तर साल। किसी ने नहीं सुनी सिसकी। किसी की आंख नम नहीं हुई। किसी ने सांत्वना नहीं दी। शब्द खो गए। भाषा बांझ हो गई।

पीढ़ियों से जम्मू-कश्मीर में रह रहे थे। महाराजा ने भारत में अधिमिलन किया तो उनका इलाका भी भारत हो गया और वे भारत के नागरिक। पाकिस्तान का हमला हुआ। भारतीय सेना श्रीनगर में संघर्ष समाप्त होने के बाद भी उनकी सहायता के लिए नहीं पहुंची। आगे जाने से रोक दिया गया। साजिश किसकी थी, आज इस पर बहस का कोई मतलब नहीं बचा। सच यह है कि अपने ही राज्य में विस्थापित हुए। शांति की खोज में श्रीनगर पहुंचे, पर ठहरने नहीं दिया गया। जम्मू की ओर धकेल दिया गया। फिर जम्मू से भी लखनपुर के आगे तड़ीपार।

दिल्ली की दरियादिली की चर्चा सुनी। सभी विस्थापितों का पुनर्वास दिल्ली कर रही है। मुआवजा दे रही है। जमीन दे रही है। चल पड़े दिल्ली की ओर। जब विधाता ही रूठा हो तो भारत भाग्य विधाता क्यों सुनते। जवाहरकट की जेब पर इतरा रहा गुलाब कुटिलता से मुस्कराया और शेख अब्दुल्ला से मिलने की सलाह दी। जब बताया गया कि शेख ने ही हमें राज्य से बाहर धकेल दिया है तो आश्वासन मिला कि आपका इलाका जल्दी ही पाकिस्तान से खाली करा लिया जाएगा और आप अपने घरों में जा सकेंगे। बरस-दर-बरस बीतते गए और एक दिन सरकार ने फैसला ले ही लिया। फैसला था कि जम्मू-कश्मीर के इन विस्थापितों का पुनर्वास नहीं होने देंगे। पुनर्वास हो गया तो उनके इलाके पर हमारा दावा कमजोर हो जाएगा।

जम्मू-कश्मीर बैंक की स्थापना महाराजा हरि सिंह ने की। मीरपुर, मुजफ्फराबाद, गिलगिट, बाल्तिस्तान, सभी जगह उसकी शाखाएं। सभी जगह

स्थानीय लोगों के खाते, जिनमें उनकी खून-पसीने की कमाई का पैसा। इलाके पर कब्जा हो गया। जे.के. बैंक आज भी चल रहा है। नेताओं और अधिकारियों के लाडलों पर करोड़ों रुपए लुटाने की खबरें हर रोज आ रही हैं, लेकिन जिन लोगों का धन 1947 के पहले से इन खातों में जमा था, उन्हें आज तक वह पैसा नहीं मिल सका। विश्व बैंक के ऋण से मंगला बांध बनाया गया। मीरपुर शहर उसमें डूब गया। जिन लोगों की संपत्ति उसमें डूबी, उन सभी को विश्व बैंक ने मुआवजा दिया। पाक अधिक्रांत जम्मू-कश्मीर के जिन विस्थापितों की संपत्तियां इस बांध में डूबीं, उनके लिए भी मुआवजे का प्रावधान हुआ, पर सरकार फिर बीच में आ गई। उसने तर्क दोहराया कि अगर इन लोगों ने अपना मुआवजा ले लिया तो जमीन पर से दावा खत्म हो जाएगा। अगर दावा खत्म हो जाएगा तो हम उन्हें उनके घरों में वापस भेजने का वायदा कैसे पूरा कर सकेंगे। निष्कर्ष यह कि कोई भी विस्थापित अपना मुआवजा नहीं लेगा। हम भी किसी का पुनर्वास नहीं करेंगे। विस्थापन का दंश लिये त्रिशंकु की स्थिति में अधर में लटके सत्तर साल बीत गए।

कुछ लोगों का मानना है कि 1947-48 के विस्थापितों का कुछ नहीं हो सका, किंतु आतंकवाद के कारण 1990 में विस्थापित कश्मीरी हिंदू समाज के अधिकांश लोग आज सुस्थापित दिखाई देते हैं। यहां तक दलील देते हैं कि अगर वे कश्मीर में रहे होते तो शायद इतनी बेहतर स्थिति में नहीं होते। यह सच है। जो कंक्रीट के भवनों को जीवन की कसौटी मानते हैं, उनके लिए यही सच है, लेकिन अपने शोभन कक्ष में बैठकर कॉफी पीते हुए यह निष्कर्ष निकालने वालों ने कभी उस मां का मन टटोलने की कोशिश की है, जो गुड़गांव या हैदराबाद के अपने अपार्टमेंट में आज भी रात में जागकर बैठ जाती है और खिड़की के बाहर देखते हुए दूर कहीं पहाड़ी की चोटी पर बर्फ की चादर तलाशने की कोशिश करती है?

ऊपर वर्णित सभी समूहों के विस्थापितों ने अपनी जड़ों से उखड़ने के बाद जीवन चलाए रखने के लिए जहां संभव हुआ वहीं अपने आपको रोप दिया, लेकिन इसका अर्थ यह नहीं है कि विशेष वातावरण में जीने का अभ्यस्त पौधा कहीं उगेगा तो वैसे ही फल-फूल भी दे सकेगा। देवदार और रुद्राक्ष जैसे पर्वतीय वृक्ष किसी बिगड़ैल धनिक के गमले की शोभा तो बढ़ा सकते हैं, लेकिन वह उतने ही वैभव के साथ आकाश छुएंगे और बादलों को आमंत्रित करने में सक्षम होंगे, इसकी संभावना कम ही है।

विस्थापन से पहले लगभग सभी विस्थापित संयुक्त परिवारों में रहते थे।

विस्थापन के बाद परिवारों का बिखराव शुरू हुआ और एकल परिवारों की अधिकता हो गई। नई पीढ़ी के बच्चों के लिए न तो दादी-नानी की कहानियां हैं और न ही पर्व-त्योहार। जो हैं, उनका स्वरूप बदल गया है। अब वह होली-दिवाली मनाता है और शिवरात्रि तथा बैसाखी अब कर्मकांड भर रह गए हैं। शरद ऋतु में पहले हिमपात के दिन मनाया जाने वाला 'नवशीन' दिल्ली या बेंगलुरु में कैसे मनाया जा सकता है?

विस्थापन के यह वर्ष प्रत्येक समाज को उसकी परंपराओं, प्रवृत्तियों और संबंधों से काटने में एक हद तक सफल रहे हैं। नई पीढ़ी अपनी भाषा भूल चुकी है, मुहावरे, कहावतें, किस्से पीछे छूट चुके हैं। परिवेश जिसमें पशु-पक्षी, जीव-जंतु, वृक्ष, पर्वत, हिम था, वह अब अदृश्य है। नई पीढ़ी के लिए उसकी कल्पना भी असंभव है। वे परंपरागत बर्तन, वह कहवा और नूनचाय, वह केसर की क्यारी अब केवल पुराने छायाचित्रों में ही मौजूद हैं।

विस्थापन के इन वर्षों में उस पीड़ा को अभिव्यक्त करता काफी कुछ लिखा गया है। कुछ रचनाएं तो कसौटी बन गई हैं, लेकिन एक समाज नई पीढ़ी में आकार ले रहा है, जो इन स्मृतियों से भी वंचित है। नई पीढ़ी कटी पतंग की तरह हवा में लहरा रही है, लेकिन उसकी नियति उसे अपनी जड़ों से शायद ही फिर से मिलने दे। समय है जब पीछे छूट गई इन स्मृतियों को सहेज लिया जाए ताकि सांस्कृतिक रूप से समृद्ध इस विस्थापित समाज की पीड़ा और जिजीविषा की यह अद्भुत गाथा भारतीय साहित्य में अपना स्थान पा सके।

□

जड़ों से उखड़ने की त्रासदी

विजय कुमार कौल

कश्मीर से हिंदुओं के निर्वासन (आरंभ में ही पाठकों को अवगत कराना चाहूंगा कि हिंदुओं का पलायन नहीं, अपितु निर्वासन हुआ है) की घटना इतिहास में पहली बार नहीं हुई अपितु 14वीं शताब्दी से 20वीं शताब्दी के अंत तक, केवल इस्लामी चरमपंथ के कारण ही यह निर्वासन 7 बार हुआ है। कश्मीर के इतिहास में हिंदुओं के निर्वासन के ऐसे भी दिन आए हैं जब पूरे कश्मीर में हिंदुओं के केवल 11 घर बचे थे। कश्मीरी भाषा में अब भी यह मुहावरा प्रचलित है कि 'क्या सारे कश्मीर में 11 ही घर बचे हैं।' इतिहास के भिन्न-भिन्न बिंदुओं पर कश्मीरी हिंदुओं को ही अत्याचार भुगतना पड़ा है। एक आक्रामक शासक के बारे में यहां तक कहा जाता है कि वो तब तक शाम का भोजन नहीं करता था जब तक वो डेढ़ मन जनेऊ को जलाकर उनके पहनने वालों को या तो मुसलमान बनाता या मौत के घाट नहीं उतारता था। कश्मीर की सुंदर 'डल' झील में एक स्थान है जिसको 'बटमजार' अर्थात् हिंदुओं का कब्रिस्तान कहते हैं। यह जगह डल झील के बीचो-बीच स्थित है। वर्तमान में भी यह जगह उसी नाम से जानी जाती है, जहां पर हिंदुओं के गले में एक भारी पत्थर बांधकर उनको जिंदा ही उस झील में डुबो दिया जाता था।

इस तरह की तमाम ऐतिहासिक घटनाएं इतिहास के पन्नों में गुम होकर रह गईं। यहां इस बात पर ध्यान देना आवश्यक है कि कश्मीर के अधिकतर हिंदू जबरदस्ती मुसलमान बना दिए गए। मगर कुछ ब्राह्मणों ने सारी यातनाएं सहकर भी इस्लाम कबूल करने के स्थान पर मृत्यु को चुना, जो वास्तव में अदम्य वीरता का प्रतीक है। आज उन्हीं ब्राह्मणों के कुछ बचकर निकले वंशजों को 'कश्मीरी पंडित' के नाम से जाना जाता है। कश्मीरी हिंदुओं में जितने भी लोगों ने इस्लाम कबूल किया, उनको भी आज तक उनके ही कुलनाम से पहचाना जाता है। उदाहरण के लिए, मुस्लिम समुदाय में ब्राह्मण जाति के कुलनाम, जैसे—भट, कौल, धर, रैणा, पंडित इत्यादि पाए जाते हैं। इसके अतिरिक्त अन्य हिंदू जातियों के उपनाम भी कश्मीरी मुसलमानों में पाए जाते हैं जैसे कि खांडे, तांतरे, वार, बक्षी आदि।

1990 का निर्वासन इस कारण से भी अत्यंत दुःखद है कि जम्मू-कश्मीर

भारतवर्ष का एक अभिन्न अंग होने के बावजूद, भारतीय शासन, भारतीय सेना के रहते भी यह दुःखद निर्वासन रोका नहीं जा सका। यहां यह समझना आवश्यक है कि इस निर्वासन को भारतवर्ष की सभी महत्त्वपूर्ण संस्थाओं जिनमें सरकार, न्यायालय, सेना, पुलिस तथा अन्य सुरक्षा बल सम्मिलित हैं, ने बहुत ही हलके में लिया। यहां तक कि शेष भारतीय नागरिकों को भी कोई सही जानकारी नहीं दी गई, जबकि स्थानीय संचार माध्यम के अंतर्गत कश्मीर में हिंदुओं को निर्वासित करने अथवा मृत्युदंड झेलने के लिए, आए दिन घाटी के समाचार-पत्रों में प्रायोजित इश्तिहार एवं सूचनार्थ समाचार धड़ल्ले से छप रहे थे। संचार माध्यम आतंकियों के पक्ष में बोलते रहे और उनके द्वारा आतंकियों के अत्याचारों को वीरता और युद्ध कला कहकर सराहा जाता था। रेडियो की भाषा भी बदल गई थी और दूरदर्शन, श्रीनगर के तत्कालीन निदेशक श्री लस्सा कौल की निर्मम हत्या के पश्चात् दूरदर्शन भी पूर्णतः उन आतंकवादियों के नियंत्रण में आ गया था।

इसमें यदि आप थोड़ा और समझना चाहें तो इन परिस्थितियों के पूर्वकाल की जानकारी लेनी भी आवश्यक होगी। भारत द्वारा 1971 के युद्ध में मुंह की खाने पर पाकिस्तान, वहां की सरकार, वहां की सेना, वहां की गुप्तचर संस्था आईएसआई एवं अफगानिस्तान में रूस की लड़ाई लड़ चुके तालिबानी गुटों ने मिलकर भारत से बदला लेने की ठान ली थी, जिसके अनुसार भारत को हजारों घाव देकर रक्त बहाना एवं कत्लेआम मचाना लक्ष्य निश्चित किया गया था। इसी कारण से तत्कालीन पाकिस्तानी राष्ट्रपति जियाउल हक ने 'ऑपरेशन टोपाक' के नाम से एक षड्यंत्र रचा। जिसका सूत्रपात सर्वप्रथम 80 के दशक में पंजाब प्रांत में खालिस्तानी आंदोलन आरंभ करवाने से हुआ; किंतु वहां के स्थानीय लोगों ने कोई विशेष मदद पाकिस्तान द्वारा छेड़े गए इस खालिस्तान आंदोलन में नहीं की, इसका मुख्य कारण पंजाब में हिंदुओं और सिखों के बीच सौहार्द एवं आपसी रिश्ता था।

इसी समय 'ऑपरेशन टोपाक' का आरंभ कश्मीर में भी किया गया जिसकी जानकारी भारतीय गुप्तचर संस्थाओं ने भारतीय प्रशासन को समय-समय पर पहुंचाई कि अन्य जगहों से विशेषतः उत्तर प्रदेश और बिहार से तबलीगी जमात (जिनको 'अल्लाह वाले' के नाम से कश्मीर घाटी में जाना जाता था) के लोग घाटी की मस्जिदों में अपने निरंतर भाषणों द्वारा सामाजिक सौहार्द बिगाड़ रहे हैं और यहां सीमारेखा के अंदर पाकिस्तान, कश्मीर घाटी में आधुनिक अमरीकी हथियार, जो कि अफगानिस्तान युद्ध में बचे थे, भेज रहा है। इन सब बातों का एवं कश्मीर की राजनीतिक परिस्थिति का उल्लेख श्री जगमोहनजी ने अपनी अंग्रेजी पुस्तक 'माई फ्रोजेन टरबुलांसेस इन कश्मीर' में भली-भांति दिया है। किंतु दुर्भाग्यवश तत्कालीन भारत सरकार इस परिस्थिति से जान-बूझकर आंख चुराती रही।

वस्तुस्थिति यहां तक आ पहुंची कि पाकिस्तान का कश्मीर प्रशासन पर दबदबा चलता रहा। बात यहां तक बिगड़ गई थी कि कश्मीरी मुसलमानों ने अपनी घड़ियों का समय पाकिस्तान की घड़ियों के अनुसार करना आरंभ कर दिया, और उनमें ऐसी भावना भर दी गई कि जैसे अंग्रेज भारत पर जबरदस्ती कब्जा किए थे वैसे ही भारत ने भी कश्मीर पर जबरदस्ती अपना कब्जा कर रखा है। यह भावना इस हद तक बनाई गई थी कि भारत एक विदेश है और सभी भारतीय नागरिक और कश्मीरी हिंदू दोनों, कश्मीर के मुसलमानों और उनकी भारत से आजादी के लिए बहुत बड़ी अड़चन हैं। उस समय दुर्भाग्यवश भारत सरकार न केवल निष्क्रिय रही अपितु आतंकी और अलगाववादियों के लिए खुला मैदान छोड़ दिया। ऐसे ही अलगाववादी और इस्लामीकरण करने की सोच रखने वाले एक कश्मीरी मुसलमान को तत्कालीन भारत सरकार द्वारा भारत का गृहमंत्री नियुक्त किया गया। इस कारण से आतंकियों और अलगाववादियों को खुला खेल करने की स्वतंत्रता मिल गई।

उन्हीं दिनों मैंने स्वयं 'इंडिया टुडे' पत्रिका में उसी गृहमंत्री का यह बयान पढ़ा था कि कश्मीर में आतंकियों और अलगाववादियों की भारत सरकार से अधिक चलती है और भारत सरकार भी इसमें कुछ नहीं कर सकती है। कश्मीर से हिंदुओं का निर्वासन उसी गृहमंत्री के सोचे-समझे षड्यंत्र का एक भाग था जिसके अनुसार कश्मीर घाटी से हिंदुओं का निर्वासन करना था; ताकि कश्मीर का इस्लामीकरण या पाकिस्तान से मिलने की राह आसान हो। दुर्भाग्यवश यह सब भारत सरकार की नाक के नीचे होता रहा। सत्ता में आने के लिए उसी गृहमंत्री ने 1984 में मुसलमानों को भड़का कर हिंदुओं के घरों और मंदिरों पर आक्रमण करवाया था, वह भी एक अफवाह फैलाकर कि जम्मू में कश्मीरी मुसलमानों का नरसंहार हो रहा है। इसके परिणामस्वरूप उस गृहमंत्री के जिले अनंतनाग के कुछ इलाकों में वहां के मुसलमानों के द्वारा बहुत-से मंदिर तोड़े गए और कश्मीरी पंडितों के घरों पर हमले भी हुए। कश्मीरी हिंदुओं ने इस घटना को दुर्भाग्य का नाम देकर कश्मीरी मुसलमानों के प्रति अपने सौहार्द को जारी रखा और 1988 तक चुपचाप सब सहन करके बैठे रहे। इस बीच आतंकियों और अलगाववादियों की तैयारी पूरी हो चुकी थी और 1989 में असली कहानी समझ में आने लगी। इसके बाद जे.के.एल.एफ. नामक आतंकी संगठन ने पहले कमान संभाली जिसकी कमान पाकिस्तान अधिकृत जम्मू-कश्मीर के अमानुल्ला खान को सौंपी गई। इस संगठन द्वारा एक-एक करके कश्मीरी पंडितों और सैनिकों को मारना आरंभ किया गया। जिनमें दो कुख्यात यासीन मलिक एवं बिट्टा कराटे नामक आतंकियों से पाठक भली-भांति परिचित होंगे। उस समय भी कश्मीरी हिंदू इस भ्रांति में रह गए कि भारत जैसा विशाल देश और इसकी वीर सशक्त सेना

ये सब रोक देगी, मगर ऐसा कुछ नहीं हुआ। बदले में उस समय घाटी के इस्लामीकरण का दौर चरम सीमा पर चलने लगा। मस्जिदों में लाउडस्पीकर द्वारा नारेबाजी शुरू हुई कि–

1. ऐ काफिरो, ऐ जालिमो, कश्मीर हमारा छोड़ दो।

2. इंडियन डॉग्स गो बैक (Indian Dogs go back)

और इसके अतिरिक्त कश्मीरी भाषा में–

1. हम पाकिस्तान बनाएंगे और हिंदुओं, विशेषकर पंडितों के बिना और उनकी बहू-बेटियों सहित

2. मिलो, मिल जाओ या मिट जाओ और भाग जाओ

इन नारों के बीच ये नारा कि 'आजादी का मतलब क्या? लाइलाहा इल्ललाह' इन सभी को इस्लामिक रंग देने के लिए पर्याप्त था।

इस डरावने माहौल में रात-दर-रात सन्नाटे में मस्जिदों के लाउडस्पीकर से अथवा लोगों के समूह से सुनकर हर एक हिंदू कश्मीरी अपने घरों में सहमकर रह जाता। धीरे-धीरे वह सामाजिक सौहार्द, जो कश्मीर के हिंदू और मुसलमानों के बीच एक विश्वास बनकर पनपा था, जैसे गायब हो गया। सौहार्द की सोच रखने वाले वृद्ध और कुछ पढ़े-लिखे मुसलमान युवक मानो अदृश्य हो गए या फिर उसी तूफान में मिल गए जो धीरे-धीरे कश्मीरी हिंदुओं के कत्लेआम और उनकी बहू-बेटियों के साथ दरिंदगी करने के लिए आगे बढ़ रहा था। आतंकियों का अत्याचार इतना बढ़ गया कि कश्मीरी पंडितों के साथ जो बीती उसको सुनने पर भी एक सभ्य समाज कराह उठेगा।

एक विश्वविद्यालय के प्रोफेसर के घर उनके ही विद्यार्थी गए और उनकी हत्या करके उनकी धर्मपत्नी को अगवा कर ले गए। कई दिनों के बलात्कार के बाद उनको अधमरी हालत में झेलम में बहा दिया गया। ऐसे ही एक कश्मीरी पंडित लड़की को अगवा कर बलात्कार के बाद उसको जिंदा ही लकड़ी काटने वाली आरी से चीर दिया गया। कई अध्यापक, डॉक्टर और नौकरी एवं व्यवसाय करने वाले हिंदुओं को मारना आरंभ हुआ। यह वह समय था जब सरकारी अधिकारी, सरकार, पुलिस आदि सब या तो आतंकियों के साथ मिल गए या फिर उनकी बोली बोलने लगे।

इसी समय आतंकियों और अलगाववादियों की योजना बीबीसी और अमेरिकी मीडिया के लोगों को जमा कर उनकी उपस्थिति में कश्मीर की आजादी का ऐलान करने की थी परंतु तत्कालीन राज्यपाल श्री जगमोहन जी के समय रहते उठाए कदमों और लिये गए निर्णयों के कारण वे ऐसा नहीं कर पाए। परंतु कश्मीरी हिंदुओं को यह समझ में आया कि उनके पास दो ही विकल्प बचे हैं–या तो मर

जाएं या वहां से जान बचाकर कश्मीर से बाहर की राह लें। इसप्रकार देखते-देखते कश्मीर से अल्पसंख्यक हिंदू, जो मुश्किल से तीन प्रतिशत बचे थे, वहां से निर्वासन करने पर मजबूर हो गए। अत्यंत महत्त्वपूर्ण बात यह थी कि इस मारकाट के माहौल में कई कश्मीरी पंडितों की हत्या उनके ही छात्रों द्वारा होती रही और अधिकतर कश्मीरी हिंदू अपने ही गांव, मोहल्ले और पड़ोस के मुसलमान मित्रों, जानकारों के हाथों मारे गए। एक बहुत ही विद्वान अध्यापक श्री सर्वानंद कौल, जो एक कवि भी थे, जिन्होंने 'रामायण' और 'गीता' जैसे पवित्र ग्रंथों का कश्मीरी भाषा में अनुवाद भी किया था, अपने गांव के कुछ छात्रों द्वारा उठा लिये गए। उनके सुपुत्र भी उनके पीछे हो लिये और अगले दिन दोपहर में दोनों के मृत शरीर मिले; जिनकी आंखें निकाल दी गई थीं। पंडित सर्वानंद के माथे से उतनी खाल भी निकाल दी थी, जिस पर वो टीका लगाते थे।

एक युवा कश्मीरी पंडित के घर जब आतंकी घुसे तो पत्नी के कहने पर वे घर की छत के नीचे एक चावल के ड्रम में घुसकर छिप गए। आतंकियों ने सारा घर छान मारा पर वह नहीं मिले। घर से निकलते ही आतंकियों को पड़ोस की एक महिला ने संकेत कर यह बताया कि वे छत के नीचे छिपे हैं। आतंकी फिर घर में घुसकर छत के नीचे, जिस ड्रम में वह छिपे थे, वहीं उनको गोलियों से भून दिया और रक्त से सने चावल उस युवा पंडित की धर्मपत्नी को जबरदस्ती खिलाए गए।

ऐसी असंख्य घटनाएं हुईं, जिनसे कश्मीरी हिंदू और मुसलमानों के बीच एक स्थायी अविश्वास उत्पन्न हुआ। यहां तक कि आतंकी कभी-कभी सेना की वर्दी में आकर कश्मीरी हिंदुओं के घरों में घुसकर मारने लगे और बेचारे हिंदू यह तक समझ नहीं पाते थे कि यह बचाने वाली सेना है या मारने वाली। ऐसे ही सेना की वर्दी में आतंकियों ने सिखों के एक गांव चट्टीसिंहपुर और पंडितों के शोपियां जिले के गांव में लाशों के ढेर बिछाए जिनमें छोटे बच्चों को भी नहीं बक्शा गया। ऐसी परिस्थिति में हिंदुओं के पास निर्वासन के अतिरिक्त और कोई जीवित रहने का रास्ता ही नहीं बचा था।

इसप्रकार कश्मीरी इतिहास में यह सातवां निर्वासन हुआ। कश्मीरी हिंदू कश्मीर छोड़ भारत के भिन्न-भिन्न प्रांतों और विदेशों में बिखरकर रह गए। आज तीस वर्ष पश्चात् कश्मीरी पंडितों का वह बिखरा हुआ समाज फिर से अपनी जीविका कमाकर अपनी भाषा, संस्कृति एवं धार्मिक रस्मों को बचाते हुए शांतिपूर्वक कश्मीर वापस जाने की राह तकता है, जहां पर उनके मानवाधिकारों की सुरक्षा की पूर्ण व्यवस्था हो। इसी आशा में यह दुर्भाग्यपूर्ण समाज भारतवर्ष के कश्मीर में फिर से रह पाने की आस लिये जीवित है।

□

जम्मू-कश्मीर में औषधीय पौधे : आवश्यकता एवं संभावना

रोमसा शुक्ला

अनुपम प्राकृतिक विविधता के कारण जम्मू-कश्मीर राज्य न केवल भारत अपितु विश्व में अपना एक अनूठा स्थान रखता है। यहां प्रचुरता से उपलब्ध जैव एवं वानस्पतिक उत्पाद न केवल आयुर्वेदिक, तिब्बती एवं यूनानी उपचार पद्धतियों के लिए आवश्यक आधारभूत सामग्री उपलब्ध कराते हैं अपितु उनके दोहन से स्थानीय निवासियों की आर्थिक आवश्यकता भी पूरी होती है।

सामान्य रूप से औषधीय उत्पादों से जुड़ी गतिविधियां असंगठित रूप से जारी हैं। पिछले कुछ समय से जिस प्रकार पूरे विश्व में आयुर्वेद व अन्य देशी पद्धतियों द्वारा उपचार को स्वीकार्यता मिली है, उसने इस क्षेत्र को संगठित तथा नियोजित रूप से एक संपूर्ण आर्थिक गतिविधि के रूप में स्थापित किये जाने की आवश्यकता को रेखांकित किया है।

इस दिशा में केंद्र व राज्य सरकार द्वारा समय-समय पर पहल की जाती रही है, किंतु वह समग्र नीति के निर्माण तथा उसके प्रभावी क्रियान्वयन से बहुत दूर है। प्रारंभिक अध्ययन बताते हैं कि जम्मू-कश्मीर राज्य के विशेष संदर्भ में यह क्षेत्र संभावनापूर्ण है तथा समेकित प्रयास किए जाने पर बड़ी संख्या में लघु व सीमांत किसानों की आय में चमत्कारिक रूप से वृद्धि करने वाला है। यह कुटीर उद्योगों के विकास तथा सहकारिता आधारित विपणन प्रणाली की व्यापक शृंखला का आधार बन सकता है, जो बड़ी संख्या में रोजगार निर्माण करेगी जिसके परिणामस्वरूप पलायन पर प्रभावी रोक लगाना संभव है। कोविड-19 से उत्पन्न चुनौती के इस काल में स्थानीय स्तर पर स्वावलंबन तथा आत्मनिर्भर भारत का लक्ष्य पूरा करने में यह बड़े आर्थिक बदलाव का आधार बन सकता है।

पौधों की प्रजातियों के औषधीय गुणों ने कई पारंपरिक हर्बल उपचारों

की उत्पत्ति और विकास में उत्कृष्ट योगदान दिया है। लिखित विवरणों की कमी और इन परंपराओं में अपेक्षाकृत कम आय के कारण ये पारंपरिक ज्ञान प्रणालियां समय के साथ नष्ट होने लगी हैं। विगत वर्षों में औषधीय पौधों की बढ़ती मांग, मानव के लिए दवा के अतिरिक्त एलोपैथिक चिकित्सा की तुलना में इसके कम दुष्प्रभावों के दृष्टिकोण से एक व्यापक विश्वास का संचरण हुआ है। अतीत में चिकित्सा के लिए उपयोग किए गए पौधों के पारंपरिक ज्ञान के निरंतर क्षरण और वर्तमान में नवीन ज्ञान की प्राप्ति के माध्यम से, विभिन्न राज्यों में औषधीय पौधों के क्षेत्रों को विकसित करने के उद्देश्य से औषधीय पौधों के इस बहुमूल्य ज्ञान की समीक्षा करने की आवश्यकता है।[1] भारतीय उपमहाद्वीप वन उत्पादों की विविधता और सदियों पुरानी स्वास्थ्य देखभाल परंपराओं के लिए अच्छी तरह से जाना जाता है, इसलिए पारंपरिक ज्ञान में चल रहे विकास संबंधी रुझानों को साकार करने वाले राष्ट्रीय और अंतरराष्ट्रीय दोनों दृष्टिकोणों में इन पारंपरिक मूल्यों को स्थापित करने की आवश्यकता है। औषधीय पौधे मुख्य रूप से छोटे किसानों के वैकल्पिक आय पैदा करने वाले स्रोत हैं; इसलिए, इस क्षेत्र को मजबूत करने से गरीब लोगों के जीवन स्तर में लाभ और सुधार हो सकता है। भारत में जम्मू-कश्मीर राज्य मूल्यवान औषधीय पौधों की एक समृद्ध विविधता को प्रस्तुत करता है। भारत का उत्तरी भाग हिमालयी श्रृंखला के कारण औषधीय पौधों की एक विशाल विविधता को जन्म देता है।[2]

भारत में 17,000 पौध-प्रजातियों में 7500 औषधीय उपयोगों के लिए मानी जाती हैं। औषधीय पौधों का यह अनुपात उस संबंधित देश के मौजूदा वनस्पतियों के लिए दुनिया के किसी भी देश में उनके चिकित्सा उद्देश्यों के लिए ज्ञात पौधों का उच्चतम अनुपात है।[3] भारतीय उपमहाद्वीप में सबसे पुरानी चिकित्सा प्रणाली आयुर्वेद ने लगभग 2000 औषधीय पौधों की प्रजातियों को प्रस्तुत किया है। भारत का उत्तरी भाग हिमालयी श्रृंखला के कारण औषधीय पौधों की एक विशाल विविधता को जन्म देता है। भारत से औषधीय पौधों की कुल ज्ञात संख्या में से, लगभग 46 प्रतिशत हिमालय के क्षेत्र से संबंधित हैं।[4]

अध्ययन का उद्देश्य

(i) औषधीय पौधों का सर्वेक्षण।

(ii) महत्त्वपूर्ण औषधीय पौधों की प्रजातियों की खेती और विकास को बढ़ावा देने के लिए प्रोत्साहित करना।

(iii) आयुर्वेदिक औषधियों में उपयोग के लिए औषधीय पौधों की सूची तैयार करना।

(iv) किसानों को भूमि में औषधीय खेती को एक विकल्प के रूप में तैयार करना।

(v) औषधीय पौधे के संरक्षण और उनके प्रसार की आवश्यकता के लिए सार्वजनिक जागरूकता लाना।

अध्ययन के लाभ

(i) राज्य की दुर्लभ औषधीय पौधों की प्रजातियों का संरक्षण।

(ii) प्राकृतिक वनों में औषधीय पौधों का संरक्षण

(iii) राज्य की पारंपरिक स्वास्थ्य प्रणाली को प्रोत्साहन एवं स्थानीय स्वास्थ्य परिदृश्य में सुधार।

(iv) आईएसएम (भारतीय चिकित्सा पद्धति) के लिए पौधों और उनके उत्पादों की सूचना को उपलब्ध कराना।

(v) रोजगार सृजन।

जम्मू और जम्मू-कश्मीर राज्य के कुल भौगोलिक क्षेत्रफल का वन क्षेत्र लगभग 20,230 वर्ग किलोमीटर में है। संपूर्ण वन क्षेत्र निवासियों के लिए समर्थ आर्थिक क्षमता प्रदान करने वाले पौधों और वृक्षों से आच्छादित है। पिछले एक दशक से एलोपैथिक प्रणाली की तुलना में, घरेलू स्तर पर दवा की स्वदेशी प्रणाली के प्रति बढ़ती आत्मीयता के कारण कच्ची जड़ी-बूटियों की मांग में जम्मू-कश्मीर राज्य के भीतर अधिक तेजी देखी गई है।[5] यह परिवर्तन पूरे राज्य में ग्रामीण क्षेत्रों के साथ ही शहरी क्षेत्रों में देखा गया है।[6] यह अनुमान है कि राज्य में लगभग 3054 औषधीय पौधों की प्रजातियां पाई जाती हैं।

जम्मू-कश्मीर राज्य औषधीय पौधा बोर्ड ने 2008 में औषधीय पौधों की मांग और आपूर्ति की स्थिति का आकलन करने के लिए एक अध्ययन किया था–

(i) वर्ष 2005 में जम्मू और जम्मू-कश्मीर में औषधीय पौधों की वार्षिक मांग 3437.29 क्विंटल होने का अनुमान था, जो उस वर्ष में राष्ट्रीय स्तर पर औषधीय पौधों की मांग का 0.11 प्रतिशत था। वर्ष 2006 की वार्षिक मांग 4379.51 क्विंटल होने का अनुमान लगाया गया था। इन मांग अनुमानों में केवल औषधीय उपयोग की मांग शामिल थी।[7]

(ii) राज्य में औषधीय पौधों की अनुमानित मांग–राज्य में वर्ष 2007-08 में औषधीय पौधों की कुल मांग 510.7 क्विंटल है। यह मांग राज्य के भीतर हर्बल उद्योग द्वारा औषधीय पौधों की खपत को दर्शाती है जिसमें मुख्य

रूप से पारंपरिक चिकित्सक, आईएसएम चिकित्सक शामिल हैं। ये अनुमान राज्य के व्यापारियों, चिकित्सकों, पारंपरिक चिकित्सकों और विनिर्माण इकाइयों द्वारा अनुमानित मांग पर आधारित हैं।

(iii) वर्ष 2005 के सर्वेक्षण के अनुसार 12 औषधीय पौधों की मांग, 3437. 29 क्विंटल में से 2494.76 क्विंटल का अनुमान लगाया गया था, वर्ष 2006 के लिए सूचीबद्ध पौधों की अनुमानित मांग 3227.97 क्विंटल थी।

औषधीय पौधों की अनुमानित बढ़ती मांग के कारण वनों से औषधीय पौधों की अधिक कटाई हुई है, जिसके परिणामस्वरूप उनके उत्पादन में कमी आई है। उदाहरण के लिए, टैक्सस बाकाटा की, बड़ी मात्रा में इसके अर्क को इकट्ठा किया गया, यह डिम्बग्रंथि के कैंसर के उपचार में प्रभावी है।[8] कई औषधीय पौधों की प्रजातियों का उपयोग एक से अधिक बीमारी को ठीक करने में किया जाता है और परिणामस्वरूप, वनों से अधिक संग्रह के कारण इन प्रजातियों पर दबाव होता है। औषधीय पौधों के अधिक दोहन और निरंतर उत्पादन में कमी ने स्थानीय लोगों की आजीविका को गंभीर रूप से प्रभावित किया है। विश्व स्वास्थ्य संगठन (डब्ल्यूएचओ) ने अनुमान लगाया है कि औषधीय पौधों की वर्तमान मांग लगभग 14 बिलियन अमेरिकी डॉलर प्रतिवर्ष है। औषधीय पौधों पर आधारित कच्चे माल की मांग सालाना 15 से 25 प्रतिशत की दर से बढ़ रही है और डब्ल्यूएचओ के एक अनुमान के अनुसार, औषधीय पौधों की मांग अधिक बढ़ने की संभावना है। 2050 तक यू.एस. 50 ट्रिलियन की आय भारत को औषधीय पौधों से होने की संभावना है। यह व्यापार लगभग 1.2 बिलियन अमेरिकी डॉलर प्रतिवर्ष होने का अनुमान है।

पिछले 15 वर्षों के दौरान वनों की कमी से कई औषधीय पौधों की प्रजातियों की निरंतर कटाई के परिणामस्वरूप प्रजातियों में मात्रात्मक गिरावट आई है। औषधीय पौधों की प्रजातियों में दुर्लभता के कई अन्य संभावित कारण हैं, जैसे–निवास स्थान की विशिष्टता, वितरण की संकीर्ण सीमा, भूमि उपयोग में अवैज्ञानिक दृष्टि, निवास-स्थान परिवर्तन, जलवायु परिवर्तन, पशुओं द्वारा चराई, मानव आबादी का विस्फोट आदि किसी भी क्षेत्र में दुर्लभ औषधीय पौधों की प्रजातियों की प्रचुरता को सीमित कर सकते हैं।

औषधीय पौधों की बढ़ती मांग को पूरा करने के लिए, इन पौधों की प्रजातियों की खेती अत्यावश्यक है। वर्तमान मांग को पूरा करने के अतिरिक्त

औषधीय खेती से वनों की आनुवंशिक विविधता का संरक्षण भी संभव है। औषधीय खेती से उत्तम प्रजातियों की पहचान, बेहतर गुणवत्ता नियंत्रण और आनुवंशिक सुधार की संभावना बढ़ती है।[9] बड़े पैमाने पर औषधीय खेती के लिए, मोनोकल्चर विधि से बेहतर उत्पादन के लिए पॉलीकल्चर मॉडल को बढ़ावा देना है। अनुसंधान के लिए विकासशील क्षेत्रों में कृषि-प्रौद्योगिकी होनी चाहिए।[10]

औषधीय पौधों के अध्ययन बताते हैं कि कई औषधीय पौधों की प्रजातियों का जंगल के गुप्त स्थान में उगना उनकी प्रकृति है। दुर्लभ और लुप्तप्राय विभिन्न औषधीय पौधों की प्रजातियों की खेती के लिए विभिन्न संगठनों द्वारा प्रयास किए जा रहे हैं। उत्तरी भारत के दुर्लभ और लुप्तप्राय औषधीय पौधों की लगभग 20 प्रजातियों के लिए कृषि-प्रौद्योगिकी विभिन्न संगठनों द्वारा विकसित की गई है। हालांकि, प्रति हेक्टेयर खेती की लागत, कुल वार्षिक उत्पादन और लागत लाभ अनुपात विभिन्न औषधीय पौधों की प्रजातियों के साथ विभिन्न हैं। वर्तमान में, औषधीय पौधों की अधिकांश प्रजातियों की खेती छोटे पैमाने पर संचालित की जा रही है और उत्तरी भारत के विभिन्न राज्यों में कुछ हेक्टेयर भूमि तक ही सीमित है। औषधीय पौधों की खेती के लिए सरकारी संस्थाओं से सहयोग अनिश्चित है। इसके अतिरिक्त, किसान सरकारी संस्थाओं के बारे में अनभिज्ञ हैं और किसानों को अपने उत्पादों को कम मूल्य पर बेचने के लिए मजबूर किया जाता है।

मक्के की फसलों की सदियों पुरानी पारंपरिक खेती को स्थानांतरित करते हुए, जम्मू-कश्मीर के डोडा के विशाल पहाड़ी ढलान में रहने वाले प्रगतिशील किसानों ने सुगंधित लैवेंडर की खेती को सफलतापूर्वक अपनाया है, जो तुलनात्मक रूप में अधिक लाभप्रद है। इसे 'बैंगनी क्रांति' का नाम दिया गया है। अपारंपरिक सुगंधित पौधों की खेती को अपनाकर किसान केंद्र सरकार के अरोमा मिशन के अंतर्गत प्रधानमंत्री के आत्मनिर्भर भारत के सपने को पूरा करने की राह पर हैं। प्राकृतिक उत्पादों से दवा की खोज पर अनुसंधान के प्राथमिक फोकस के साथ छोटे और सीमांत किसानों की आय बढ़ाने के लिए, वैज्ञानिक और औद्योगिक अनुसंधान परिषद् (सीएसआईआर) ने सुगंधित फसलों को लोकप्रिय बनाने और एंड-टू-एंड तकनीक और मूल्य-संवर्धन प्रदान करने के लिए अरोमा मिशन की शुरुआत की।

2018 में वैज्ञानिक एवं औद्योगिक अनुसंधान परिषद् (सीएसआईआर) अरोमा मिशन के अंतर्गत जम्मू संभाग के समशीतोष्ण क्षेत्रों में यूरोपीय पौधे,

लैवेंडर को भारतीय एकीकृत चिकित्सा संस्थान द्वारा पेश किया गया और इसे डोडा, किश्तवाड़ और राजौरी जिलों में लोकप्रिय बनाने की कोशिश की गई। उपयुक्त ठंडी जलवायु और अनुकूल परिस्थितियों को देखते हुए, डोडा जिले के भद्रवाह क्षेत्र के 200 छोटे और सीमांत किसानों ने बड़े पैमाने पर पहल की और टपरी, लियोट्रोट, किलर, कुंडला, हिमोट सहित कई गांवों में अपने खेतों में लैवेंडर की खेती शुरू की। सीएसआईआर अरोमा मिशन के तहत मार्च 2020 तक, जम्मू क्षेत्र में 500 किसानों को 100 एकड़ जमीन के लिए लैवेंडर के आठ लाख पौधों की गुणवत्ता वाली रोपण सामग्री (QPM) निःशुल्क प्रदान की गई। उन्होंने कहा कि उन्हें तकनीकी सहायता देने के अलावा, भद्रवाह के किसानों को निःशुल्क तेल आसवन की सुविधा प्रदान की गई और सीएसआईआर तथा आईआईआईएम, जम्मू के हस्तक्षेपों से 2018 से 2020 तक 800 लाख लीटर से अधिक लैवेंडर तेल का उत्पादन हुआ है।

सरकारी एजेंसियों के अतिरिक्त, औषधीय पौधों के व्यापार के क्षेत्र में जड़ी-बूटियों के संग्रहकर्ताओं, स्थानीय बिचौलियों, शहरी व्यापारियों, थोक विक्रेताओं, निर्माताओं, निर्यातकों और हर्बल उत्पादकों के हित टकराते हैं।[11] औषधीय पौधों के क्षेत्र में विपणन प्रणाली काफी हद तक अनियमित और असमान है। औषधीय पादप संग्राहक आमतौर पर सीमांत किसान और मजदूर हैं, उन्हें औषधीय पौधों को बेचकर भोजन, स्वास्थ्य और बच्चों की शिक्षा के लिए बुनियादी आवश्यकताओं को पूरा करने के लिए नकद आय प्राप्त होती है। वे कई औषधीय पौधों की प्रजातियों के वास्तविक बाजार मूल्यों के बारे में अनभिज्ञ होते हैं।[12]

औषधीय पौधों के क्षेत्र में निम्न बाधाएं हैं–

1. कई औषधीय पौधों के उत्पादन की धीमी दर
2. लंबी अवधि की खेती,
3. खेती में तकनीक की कमी,
4. कम मात्रा का उत्पादन,
5. अवैज्ञानिक कटाई,
6. उच्च पौष्टिकता उपज देने वाली किस्मों पर शोध का अभाव,
7. अक्षम प्रसंस्करण तकनीक,
8. मांग और आपूर्ति में उतार-चढ़ाव,
9. खराब गुणवत्ता नियंत्रण प्रक्रिया,
10. अच्छे निर्माताओं की कमी,

11. निम्न विपणन बुनियादी ढांचा।

हर्बल उद्योगों को विकसित करने के लिए, जम्मू-कश्मीर में पारंपरिक चिकित्सा, आधुनिक चिकित्सा और आधुनिक विज्ञान के बीच एक त्रिकोण बनाकर पारंपरिक हर्बल दवा और औषधीय पौधों के क्षेत्र को विकसित करने के लिए योजना का निर्माण करना होगा। भारत की राष्ट्रीय पंचवर्षीय योजनाओं में, औषधीय पौधों के क्षेत्र को भारतीय चिकित्सा पद्धति और होम्योपैथी के अभिन्न अंग के रूप में पहचान मिली है।[13] 1983 में, राष्ट्रीय स्वास्थ्य नीति ने माना कि आयुर्वेद, यूनानी, होम्योपैथी और प्राकृतिक चिकित्सा का पर्याप्त उपयोग नहीं किया गया है। अतः दवा के स्वदेशी और आधुनिक प्रणालियों के सार्थक एकीकरण की दिशा में कदम बढ़ाने की आवश्यकता है।[14] भारत सरकार के योजना आयोग और राष्ट्रीय औषधीय पादप बोर्ड (NMPB) ने औषधीय पौधों के क्षेत्र के प्रचार और वाणिज्यिक पहलुओं पर एक नीति दस्तावेज तैयार किया है। योजना आयोग ने औषधीय पादप क्षेत्र के वांछित उद्देश्य को पूरा करने के लिए अनुसंधान और विकास के लिए 24 औषधीय पौधों की प्रजातियों को सूचीबद्ध किया है। जैव विविधता अधिनियम 2002 ने औषधीय पौधों के स्थायी उपयोग और जैव-चोरी की संभावनाओं को कम करने के लिए कई नियमों को स्वीकृति दी है।

भारत में, कई सरकारी और गैर-सरकारी संगठनों ने औषधीय पौधों के क्षेत्र में सुधार पर ध्यान केंद्रित किया है। NMPB के आदेश के अनुसार, परियोजनाओं में दो प्रमुख योजनाओं अर्थात्, एक प्रचार योजना और एक वाणिज्यिक योजना के भीतर वित्तपोषण के लिए प्रस्तुत किया जा सकता है। प्रचार योजना के अंतर्गत प्रमुख क्षेत्र हैं–

1. औषधीय पौधों का सर्वेक्षण और सूची तैयार करना
2. चयनित औषधीय पौधों की खेती का विज्ञापन
3. उत्पादन का विज्ञापन
4. शिक्षा के माध्यम से औषधीय पौधों के ज्ञान का प्रसार
5. वैश्विक और घरेलू बाजार प्रणाली का प्रचार
6. अनुसंधान, विकास और मानव शक्ति को बलवती बनाना।

वाणिज्यिक योजना के अंतर्गत प्रमुख क्षेत्र हैं–

1. औषधीय पौधों का थोक उत्पादन और गुणवत्ता वाले बीज की आपूर्ति सुनिश्चित करना,
2. चयनित औषधीय पौधों की खेती के क्षेत्रों का विस्तार,

3. औषधीय पौधों की कटाई, प्रसंस्करण और विपणन में मूल्य वृद्धि और
4. नवीन विपणन तंत्र विकसित करना।

दो प्रमुख विषयों के अलावा, NMPB की भूमिका औषधीय पादप क्षेत्र को विकसित करने और मजबूत करने के लिए विभिन्न मंत्रालयों, विभागों, संगठनों, राज्य और केंद्रशासित प्रदेश सरकारों के साथ समन्वय करना है। NMPB की प्रमुख भूमिकाओं में से एक राष्ट्रीय और अंतरराष्ट्रीय संगठनों के साथ समान उद्देश्य और लक्ष्यों के लिए संपर्क बनाना है। औषधीय पौधों के क्षेत्र के सुचारु संचालन के लिए NMPB द्वारा कुल 35 राज्य औषधीय पौधे बोर्ड भी बनाए गए हैं। व्यावसायिक रूप से महत्त्वपूर्ण औषधीय पौधों की बड़े पैमाने पर खेती के लिए लगभग 35,000 हेक्टेयर भूमि को NMPB की देखरेख में किया जा रहा है। NMPB की एक योजना एक संविदात्मक खेती है जिसमें कोई भी समूह, संस्था या व्यक्ति, जो औषधीय पौधों के क्षेत्र में कम-से-कम 3 वर्ष का अनुभव रखता है, वह कुल परियोजना लागत का कम-से-कम 30 प्रतिशत वित्तीय सहायता प्राप्त करने के लिए पात्र होगा। वैज्ञानिक और औद्योगिक अनुसंधान परिषद् एक पारंपरिक ज्ञान डिजिटल लाइब्रेरी का निर्माण कर रही है, जिसमें 35,000 हर्बल चिकित्सा पद्धति का उपयोग आयुर्वेदिक चिकित्सा पद्धति में किया जाएगा।

नेशनल बैंक फॉर एग्रीकल्चर एंड रूरल डेवलपमेंट (NABARD) ने राज्य स्तर पर वित्तीय पैमाने के साथ 50 औषधीय और सुगंधित फसलों के लिए अनुदान आश्रित मॉडल प्रस्तुत किया है। इसके अतिरिक्त, नाबार्ड 100 प्रतिशत पुनर्वित्त प्रदान करके ग्रामीण उद्यमी विकास कार्यक्रमों के माध्यम से भावी उद्यमियों की क्षमता निर्माण में सहायता करता है। नाबार्ड और NMPB विभिन्न राज्य औषधीय पौधों के बोर्डों के साथ घनिष्ठ संबंध और संपर्क के माध्यम से औषधीय पौधों के क्षेत्र को स्थापित करने और बढ़ावा देने के लिए विभिन्न संगठनों द्वारा विभिन्न स्तरों पर प्रयास किए जा रहे हैं।

आयुर्वेद भारत की पारंपरिक चिकित्सा प्रणाली है और आज भी लोगों द्वारा सम्मानित है। इस चिकित्सा प्रणाली ने कई जटिल बीमारियों का इलाज करने में प्राकृतिक संसाधनों का उपयोग कर सफलतापूर्वक एक आदर्श स्थापित किया है। पर्यावरण के अनुकूल चिकित्सा प्रणाली जम्मू-कश्मीर में अस्तित्व में है। विभिन्न उपचारों के लिए उपयोग किए जाने वाले पौधे आसानी से उपलब्ध हैं तथा परिवहन के लिए आसान हैं। हर्बल दवाओं का सबसे महत्त्वपूर्ण लाभ सिंथेटिक दवाओं की तुलना में न्यूनतम दुष्प्रभाव और अपेक्षाकृत कम लागत

है। औषधीय पौधों की व्यापारिक सफलता मुख्य रूप से किसानों के साथ-साथ इसके अन्य हितधारकों, सहायक सरकारी नीतियों, सुनिश्चित बाजारों की उपलब्धता, लाभदायक मूल्य स्तरों तथा उपयुक्त कृषि तकनीकों का आकलन करने के लिए किसानों की जागरूकता और रुचि पर निर्भर करती है। औषधीय पौधों की कृषि से ग्रामीण रोजगार बढ़ाने में मदद मिल सकती है, दुनिया भर में वाणिज्य को बढ़ावा मिल सकता है और लाखों लोगों के स्वास्थ्य लाभ में योगदान मिल सकता है।

भारत के हिमालयी राज्यों में औषधीय पौधों की विविधता और वितरण प्रबंधन को समझने के लिए अध्ययन किया है, जैसा कि CAMP (संरक्षण, मूल्यांकन, प्रबंधन और प्राथमिकता) ने औषधीय पौधों की विविधता, वितरण और उपयोग पैटर्न का अध्ययन करना, दस्तावेज, लोककथाओं का उपयोग करना और उपयुक्त संरक्षण और प्रबंधन रणनीतियों का सुझाव देना अनिवार्य है। विभिन्न वैज्ञानिकों, सरकारी संगठनों, गैर-सरकारी संगठनों और किसानों को शामिल करते हुए एक कार्ययोजना नियम को लागू करना आवश्यक है।

जम्मू-कश्मीर में विभिन्न औषधीय पौधों की विविधता, भौगोलिक वितरण तथा लोक औषधीय पौधों की जानकारी अल्पमात्रा में उपलब्ध है। राज्य के औषधीय पौधों की खेती करने के लिए हर्बल गार्डन, नर्सरी और किसानों को प्रोत्साहित करने वाले संरक्षण के विकास की भी तत्काल आवश्यकता है। हालांकि इन औषधीय पौधों के संरक्षण के लिए कई सरकारी और गैर-सरकारी संगठन अपना प्रयास कर रहे हैं, फिर भी सरकारी संरक्षण प्रौद्योगिकी का मानकीकरण होना बाकी है। सरकारी संरक्षण प्रौद्योगिकियों से न केवल खेतों में बड़े पैमाने पर खेती को प्रोत्साहित करने में मदद मिलेगी, वहीं वनों पर दबाव को कम करने में भी मदद होगी। औषधीय पौधे मानव स्वास्थ्य में महत्त्वपूर्ण योगदान देते हैं। कश्मीरी लोगों द्वारा औषधीय पौधों की कृषि से स्वास्थ्य तथा विकास के नए आयामों व प्रतिमानों की निर्मिति होगी।

संदर्भ ग्रंथ–

1. Weber, A., (1961). 'History of Sanskrit Literature', P-41, Boston Houghton : Osgood & Company.
2. Aryan, J. R. and R. D. Aryan, (2013). 'Agro-Botany of Saffron', P-45, Aryan Publication.
3. Bailey, L. H. (1944). 'Manual of Cultivated Plants', P-78, New York : Macmillen Coupan.
4. Chopra, R. N., Nayar, S. L., and Chopra, I. C., (1956). 'Glossary of Indian Medicinal Plants'.
5. Hooker, J. D., (1894). 'The flora of British India', 6, London, P-276.

6. Jalate, A. K., (1962). 'Saffron Cultivation in Kashmir', Prajna, P-205-211, Varanasi : Banaras Hindu University.
7. Kurup, P. N. V. (1977). 'Handbook of Medicinal Plants', P-79, New Delhi.
8. Lippincott, J. B. (1947). The United States Dispensatory, J. B. Lippincott Co., Philadelphia, P-76
9. Mayar, F. and Cook, A. H., (1943). 'The Chemistry of Natural Colouring Matters', P-89, New York: Reinhold Publishing Corporation.
10. Madan, C. L., Kapur, B. M., and Gupta, U. S., (1966). 'Saffron Economic Botany', 277-384.
11. Mukherjee, B: Ancient and Indian Medicine and Modern Therapeutical Res. Sciences and Culture, Vol. 3; 1, (1937). Wealth of India, Raw Material 2, New Delhi, P-370-372.
12. Srivastava, T. N. and S. C. Sankhayadhar (1974). 'Cultivation of *Crocus Sativus* Linn. (Kesar) in Jammu', Journ. Res. Ind. Med. 9, 1 : 67-69.
13. Wallis, T. ESA., (1946). 'Text book of Pharmacognosy' (J. and A. Churchil Ltd., London).
14. Watt, G. (1889-1899). 'A Dictionary of Economic Products of India', (Govt. Press, Calcutta).

□

जम्मू-कश्मीर में नव-निर्माण और नवजागरण की वेला

रसाल सिंह

स्वतंत्र भारत के इतिहास में जम्मू-कश्मीर सर्वाधिक चर्चित अध्याय रहा है। इस चर्चा और चिंता का एक प्रमुख कारण भारतीय संविधान के अनुच्छेद 370 और अनुच्छेद 35ए रहे हैं। भारतीय संविधान में कुछ 'अस्थायी और संक्रमणकालीन प्रावधान' किए गए थे। इन्हीं में से एक अनुच्छेद 370 था।

जम्मू-कश्मीर के राष्ट्रवादी संगठन प्रजा परिषद के राज्य में भारतीय संविधान को पूरी तरह लागू करने की मांग की और दूरी उत्पन्न करने वाले प्रावधानों का विरोध किया। आगे चलकर भारतीय जनसंघ के संस्थापक डॉ. श्यामाप्रसाद मुखर्जी ने राष्ट्रीय स्तर पर सबसे पहले और सबसे जोरदार ढंग से जम्मू-कश्मीर को अलगाने वाले इन विशेष प्रावधानों का संसद से लेकर सड़क तक और दिल्ली से लेकर श्रीनगर तक विरोध किया। उन्होंने पंडित नेहरू की तुष्टिकरण की नीति और शेख अब्दुल्ला को शह देने की राजनीति का लगातार विरोध किया। उन्होंने शेख अब्दुल्ला के नेतृत्व वाली सरकार द्वारा शासन-प्रशासन की विविध योजनाओं, सुविधाओं-संसाधनों के वितरण और सरकारी सेवाओं में भागीदारी में जम्मू संभाग की उपेक्षा के खिलाफ आंदोलनरत प्रेमनाथ डोगरा और प्रजा परिषद का भी साथ दिया।

जम्मू-कश्मीर राज्य में जहां कश्मीर घाटी को वरीयता और बढ़ावा दिया जा रहा था; वहीं, जम्मू और लद्दाख क्षेत्र की घनघोर उपेक्षा की जा रही थी। शेख अब्दुल्ला की इस विभाजनकारी और भेदभावपूर्ण नीति को प्रधानमंत्री पंडित जवाहरलाल नेहरू का पूर्ण प्रश्रय था। पंडित नेहरू की यह नीति न सिर्फ जम्मू-कश्मीर के आंतरिक एकीकरण की बाधा थी बल्कि जम्मू-कश्मीर के भारतीय संघ में पूर्ण एकात्मता में भी सबसे बड़ी अड़चन थी। स्वाधीनता आंदोलन की पृष्ठभूमि और गांधी जी के उत्तराधिकारी होने के कारण स्वतंत्रता प्राप्ति के समय

देश का राजनीतिक आकाश कांग्रेस और नेहरू जी से आच्छादित और आक्रांत था। स्वाधीनता की वेला में विपक्ष नाममात्र का ही था। संसद में उसकी स्थिति नक्कारखाने में तूती की आवाज जैसी ही थी, लेकिन डॉ. श्यामाप्रसाद मुखर्जी ने इस सबकी परवाह न करते हुए भारत की एकता, अखंडता और संप्रभुता की लड़ाई लड़ी। जम्मू-कश्मीर के भारत के साथ पूर्ण एकीकरण को सुनिश्चित करने के लिए दिया गया उनका नारा 'एक देश में दो विधान, दो प्रधान और दो निशान नहीं चलेंगे!' बहुचर्चित रहा है। ऐतिहासिक तथ्य है कि भारत के एकीकरण और जम्मू-कश्मीर राज्य के भारत में एकात्मता की लड़ाई लड़ते हुए ही 23 जून, 1953 को श्रीनगर के निकट निशात बाग में नजरबंदी के दौरान उनकी रहस्यमयी परिस्थितियों में असामयिक मृत्यु हुई।

डॉ. श्यामाप्रसाद मुखर्जी के बलिदान दिवस से लेकर 5 अगस्त, 2019 तक 'जहां हुए बलिदान मुखर्जी, वह कश्मीर हमारा है!' और 'कश्मीर हो या गुवाहाटी, अपना देश अपनी माटी' जैसे नारों ने भारत के राष्ट्रवादी नौजवानों को लगातार आंदोलित किया है। डॉ. मुखर्जी के बलिदान के बाद से अनुच्छेद 370 और बाद में धारा 35ए को निरस्त करने का मुद्दा लगातार जनसंघ और भारतीय जनता पार्टी के लिए अत्यंत महत्त्वपूर्ण विचारधारात्मक और भावनात्मक मुद्दा रहा है। जनसंघ और भारतीय जनता पार्टी के अधिवेशन और चुनावी घोषणा-पत्र इसकी पुष्टि करते हैं। इसी वैचारिक प्रतिबद्धता के परिणामस्वरूप 5 अगस्त, 2019 को भारतीय जनता पार्टी की नरेन्द्र मोदी के नेतृत्त्व वाली प्रचंड बहुमत की केंद्र सरकार ने इन प्रावधानों को हटाकर जम्मू-कश्मीर का भारतीय संघ के साथ एकात्मता का मार्ग प्रशस्त किया। जम्मू-कश्मीर पुनर्गठन अधिनियम 2019 को संसद के दोनों सदनों में पारित करते हुए जम्मू-कश्मीर राज्य को दो केंद्रशासित प्रदेश—जम्मू-कश्मीर और लद्दाख में बांट दिया गया। लद्दाख को पृथक् केंद्रशासित प्रदेश बनाने की मूल वजह वहां के निवासियों द्वारा लगातार की जा रही, ऐसी मांग थी। इस मांग का आधार जम्मू-कश्मीर राज्य के शासन-प्रशासन द्वारा लंबे समय तक लद्दाखवासियों के साथ किया गया भेदभाव और उपेक्षा थी, हालांकि आजादी से लेकर जम्मू-कश्मीर के पुनर्गठन तक इस भेदभाव और उपेक्षा के शिकार जम्मू संभाग के लोग भी रहे हैं। कश्मीर के लोग 'शासक भाव' और श्रेष्ठता ग्रंथि के शिकार रहे हैं। जम्मू और लद्दाखवासियों के प्रति उनके दिलो-दिमाग में हीनता और हिकारत का स्थायीभाव रहा है। परंतु अब नई बनती हुई व्यवस्था में उनके साथ भी भेदभाव की समाप्ति और न्याय की शुरुआत हो चुकी है।

अमीर खुसरो ने 'गर फिरदौस बर रुए जमीं अस्त, हमीं अस्तो, हमीं अस्तो, हमीं अस्त'। कहकर जम्मू-कश्मीर प्रदेश के प्राकृतिक सौंदर्य और सांस्कृतिक समृद्धि की ओर संकेत किया था। कश्मीर भारत की समृद्ध ज्ञान-परंपरा की आदिभूमि और भामह, मम्मट, रुद्रट, कुंतक, वामन, भट्टनायक, क्षेमेंद्र, आनंदवर्धन, अभिनवगुप्त, चरक, कल्हण, विष्णु शर्मा, कालिदास और लल्लेश्वरी जैसे प्रख्यात और प्रकांड विद्वानों की कर्मभूमि रही है। ज्ञान-विज्ञान और दर्शन की अनुसंधान भूमि और भारतमाता का सिरमौर कश्मीर कालांतर में राजनीतिक दुर्घटना का शिकार हो गया। निहित स्वार्थ के वशीभूत स्थानीय नेताओं और पड़ोसी पाकिस्तान ने अलगाववाद और आतंकवाद को हवा दी। कश्मीरी नौजवानों को जन्नत के सब्जबाग दिखाकर दिग्भ्रमित कर दिया गया और उनमें से कुछ के हाथ में कलम और किताब की जगह गोला-बारूद और बंदूक पकड़ा दी। 'पत्थरबाजी' को ही उनका भविष्य बना डाला गया। धरना-प्रदर्शन, बंद और तोड़-फोड़, दंगा-फसाद और खून-खराबे का यह प्रायोजित खूनी खेल कई दशक तक जम्मू-कश्मीर में चलता रहा। मुट्ठी भर लोगों ने कश्मीर और कश्मीरियत को 'हाइजैक' कर लिया। इनके द्वारा गढ़ी गई कश्मीर की परिभाषा और इनके ही द्वारा अंतरराष्ट्रीय मंचों पर दिया गया उसका परिचय उसके अतीत से मेल नहीं खाता। इसमें मीडिया, खासकर अंतरराष्ट्रीय मीडिया की भी बड़ी नकारात्मक भूमिका रही। उसने खबरों को मसालेदार बनाकर बेचा। यहां तक कि 'कश्मीर की आजादी' तक की बात की जाने लगी। आजाद कश्मीर का नारा पड़ोसी पाकिस्तान के उकसावे और हुर्रियत कॉन्फ्रेंस जैसे अलगाववादी संगठन के अति महत्त्वाकांक्षी सरगनाओं की सत्ता-लालसा से पैदा हुआ विषवृक्ष था। निस्संदेह, पाकिस्तान पोषित इस विषवृक्ष का बीज अनुच्छेद 370 और अनुच्छेद 35 ए के प्रावधान ही थे। 5 अगस्त, 2019 को इस विषवृक्ष को समूल नष्ट कर दिया गया। भारत की प्रचंड बहुमत और उससे भी प्रचंड संकल्प वाली केंद्र सरकार ने ऐतिहासिक निर्णय लेते हुए इन दोनों प्रावधानों को निष्प्रभावी करके उपरोक्त विध्वंसक मानसिकता और राष्ट्रद्रोही कारस्तानियों का स्थायी बंदोबस्त कर दिया।

प्रधानमंत्री नरेन्द्र मोदी के नेतृत्व वाली केंद्र सरकार ने यह निर्णय लेकर भारतीय संघ की शक्ति और संकल्प का ऐतिहासिक उद्घोष किया। गृहमंत्री अमित शाह ने दूरदर्शिता का परिचय देते हुए ऐसे सभी अलगाववादी तत्त्वों और निर्दोष कश्मीरी नागरिकों को पत्थरबाजी, तोड़-फोड़ और हिंसा के लिए भड़का सकने वाले राजनेताओं को एहतियातन गिरफ्तार या नजरबंद करवा दिया। ऐसे नेताओं में पी.डी.पी. की अध्यक्षा और पूर्व मुख्यमंत्री महबूबा मुफ्ती, नेशनल कॉन्फ्रेंस के अध्यक्ष और पूर्व मुख्यमंत्री फारूक अब्दुल्ला और उमर

अब्दुल्ला, कांग्रेस के नेता सैफुद्दीन सोज, जम्मू-कश्मीर पीपुल्स कॉन्फ्रेंस के नेता सज्जाद लोन के अलावा अलगाववादी संगठन हुर्रियत कॉन्फ्रेंस के अनेक धड़ों के नेता शामिल थे। निश्चय ही, अपनी नजरबंदी के दौरान इन नेताओं ने डॉ. श्यामा प्रसाद मुखर्जी की नजरबंदी और बलिदान को याद करते हुए पश्चात्ताप किया होगा।

पाकिस्तानी सेना और आई.एस.आई. की ओर से जम्मू-कश्मीर में छद्म-युद्ध (प्रॉक्सी-वॉर) लड़ रहे आतंकवादी संगठनों ने यह सुनिश्चित किया था कि कोई भी राष्ट्रवादी या भारतीयतावादी पत्रकार कश्मीर घाटी में न टिक पाए ताकि उनके द्वारा 'मैन्यूफैक्चर्ड एंड मैन्यूपुलेटेड' खबरें ही प्रचारित और प्रसारित हों। इन प्रायोजित पत्रकारों और उनकी झूठी-सच्ची खबरों ने अंतरराष्ट्रीय स्तर पर भारत विरोधी नैरेटिव गढ़ा। पिछले दिनों भारत विरोधी प्रायोजित खबरें लिखने वाले तथाकथित पत्रकारों की भी खबर ली गई है। हाल ही में जम्मू-कश्मीर में लागू की गई मीडिया नीति और आचार-संहिता ने पत्रकारिता और पत्रकारों को अधिक जिम्मेदार और जवाबदेह बनाया है। अब मनगढ़ंत, भड़काऊ और भारत-विरोधी खबरों के प्रचार-प्रसार को आपराधिक कृत्य माना जाएगा। लोगों को उकसाकर उपद्रव करवाने वाले स्वयंभू नेताओं की नजरबंदी के अलावा अस्थायी रूप से इंटरनेट पर भी रोक लगाई गई, ताकि सोशल मीडिया (व्हाट्सएप, फेसबुक, इंस्टाग्राम, ट्विटर आदि) के माध्यम से अफवाहें और प्रायोजित खबरें फैलाकर शांति और सौहार्द को बिगाड़ने की नापाक कोशिश न की जा सके। अनुभवी और सक्षम कमांडरों के नेतृत्व में सभी संवेदनशील स्थानों पर सुरक्षा बलों की पर्याप्त और मुस्तैद उपस्थिति भी सुनिश्चित की गई। इन सब सचेत उपायों से लगभग स्थायी बन चुके अनुच्छेद 370 और अनुच्छेद 35ए की विदाई संभव हुई। अनुच्छेद 370 का स्वरूप अस्थायी और संक्रमणकालीन होते हुए भी राजनीतिक इच्छाशक्ति के अभाव के कारण उत्पन्न धारणा के चलते न्यायालय तक ने 2018 में यह टिप्पणी कर दी कि "अस्थायी प्रावधान अनुच्छेद 370 ने बहुत लंबे समय (लगभग 75 साल) से होने के कारण इतना स्थायित्व प्राप्त कर लिया है कि अब इसकी समाप्ति असंभव-सी है।" बहरहाल, भारत सरकार ने इस असंभव को संभव करते हुए जम्मू-कश्मीर और भारत की जनभावना का सम्मान किया।

पिछला एक साल जम्मू-कश्मीर के लिए निर्णायक रहा है। अब यहां जमीनी बदलाव की आधारभूमि तैयार हो चुकी है। पिछले एक साल में आतंकवादी और हिंसक घटनाओं में उल्लेखनीय कमी हुई है। हालांकि, आतंकवादी संगठन और उनके आका पुरजोर कोशिश कर रहे हैं कि हिंसा और दहशतगर्दी करके

माहौल को बिगाड़ा जा सके और अंतरराष्ट्रीय मंचों पर यह प्रचारित किया जा सके कि अनुच्छेद 370 और धारा 35 ए को निष्प्रभावी किए जाने से जम्मू-कश्मीर के बाशिंदे परेशान हैं और प्रतिक्रियास्वरूप इसप्रकार की वारदातों को अंजाम दे रहे हैं, किंतु सुरक्षा बलों और पुलिस की मुस्तैदी की वजह से उनके मंसूबे पूरे नहीं हो पा रहे हैं। पिछले एक साल में मिली नाकामयाबी की वजह से तमाम आतंकवादी संगठनों और उनके आकाओं में हताशा है। ऐसा लगता है कि वे अपने अस्तित्व की निर्णायक और अंतिम लड़ाई लड़ रहे हैं। इन आतंकवादी संगठनों और हुर्रियत कॉन्फ्रेंस जैसे अलगाववादी संगठनों की बाहरी और अवैध फंडिंग को भी बहुत हद तक नियंत्रित किया जा चुका है। मुफ्तखोरी के आदी ये अलगाववादी नेता और आतंकवादी संगठन फंडिंग न हो पाने से अब 'जल बिन मछली' की तरह तड़प रहे हैं। उल्लेखनीय है कि कश्मीर की आजादी का राग अलापने वाले इन तथाकथित नेताओं की फाइव स्टार जीवन-शैली, विदेशी सैर-सपाटे और बीवी-बच्चों का विदेश प्रवास और शिक्षा-दीक्षा; सब हवाला फंडिंग का प्रतिफल था। अब उन्हें आटे-दाल का सही भाव पता चलने लगा है। पाकिस्तान पोषित इन राष्ट्र-द्रोहियों को इनके 'सेवाकार्यों' के लिए पैसे और अन्यान्य प्रलोभनों के अलावा तरह-तरह के पुरस्कार भी दिए जाते रहे हैं। हुर्रियत कॉन्फ्रेंस के पूर्व-अध्यक्ष सैयद अली शाह गिलानी को पिछले दिनों दिया गया 'निशान-ए-पाकिस्तान' इसका उदाहरण है। अब आतंकवाद और अलगाववाद की दुकानों का क्रमिक 'लॉकडाउन' हो रहा है। सैन्यबल जहां आतंकवादियों की अच्छी आवभगत कर रहे हैं; वहीं, पुलिस प्रशासन द्वारा तथाकथित पत्रकारों, बुद्धिजीवियों, स्वयंसेवी संगठनों के झोलाछापों और मानवाधिकार कार्यकर्ताओं की भारत-विरोधी गतिविधियों और आय के अवैध स्रोतों पर शिकंजा कसा जा रहा है। इन राष्ट्रद्रोही 'लाउडस्पीकरों' की बिजली कट जाने से वातावरण में लंबे समय से व्याप्त नकारात्मकता, निराशा और नफरत की धुंध छंट रही है।

शेख अब्दुल्ला और मुफ्ती मोहम्मद सईद खानदान की वंशवादी राजनीति से भी जम्मू-कश्मीर का आम नागरिक त्रस्त रहा है। आजकल दोनों ही खानदानों की तीसरी पीढ़ी (शेख अब्दुल्ला के पौत्र उमर अब्दुल्ला और मुफ्ती मोहम्मद सईद की नातिन इल्तिजा मुफ्ती) राजनीति कर रहे हैं। विकल्पहीनता के कारण यहां विकास और बदलाव के स्थान पर खाने-पीने की राजनीति का बोलबाला रहा है। अभी तक केंद्र सरकार से मिलने वाली आर्थिक मदद का कोई लेखा-जोखा (ऑडिट) नहीं होता था। इसलिए पैसा जनकल्याण और आधारभूत ढांचे के निर्माण में लगने के स्थान पर सीधे मुट्ठीभर लोगों की जेब में चला जाता था। इसका एक प्रमाण यह है कि केंद्रशासित प्रदेश बनने के कारण ऑडिट के दायरे

में आते ही पिछले एक साल में अनेक सरकारी कार्यालयों में आगजनी हुई और 'दुर्घटनावश' अनेक फाइलें जलकर राख हो गईं। जमीनी विकास न होने से स्थानीय निवासियों में और ज्यादा असंतोष और अलगाव बढ़ता था। अब राज्यस्तरीय कराधान से अर्जित और केंद्र से प्राप्त धनराशि विकास योजनाओं, आधारभूत ढांचे के निर्माण और बदलाव-कार्यों में लगने से नई संभावनाओं का सूर्योदय हो रहा है। भ्रष्टाचार और अव्यवस्था काफी हद तक कम हुई है। शासन-प्रशासन में संवेदनशीलता, जवाबदेही और पारदर्शिता बढ़ी है। इसी का परिणाम है कि नागरिकों में सरकार और सरकारी-तंत्र के प्रति विश्वास-बहाली हो रही है।

31 मार्च, 2020 को केंद्र सरकार ने जम्मू-कश्मीर पुनर्गठन (राज्य विधि का अनुकूलन) आदेश-2020 अधिसूचित किया था। इस आदेश के तहत राज्य में पूर्व-प्रचलित 129 कानूनों में आंशिक संशोधन किया गया है और 29 कानूनों को पूर्ण रूपेण निरस्त किया गया है। इसी आदेश में जम्मू-कश्मीर प्रशासनिक सेवा (विकेंद्रीकरण और भर्ती) अधिनियम - 2010 के खंड 2 में आंशिक बदलाव करते 'स्थायी निवासी' शब्द के स्थान पर 'अधिवासी' शब्द जोड़ा गया है। इसी संशोधित अधिनियम के खंड 3 ए के अंतर्गत 'अधिवासी' शब्द का स्पष्टीकरण करते हुए उसे परिभाषित किया गया है। इस परिभाषा के अनुसार कम-से-कम 15 वर्ष या उससे अधिक समय तक जम्मू-कश्मीर केंद्रशासित प्रदेश में रहने वाले व्यक्ति 'अधिवासी' माने जाएंगे। इसके अलावा केंद्रशासित प्रदेश जम्मू-कश्मीर के शिक्षण संस्थानों से अपनी 10वीं/12वीं की पढ़ाई को मिलाकर कम-से-कम 7 वर्ष तक शिक्षा प्राप्त करने वाले छात्र-छात्राएं भी अधिवासी माने जाएंगे। कम-से-कम 10 वर्ष तक जम्मू-कश्मीर में सेवा देने वाले केंद्रीय सेवाओं, सार्वजनिक क्षेत्र के बैंकों/अन्य उपक्रमों, केंद्रीय विश्वविद्यालयों और अन्य केंद्रीय स्वायत्तशासी निकायों आदि के कर्मचारी/अधिकारी और उनके बच्चे भी अधिवासी माने जाएंगे। इसके साथ ही, जम्मू-कश्मीर के राहत एवं पुनर्वास आयुक्त कार्यालय में पंजीकृत विस्थापित भी अधिवासी माने जाएंगे।

नई अधिवास नीति के लागू हो जाने के बाद जम्मू-कश्मीर में पूंजी निवेश की अपार संभावनाएं हैं। जिस प्रकार सन् 1991 के बजट के बाद भारतीय अर्थव्यवस्था में क्रांतिकारी परिवर्तन हुए थे, ठीक उसी प्रकार के परिवर्तन के मुहाने पर अभी जम्मू-कश्मीर है। पूंजी-निवेश और आर्थिक-पुनर्नियोजन के लिए उसके द्वार खुल चुके हैं। यह सचमुच एक ऐतिहासिक परिघटना है। पर्यटन, सीमेंट, बिजली, औषधिक संपदा, ऊनी वस्त्र, चावल, केसर, फल, मेवा, शहद और दुग्ध-उत्पाद आदि से संबंधित यहां के उद्योग-धंधे और व्यापार आवश्यक

पूंजी-निवेश और नई श्रम-शक्ति, कौशल और प्रतिभा से कई गुना विकसित होने की संभावना है। अगर ये उद्योग-धंधे और व्यापार अपनी पूर्ण क्षमतानुसार विकसित होते हैं तो इससे स्थानीय युवाओं को रोजगार के अधिकाधिक अवसर मिलेंगे। एक बार फिर उनके हाथ में पत्थर और बंदूक की जगह कलम-किताब और इलेक्ट्रॉनिक गैजेट होंगे। लगभग 6 महीने से 2G इंटरनेट की सुविधा बहाल हो गई है। जल्दी ही 4G इंटरनेट शुरू होने की भी प्रबल संभावना है। जम्मू-कश्मीर ज्ञान-विज्ञान की उर्वरा भूमि है। शांति-बहाल होते ही यहां अंतरराष्ट्रीय स्तर के शिक्षण संस्थान खुलने लगेंगे। यहां वैष्णो देवी और अमरनाथ धाम जैसे अनेक सर्वमान्य तीर्थस्थल हैं। यहां का वातावरण प्रदूषण मुक्त है और श्रेष्ठतम शारीरिक-मानसिक स्वास्थ्य के अनुकूल है। इसलिए यहां प्राकृतिक, धार्मिक, शैक्षणिक और स्वास्थ्य पर्यटन के विकास की अपरिमित संभावनाएं हैं। उल्लेखनीय है कि अभी तक जम्मू संभाग के लोक-कलाओं और पर्यटन स्थलों के विकास एवं प्रचार-प्रसार के प्रति भी सायास उदासीनता बरती गई है। अब इन संभावनाओं का सुनियोजित विकास और सतत दोहन करने की आवश्यकता है। जम्मू-कश्मीर के नौजवानों को देश की मुख्यधारा में शामिल करके और विकास योजनाओं में उनकी भागीदारी सुनिश्चित करके ही पाकिस्तान पोषित आतंकवाद को मात दी जा सकती है।

अनुच्छेद 370 और अनुच्छेद 35ए की समाप्ति करके भारत ने अंतरराष्ट्रीय बिरादरी में अपनी सामर्थ्य और स्वीकार्यता का भी परचम फहराया है। पिछले एक साल में बार-बार इस मुद्दे को तमाम अंतरराष्ट्रीय मंचों पर उठाने की कोशिशों के बावजूद पाकिस्तान को सफलता नहीं मिली है। संयुक्त राष्ट्रसंघ से लेकर मुस्लिम राष्ट्रों के मंच तक पर उसे मुंह की खानी पड़ी है। विश्व के सर्वाधिक सशक्त लोकतंत्र अमेरिका से लेकर यूरोप के अनेक लोकतांत्रिक राष्ट्रों ने भारत के पक्ष का समर्थन किया है। इससे पाकिस्तान की खिसियाहट और बढ़ गई है। जम्मू-कश्मीर की एकात्मता के बाद पाक अधिक्रांत जम्मू-कश्मीर (POJK) तथा गिलगिट, बाल्तिस्तान पर भी भारत की दावेदारी बढ़ गई है। गिलगिट, बाल्तिस्तान आदि क्षेत्रों में नागरिक आंदोलन चल रहे हैं। वहां के निवासी पाकिस्तानी जुल्मोसितम के खिलाफ अपनी आवाज बुलंद कर रहे हैं और सशक्त और संकल्पशील भारत की ओर आशा भरी नजर से देख रहे हैं।

जम्मू-कश्मीर की राज्य विधानसभा में क्षेत्रीय असंतुलन रहा है। इसलिए चुनाव आयोग विधानसभा चुनाव कराने से पहले वहां विधानसभा क्षेत्रों का परिसीमन करा रहा है। यह परिसीमन कार्य इस वर्ष के अंत तक होने की संभावना है। परिसीमन प्रक्रिया के पूर्ण हो जाने के बाद लोकतांत्रिक व्यवस्था और विकास

प्रक्रिया में सभी क्षेत्रों और समुदायों का समुचित प्रतिनिधित्व और भागीदारी सुनिश्चित हो सकेगी। शासन-प्रशासन की कश्मीर केंद्रित नीति भी संतुलित हो सकेगी और अन्य क्षेत्रों के साथ होने वाले भेदभाव और उपेक्षा की भी समाप्ति हो जाएगी। लोकतांत्रिक प्रक्रिया में सभी नागरिकों की विश्वास बहाली और भागीदारी सुनिश्चित करना किसी भी राज्य का प्रमुख कर्तव्य है और यही उसकी सबसे बड़ी चुनौती भी। आज केंद्र शासित प्रदेश जम्मू-कश्मीर इस कर्तव्य को पूरा करने की चुनौती स्वीकार करने की दिशा में अग्रसर है।

□

रचनाकारों के पते

रजनीश कुमार शुक्ल : कुलपति, महात्मा गांधी अंतरराष्ट्रीय हिंदी विश्वविद्यालय, वर्धा-442001 (महाराष्ट्र), 07152-230904, 230907 (का.), rksphilosphy@gmail.com

जवाहरलाल कौल : 301, रामा अपार्टमेंट्स, प्लॉट नं. 2, सेक्टर-11, द्वारिका, नई दिल्ली-110075, 9711361937, kauljawaharlal@gmail.com

रतनलाल शांत : एम. 201, रॉयल पॉम्स, अखनूर रोड, तालाब तिल्लो, जम्मू-180002 (जम्मू-कश्मीर), 9419684914, rlshant201@gmail.com

महेश कौल : मकान सं. 101, बुआ मंदिर के निकट, पातोली, मैगोट्रियन, जम्मू-180001 (जम्मू-कश्मीर), 8899793779, kaulmahesh@rediffmail.com

जयंत उपाध्याय : एसोशिएट प्रोफेसर, दर्शन एवं संस्कृति विभाग, महात्मा गांधी अंतरराष्ट्रीय हिंदी विवि., वर्धा-442001 (महाराष्ट्र), 9415618968, 7355014441, drjayantupadhyay@gmail.com

प्रमोद कुमार सिंह : सहायक आचार्य, दर्शनशास्त्र विभाग, जे.एन. कॉलेज, धुर्वा, रांची-834002, (झारखंड), 9955582972, pramodsingha@gmail.com

ज्योति शुक्ला : संपादन सहायिका, भारतीय इतिहास अनुसंधान परिषद्, 35 फिरोजशाह रोड, नई दिल्ली jyotishukla195@gmail.com

अवतार मोटा : मकान सं. 28, बैंक कॉलोनी, कैंप रोड, तालाब तिल्लो, जम्मू-180002 (जम्मू-कश्मीर), 7889532686, akm24776@gmail.com

नंदिनी सिन्हा : पी-एच.डी. शोधार्थी, जनसंचार विभाग, महात्मा गांधी अंतरराष्ट्रीय हिंदी विश्वविद्यालय, वर्धा-442001(महाराष्ट्र), 7903433301, 9934334043, nandini10om@gmail.com

अप्रमेय मिश्र : 5C नलिनी निवास, दाऊदपुर, डी.आई.जी. बंगले के सामने, गोरखपुर-273001 (उ.प्र.), 9540508953, drapramay@gmail.com

शशिशेखर तोषखानी : डी-8/8050, वसंत कुंज, नई दिल्ली-110070, 9871781391

पूजा तिवारी : 230-A, बेल्हा हाउस, मेन रोड रसूलाबाद, तेलियागंज, प्रयागराज, उत्तर प्रदेश, 9559918846, tipu1615@gmail.com

अग्निशेखर : 'सुम्बल', बी-90, लेन 12, भवानी नगर, जानीपुर, जम्मू-180007 (जम्मू-कश्मीर), 96970033775, agnishekharinexile@gmail.com

के.एन. पंडित : जेएमसी-1048, जवाहरनगर, तालाब तिल्लो, जम्मू-180002 (जम्मू-कश्मीर), 9469650591, knp627@gmail.com

अमित कुमार विश्वास : सहायक संपादक, महात्मा गांधी अंतरराष्ट्रीय हिंदी विश्वविद्यालय, वर्धा-442001(महाराष्ट्र), 9970244359, amitbishwas2004@gmail.com

कुलदीप चंद अग्निहोत्री : कुलपति, हिमाचल प्रदेश केंद्रीय विश्वविद्यालय, धर्मशाला-176215 (हिमाचल प्रदेश), 9418177778, kuldeepagnihotri@gmail.com

आशुतोष भटनागर : निदेशक, जम्मू-कश्मीर अध्ययन केंद्र, पंडित दीनदयाल उपाध्याय मार्ग, नई दिल्ली, 9871873686, ashujksc@gmail.com

विजय कुमार कौल : निदेशक, सूचना एवं भाषा अभियांत्रिकी केंद्र, महात्मा गांधी अंतरराष्ट्रीय हिंदी विश्वविद्यालय, वर्धा-442001(महाराष्ट्र), 9970720873, kaulv2002@yahoo.com

रोमसा शुक्ला : पूर्व शोधार्थी, गुजरात विश्वविद्यालय, अहमदाबाद-380009, (गुजरात), 9667179592, shuklaromasa@gmail.com

रसाल सिंह : अधिष्ठाता, छात्र कल्याण, जम्मू केंद्रीय विश्वविद्यालय, जम्मू-180012, (जम्मू-कश्मीर), 8800886847, rasalsingh.du@gmail.com

□□□

सम्मतियां

प्रिय प्रो. रजनीश कुमार शुक्ल जी

जम्मू-कश्मीर का सांस्कृतिक अवबोध भारत और भारतीयता का अवबोध है। कश्मीर की जो सांस्कृतिक मान्यताएं हैं, वह भारत की भी मूल सांस्कृतिक मान्यताएं हैं। सनातन धर्म की वैदिक परंपरा सहित भारतीय धर्म साधना की बौद्ध एवं जैन धर्म की समानांतर धाराओं में भी कश्मीर का विशेष महत्त्व है। प्राचीन भारत में कश्मीर शैव दर्शन का प्रमुख केंद्र था। शारदा सर्वज्ञ पीठ संपूर्ण जम्मू-कश्मीर की ज्ञान परंपरा की केंद्र बिंदु रही है।

संस्कृताचार्य व भारतीय समीक्षाशास्त्र की विद्वत विभूति आचार्य अभिनवगुप्त का कश्मीरी साहित्य परंपरा में उल्लेखनीय योगदान है। कल्हण की राजतरंगिणी, राजशेखर की काव्यमीमांसा, आदि कवयित्री लल्लेश्वरी की रचनाओं से धरती के स्वर्ग कश्मीर की समकालीन झलक दृष्टिगोचर होती है।

संपूर्ण भारतीय ज्ञान-परंपरा में जम्मू-कश्मीर का अवदान अमूल्य है। अपने इन वैशिष्ट्यों के आधार पर जम्मू-कश्मीर अनादि काल से आज तक भारत माता का शीश है। जम्मू-कश्मीर से अस्थायी और संक्रमणकालीन प्रावधानों की समाप्ति हमारी समावेशी संस्कृति को पुष्ट करने का ही उदाहरण है। आज जम्मू-कश्मीर राष्ट्र की मुख्यधारा से जुड़कर विकास की एक नई गाथा लिख रहा है।

मुझे आशा है कि विश्वविद्यालय द्वारा भविष्य में भी इसी प्रकार अध्येताओं एवं शोधार्थियों के लिए उपयोगी एवं महत्त्वपूर्ण विषयों पर प्रकाशन किया जाएगा।

सद्भावनाओं सहित,

आपका

—योगी आदित्यनाथ

मुख्यमंत्री, उत्तर प्रदेश

लोक भवन, लखनऊ-226001 (उ.प्र.)

इस विशेषांक में संस्कृत भाषा एवं साहित्य में कश्मीर के योगदान पर विद्वतापूर्ण एवं गहन अंतर्दृष्टि भारतविद्या के सर्वाधिक महत्त्वपूर्ण समकालीन विद्वान प्रो. रजनीश कुमार शुक्ल द्वारा प्रस्तुत की गई है। उनके द्वारा प्रस्तुत अंतर्दृष्टि इस विषय की सारगर्भित एवं महत्त्वपूर्ण अभिव्यक्ति है साथ ही इस विषय में गहन शोध करने वाली नई पीढ़ी के अन्वेषियों के लिए आधार का कार्य करेगी। यह गहन संतुष्टि और गर्व का विषय है कि प्रो. रजनीश जी उन अग्रणी भारतीय विद्वानों में से हैं जिन्होंने इतिहास के क्रूर हाथों से अब तक छिपे हुए कश्मीरी योगदान को विस्मृति के अंधकार से खींच कर हमारे सामने प्रस्तुत किया है। उन्होंने कश्मीर के योगदान से जुड़े ज्ञान और चेतना के द्वार खोल दिए हैं, जिसका प्रयास अब तक केवल पश्चिमी विद्वान ही कर रहे थे। कश्मीर का सांस्कृतिक अवबोध एक ऐतिहासिक दस्तावेज की तरह रहेगा।

—काशीनाथ पंडित, जम्मू

कश्मीर पर इतनी विपुल सामग्री और वह भी भारतीय धर्म-संस्कृति के आधार पर एक स्थान पर उपलब्ध हो, यह दुर्लभ है। आचार्य रजनीश शुक्ल का लेख इस ग्रंथ की प्रेरणा ही नहीं, उसकी मूल चिंतन-भूमि की भूमिका है। इस पुस्तक को प्रधानमंत्री जी, कश्मीर के राज्यपाल तथा कश्मीर की शिक्षण संस्थाओं तक अवश्य ही भिजवाना चाहिए तथा हिंदी-अंग्रेजी की पत्र-पत्रिकाओं में तथा कश्मीर के अखबारों में इसकी समीक्षा प्रकाशित हो तो इस महत्त्वपूर्ण कार्य का राष्ट्रीय महत्त्व बनेगा, जो अवश्य ही होना चाहिए। शुभकामनाओं सहित...

—कमल किशोर गोयनका, नई दिल्ली

यह जान कर बहुत प्रसन्नता हुई कि कश्मीर को आधार बनाकर ग्रंथ प्रकाशित किया जा रहा है। यह इसलिए महत्त्वपूर्ण है कि इसमें कई लेखकों ने जम्मू कश्मीर के अनेक आयामों पर प्रकाश डालते हुए गहन समीक्षाएं लिखी हैं। इसलिए पुस्तक का बहुआयामी होना स्वाभाविक है। इस महत्त्वपूर्ण कार्य के लिए बधाई।

—जवाहरलाल कौल, नई दिल्ली

कश्मीर के सांस्कृतिक वैभव जम्मू-कश्मीर के आदि से लेकर अद्यतन इतिहास को समग्रता से समावेशित कर प्रस्तुत किया गया तथा यह ग्रंथ संस्कृत, कश्मीरी हिंदी साहित्य एवं अन्य भाषाओं में जम्मू-कश्मीर के अवदान को रेखांकित कर संकलित किया गया है, साथ ही साथ अखिल भारतीय स्तर पर बोली जाने वाली देश की अनेक भाषाओं में समीक्षात्मक लेख भी प्रकाशित किए गए हैं, जो जम्मू-कश्मीर के संदर्भ में एक ग्रंथ के रूप में ख्याति प्राप्त करेगा।

—आलोक कुमार राय

कुलपति, लखनऊ विश्वविद्यालय, लखनऊ

~•~

आपके इस सम्मान योग्य प्रकल्प के लिए मेरी शुभकामनाएं।

—रतनलाल शांत, जम्मू

बहुत-बहुत धन्यवाद साथ ही साथ अंतरराष्ट्रीय विश्वविद्यालय परिवार के सभी सदस्यों को भी साधुवाद एवं ढेर सारी शुभकामनाएं जिनके कठिन परिश्रम से यह ग्रंथ रूप में आ पाया।

—प्रमोद कुमार सिंह, रांची

~•~

धन्यवाद सर, मैं आपके और विश्वविद्यालय के प्रति अपना आभार प्रकट करती हूं। आपने मुझे यह मौका दिया। बहुत-बहुत धन्यवाद।

—नंदिनी सिन्हा, कोलकाता

~•~

कश्मीर पर केंद्रित अंक के लिए बहुत-बहुत शुभकामनाएं।

—अप्रमेय मिश्र, गोरखपुर

~•~

मुझे यह जानकर अपार हर्ष हुआ कि बहुवचन त्रैमासिक पत्रिका के कश्मीर विशेष अंक को पाठकों की रुचि एवं इसकी लोकप्रियता पर पुस्तकाकार के रूप में प्रकाशित किया जा रहा है। पूरी टीम इस प्रयास के लिए प्रशंसा की पात्र है, जिसके परिणामस्वरूप यह उपलब्धि मील का पत्थर साबित हुई है। मैं अपनी ओर से इस कार्य के लिए हार्दिक धन्यवाद देता हूं। शुभकामनाओं सहित।

—अवतार मोटा, जम्मू

यह सच में हर्ष का विषय है कि 'बहुवचन' पत्रिका के अद्वितीय कश्मीर केंद्रित विशेषांक के बाद आप इसे अलग से एक पुस्तकाकार रूप में भी प्रकाशित कर रहे हैं। यह भी निश्चित रूप से एक दस्तावेजी कार्य सिद्ध होगा। 'बहुवचन' के कश्मीर विशेषांक के लिए जितनी भी महत्त्वपूर्ण सामग्री प्रो. कृपाशंकर चौबे और उनके सहयोगी दल ने जुटाई है उसे देखकर आश्चर्य होता है। 'बहुवचन' पत्रिका का यह विशेषांक एक तरह से संदर्भ-ग्रंथ बन चुका है।

मैं इस सामग्री को पुस्तक रूप में लाने के निर्णय के लिए संपादक-मंडल और महात्मा गांधी अंतरराष्ट्रीय हिंदी विश्वविद्यालय, वर्धा के कुलपति महोदय को भी साधुवाद देता हूं। यह एक बड़ा निर्णय लिया गया है।

—अग्निशेखर, जम्मू

कश्मीर पर केंद्रित पुस्तक एक अभिनंदनीय पहल।

—रसाल सिंह, जम्मू